秦始皇

君临天下

上册

雾满拦江 著

河南文艺出版社
·郑州·

第一卷　逃亡路

第一章　唇亡齿寒
与其辱身而活，莫如冲阵而死 / 2

第二章　血夜孤城
纵是插翅也难飞 / 10

第三章　圣人凡心
唯美人不可负 / 18

第四章　宫闱秘闻
太后爱上丑男人 / 25

第五章　帝王智慧
用一文钱买下富可敌国的产业 / 34

第六章　险象环生
不要小看搓脚工 / 53

第七章　大追杀
智力巅峰的恐怖对决 / 68

第八章　刺客封城
纵是血亲又何如 / 82

第二卷　登王位

第九章　权力角逐
谁驯服它，它就属于谁 / 96

第十章　相爱相杀
我们活在情感中 / 113

第十一章　鬼谷门下
惊艳人间的天下神兵 / 135

第十二章　以弱克强
父子之战一触即发 / 167

第十三章　政治对决
以血为代价的权力之路 / 182

第十四章　六国攻秦
一个时代的结束 / 207

第十五章　忠心之志
为主而死，亦死得其所 / 229

第十六章　人性大师
重新组装一个人的灵魂 / 240

第三卷　平叛乱

第十七章　公主私教
男欢女爱是天地间的最高智慧 / 286

第十八章　势力平衡
和睦是政治的需要 / 313

第十九章　沥血秦宫
此人当封侯 / 334

第二十章　拼图游戏
秦王到底是谁的儿子 / 366

第二十一章　人性真相
没有为什么，只有是什么 / 388

第二十二章　母子对决
弱者无怨，强者挟愤 / 405

第四卷 统天下

第二十三章 逐客令
十万人头大豪赌 / 436

第二十四章 错杀忠良
赵国的灭亡之路 / 484

第二十五章 荆轲刺秦
壮士一去兮不复还 / 510

第二十六章 功高震主
敛起锋芒是为上策 / 538

第二十七章 天下棋局
每个人都是背负使命的一颗棋子 / 567

尾声 千古一帝
涉行三十年，天下成一统 / 608

秦灭六国

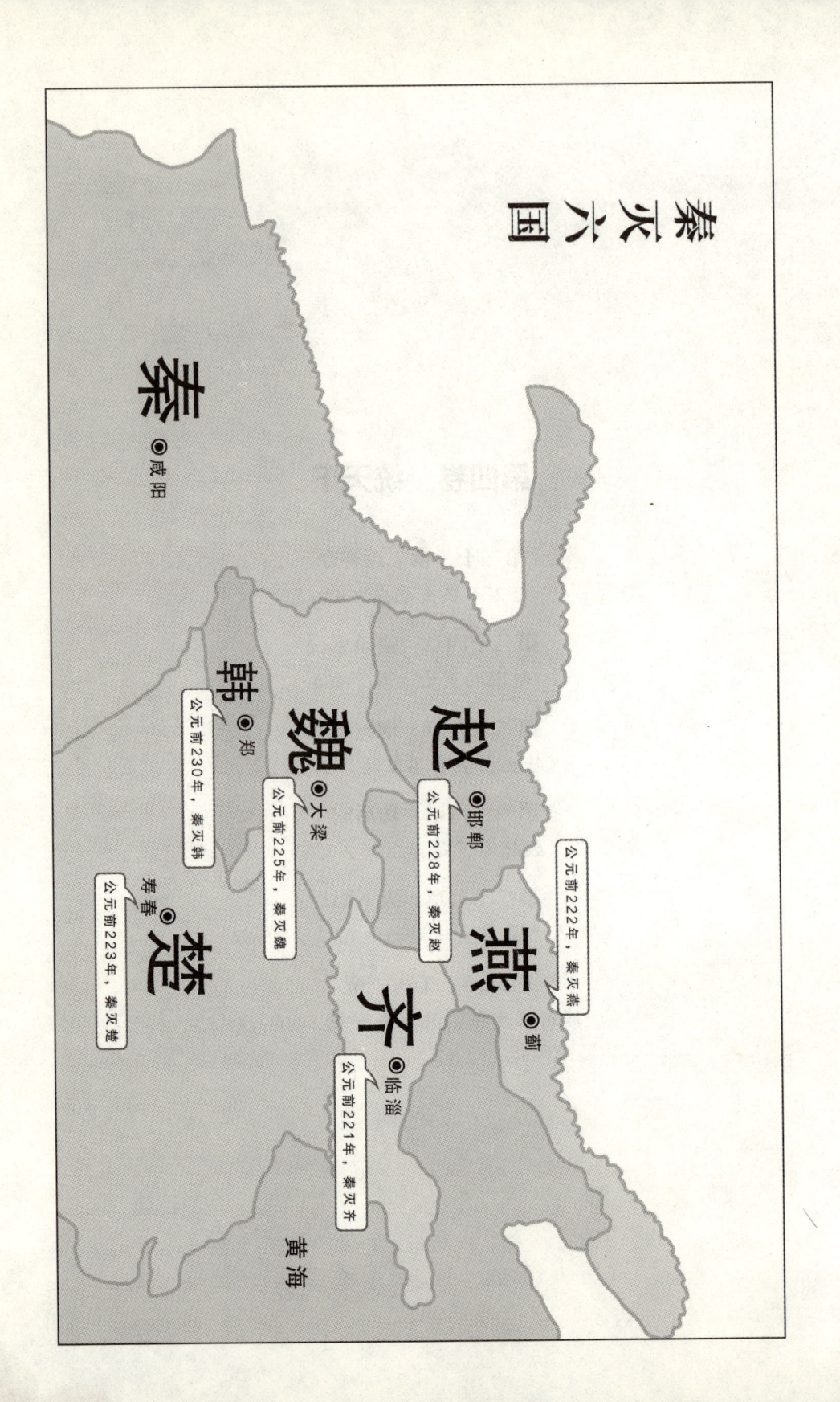

秦 ◎咸阳

赵 ◎邯郸　公元前228年，秦灭赵

燕　◎蓟　公元前222年，秦灭燕

魏 ◎大梁　公元前225年，秦灭魏

韩 ◎郑　公元前230年，秦灭韩

楚 ◎寿春　公元前223年，秦灭楚

齐 ◎临淄　公元前221年，秦灭齐

黄海

秦始皇家系主要成员表

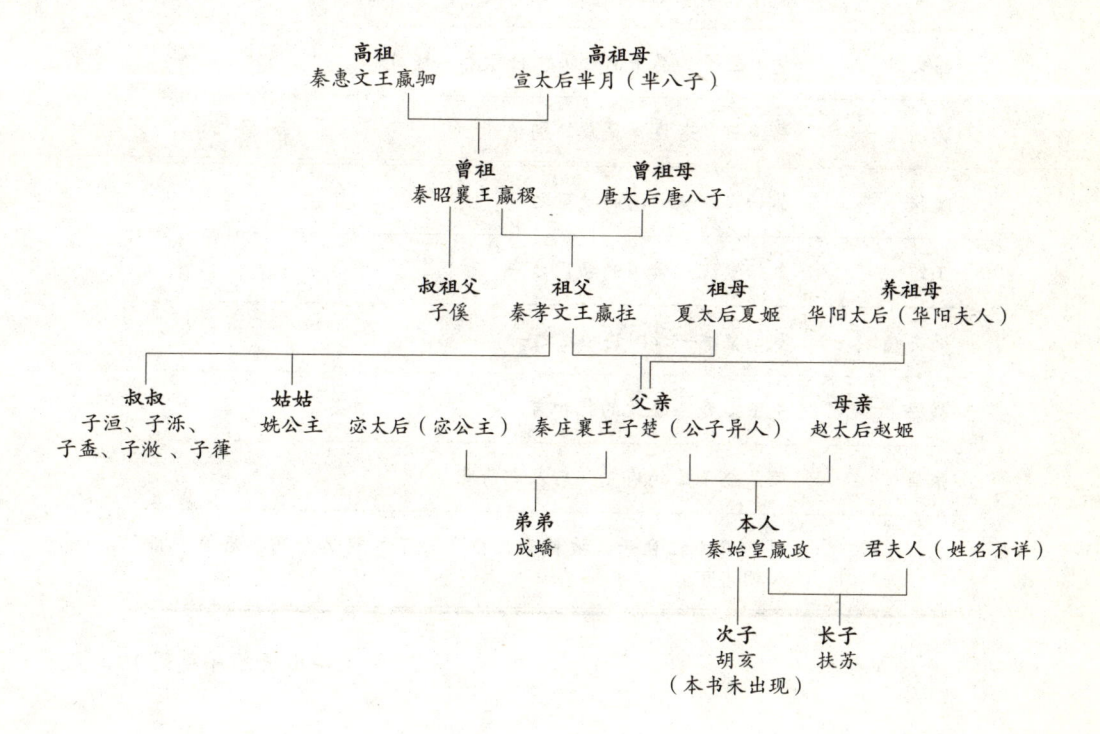

```
              高祖                    高祖母
          秦惠文王嬴驷           宣太后芈月（芈八子）
                    │
              曾祖                   曾祖母
          秦昭襄王嬴稷            唐太后唐八子
                    │
    叔祖父        祖父          祖母           养祖母
     子傒    秦孝文王嬴柱    夏太后夏姬    华阳太后（华阳夫人）
       │                         │
  ┌────┴────┐              ┌─────┴──────┐
  叔叔      姑姑                父亲           母亲
子洄、子浌、 姁公主  宓太后（宓公主）  秦庄襄王子楚（公子异人）  赵太后赵姬
子盉、子澈、                    │
子葌                    ┌───────┴────────┐
                      弟弟              本人
                      成蟜         秦始皇嬴政    君夫人（姓名不详）
                                         │
                                    ┌────┴────┐
                                   次子       长子
                                   胡亥       扶苏
                                （本书未出现）
```

秦国主要文臣表

吕不韦	卫国人。先后扶植秦质子子楚，嬴政即位，拜相国。
李斯	吕不韦之门客，著有《谏逐客书》。嬴政时期拜左丞相。
茅焦	吕不韦之门客。嬴政时期著名的敢谏之臣。
昌平君	楚国公子，仕于秦。嬴政时期拜左丞相。后被拥为楚王。
嫪毐	秦孝文王之宠臣。忠于成蟜太子，一心想扶其即位。
昌文君	楚国公子，昌平君之弟，仕于秦。拜爵。
宾须无	秦国三朝老臣。嬴政的拥护者。
隗状	秦始皇统一六国的功臣之一。
王绾	秦始皇统一六国的功臣之一。
冯去疾	秦始皇统一六国的功臣之一。
嬴腾	先王血裔。嬴政的拥护者。
张唐	原是公子傒的府丁，后入朝为官。
赵高	周朝遗民狂且子，被韩冷儿公主救下并赐名赵高。后被安排入朝为官。

（按出场顺序排列）

秦国主要武将表

衷、惊、黑夫	三人为亲兄弟。原为咸阳东城门值守。嬴政的拥护者。
巫马伤、巫马忧	二人为亲兄弟。巫马伤原在廷尉座下司值隶狱。嬴政的拥护者。
樊於期	秦国名将，成蟜太子的拥护者。
王齕	秦国将领，曾任副将参与长平之战。
杨端和	秦国将领。六国合围秦国时，与王齕、蒙骜一起领命迎战。
尉缭子	鬼谷子门下传人，著名的军事思想家。
蒙骜	秦国名将。历仕四朝，屡立战功。
蒙武	秦国名将，蒙骜之子。
蒙恬	秦国名将，蒙武之子，蒙骜之孙。
李信	秦国名将，姄公主的驸马。
王翦	秦国名将。率兵六十万灭楚。
王贲	秦国名将，王翦之子。
桓齮	秦国名将。秦灭六国时，他与王翦、李信、杨端和等人一同攻赵、燕等国。

（按出场顺序排列）

其余各国主要人物表

魏国	魏安釐王	魏国国君，战国四大公子之一信陵君之兄长。
	魏王假	魏国最后一位国君，魏安釐王之孙。
	魏无忌	战国四大公子之一，亦称信陵君。
	侯嬴	大梁监门小吏，信陵君之门客。
	朱亥	魏国力士，深受侯嬴赏识。
	明月公主	信陵君魏无忌之女。
赵国	赵王丹	赵国倒数第二位国君。
	赵王迁	赵国最后一位国君。
	郭开	赵国国相，赵王丹之宠臣，历仕赵王丹与赵王迁两代君王。
	郑朱	赵王丹之宠臣，历仕赵王丹与赵王迁两代君王。
	赵豹	战国四大公子之一平原君赵胜的哥哥，赵王丹之宠臣。
	田大人	原为齐国之臣，后为李牧将军的铸币官。
	李牧	赵国支撑危局的唯一良将。
	公孙龙	名家学派代表人物，嬴政的老师。
	周义肥	赵国死士。
	赵樽	赵国死士。
韩国	韩王然	韩国倒数第二位国君。
	韩王安	韩国最后一位国君。
	韩非	韩国公子，与李斯同学于荀子，书中亦称"韩非子""公子非"。
	郑国	韩国卓越的水利专家。
	韩冷儿	韩国公主。

燕国	燕王喜	燕国最后一位国君。
	姬丹	燕国太子。
	鞠武	燕国智者，太子丹的老师。
齐国	齐王建	齐国最后一位国君。
	后胜	齐王建之相。
	邹衍	阴阳家学派代表人物，嬴政的老师。
楚国	楚王负刍	楚国倒数第二位国君。
	项燕	楚国名将。曾大败秦将李信。
	知秋	楚国蒟杞公主的婢女，代替蒟杞公主前往秦国联姻。
卫国	荆轲	战国时期著名刺客。
鲁国	孔穿	孔子六世孙，嬴政的老师。
周朝	螺萤公主	周朝遗民，东周最后一位君主周赧王之女，公子渫之妻。
	司命公子	周朝遗民，螺萤公主部下。
	罡归公	周朝遗民，螺萤公主部下。
	静妹	周朝遗民，螺萤公主部下。
匈奴	颛渠阏氏	匈奴王后，赵将李牧的敌人。
	狐鹿姑	颛渠阏氏之婢女。

秦王扫六合,虎视何雄哉!挥剑决浮云,诸侯尽西来。

——李白《古风·秦王扫六合》

第一卷　逃亡路

公元前二五九年，千古一帝秦始皇，生于赵国邯郸。
秦始皇的出生，源自咸阳秦宫极隐秘的权力交易。
于秦始皇父子的政敌而言，他的出生是不受欢迎的，
所以两年后，秦国兵困邯郸，意图激怒赵国，
将年方三岁的秦始皇，及其父亲母亲一并剪除。
秦始皇的父亲断尾求存，
牺牲秦始皇母子，以增加自己的逃亡概率。
陷入危亡的赵国，派出死士向魏国的信陵君魏无忌求救，
但魏无忌却无法说服魏王出兵……

第一章 唇亡齿寒
与其辱身而活,莫如冲阵而死

信陵君魏无忌跽坐^①榻上,一动不动。

正值盛年,却见他容颜憔悴,体形佝偻,看起来极是苍老。

台阶下跪伏着三个人,风尘仆仆,身上有伤,脸上带血,发出微弱的呜咽声。

信陵君气愤道:"没有什么能够长久。秦人兵下邯郸,欲亡赵氏。魏赵两国,唇亡齿寒。平原君赵胜派你们远道而来,向本座求助,本座如何不知道事关重大?若赵国灭亡,魏国焉存?四大公子^②同体连身,若平原君除名,我信陵君何以独存?"

"呃……"阶下一名老者小心翼翼地提醒道,"老奴离开邯郸时,宫中及平原君府上,两位夫人都曾吩咐,让君侯大人照顾着自己的身子点。"

信陵君叹息道:"我姊姊是赵王的王后,妹妹是平原君的夫人。若赵国亡破,她们又何来生机?本座自己的姊妹遭难,怎能无动于衷?"

顿了顿,信陵君淌下泪来,声音突然变大:"可是这一次,秦国是铁了心要灭赵国,秦王亲自写信给大王,言称赵国亡灭之日,就在此时。若我魏国稍有异动,那就是虎狼之秦下一个重点清除的目标。所以大王虽然派了大将晋鄙统师十万往援,可是……唉,大王之所以派晋鄙统兵,就是因为他是朝中的亲秦系,

---

① 跽坐,两膝着地,小腿贴地,臀部坐在小腿及脚跟上。
② 四大公子,战国时期四位著名的政治活动家,皆以礼贤下士而闻名于世。他们分别是魏国的信陵君魏无忌、赵国的平原君赵胜、楚国的春申君黄歇、齐国的孟尝君田文。

府中奴丁家将，倒有一半有秦人的血统。这是大王自作聪明的一步臭棋，自以为已奉赵国之请出了兵，但我十万魏师，隔岸观火，又不会因此激怒秦人。这看似两面讨好，实则弄巧成拙，赵国无论生死，都不会因此感谢魏国，秦人更会因此瞧不起魏国，视我大魏为无骨之徒。"

台阶下的使者们疾声道："正因如此，才望君侯劝谏主上。这是明摆着的局势呀，赵存魏安，赵亡魏灭。敢请君侯早下决断。"

这道理谁不知道？谁不知道？信陵君满目悲愤："若这世间，道理真的有什么用，又怎么会见到如此多的血腥杀伐？"

他扶着案几站起来，继续说道："我已派出门下最擅辩才的三个人，漏夜①入宫，游说大王，只是……"

一名谒者快步进来："君侯大人，他们回来了。"

信陵君惊愕道："这么快就回来了？结果如何？"

门户无声开启，三个说客，有老有少，各自一脸羞愧，无言跪伏于地。

"有负君侯之托。"

"纵我三人磨破嘴皮，大王那边只回了两个字：不见！"

蹄声猝起，动魄惊心。

一名谒者慌慌张张地跑进来："君侯大人，平原君那边又来人了。"

信陵君揪扯着头发站起来："本座真的尽了全力，能用的法子都用了，哀求过，恐吓过，据理力争过，剖心沥胆过，可是大王他怕秦军怕得要死，此时是油盐不进啊……"忽然间他灵机一动，"咦，要不你们先行安置信使到驿馆下榻，我这边暂时就不见了。"

忽然间，一个雷鸣般的声音响起："我自秦军的重重围困中来，奉主上之命面谒信陵君大人，君侯何由托词不见？"

言未讫，脚步声起，震得整个宫室为之颤抖。就见一人单手提刃，肩上背部，插着三支翎箭，箭翎垂血，犹自微微颤动，大踏步走进来。

信陵君大吃一惊："是周义肥？平原君竟把赵国第一死士派出来了，这……"

周义肥沉声道："君侯大人，我周义肥生死事小，魏国安危事大。如此明白的事理，还需要小人多言吗？"

---

① 漏夜，深夜。

说罢，周义肥躬身："小人冒死杀出重围，只为了替主上把这封家信送到。伏望①君侯看在魏赵联姻的情面上，莫要让小人的鲜血枉流。"

谒者急忙从周义肥手中接过信，呈上。

信陵君接过信："立即给他上药，义肥若有闪失，我再无颜面得见平原君。"

吩咐着，信陵君走到一旁，打开书信，就立即合上了。

周义肥笑道："小人冒死送来的书信，君侯大人为何不看？"

"唉，"信陵君垂泪，"这封信，去掉骂本座的话……等于什么也没说。"

周义肥道："君侯大人，此时需要的不是华丽的言辞，而是行动！行动！"

行动！

行动！

信陵君举盏，环顾四周："无忌无能，有辱天下。四大公子，孟尝君千里好客，春申君沥胆剖心，平原君足智多谋，唯有我信陵君魏无忌，空有虚名。于今秦师挟四年前长平之役，坑杀赵国四十五万降卒之余威，重兵围赵，我的姊妹面临羞辱之厄，可我一不能说服主上进军，二不能震慑秦人退兵。无德无才，为天下笑，七尺长躯，生之何益？

"与其辱身而活，莫如冲阵而死。是以今日之筵，是我信陵君最后一次款待诸位。筵席过后，我将登车启程，奔赴赵国。

"此时赵都邯郸，已被秦师团团围困，人不能进，鸟不能出。我将奋一己之力，挥长剑而入千军。昊日在天，知我信陵君之义；长歌不绝，传我魏无忌肝胆。我可以死于秦人的刀剑之下，但不可让人怀疑我满腔的赤诚。

"筵上诸君，我信陵君虽有养士之名，又何敢视尔等为下士？此行千里，我心忐忑，何曾不希望有诸位在我身边？然则我信陵君待诸位，不过是一茶一饭，济不得渴，解不得饿，小恩小惠，有何颜面敢求诸位千里相随？再者诸君更有妻儿在家，翘首盼望。所以稍刻筵尽人散，敢请诸位回返妻儿身边，莫负了家人的期盼之心、殷勤之意。"

言罢，信陵君掷盏于地："取本座的剑来。"

谒者俯身，将剑呈上。

信陵君持剑登车，向众人揖首："相聚日短，不敢有忘。来生有时，再续

---

① 伏望，敬词，希望的意思。

前缘。"

车行，信陵君慷慨激昂，击剑悲歌："岂曰无衣，与子同袍。王于兴师，修我戈矛。"

众人齐和："与子同仇！"

信陵君再唱："岂曰无衣，与子同泽。王于兴师，修我矛戟。"

众人齐和："与子偕作！"

信陵君三唱："岂曰无衣，与子同裳。王于兴师，修我甲兵。"

众人齐和："与子偕行！"

悲凉的歌声中，信陵君的队伍，浩浩荡荡地行至大梁城门。

赵国死士周义肥，策马从后面赶至："君侯大人，恕小人前日无礼了。"

信陵君淡然一笑："周义肥，何以前倨后恭啊？这可不像你。"

周义肥坦然道："我仰慕大人高义，不是敬佩大人千里赴死。"

信陵君抬了抬眉："那你仰慕本座什么？"

周义肥慨然道："我仰慕大人的是，君侯养士三千，此行邯郸，有死无生。可是那三千门客，竟无一人离去，甘愿舍弃身家性命，陪伴君侯一同赴死。如此精神之感召，才让我见到君侯之本心。"

信陵君回首，看了看追随者的浩浩长列，凄然摇头："不对，并不是每个人都追随我而来。有一个人，他不肯。"

"谁呀？"周义肥震惊了，"吃君侯的饭，穿君侯的衣，临难退缩，袖手旁观，坐视君侯千里赴死。这个无耻之人是谁？"

信陵君抬起手："喏，就是他。"

顺着信陵君的手指，周义肥抬头看去，只见大梁都城门口，摆着一个棋摊。几个老头正在下六博棋①。

一个老头悔棋，另几个老头不依，抢夺棋子，把悔棋的老头按倒在地，连捶带打，闹成一团。

信陵君下车，毕恭毕敬地走过去："侯先生。"

"别打岔，"悔棋的老头不耐烦地一挥手，"看不见人家快要赢了吗？"

信陵君更加恭敬："侯嬴先生，无忌来看你老人家了。"

---

① 六博棋，亦称博戏或陆博，是古代棋戏的一种，在春秋战国和秦汉时期都非常盛行。据现代棋史学家的研究，六博棋实际上是世界上一切有兵种盘局棋戏的鼻祖，诸如象棋、国际象棋、将棋等，都是由六博棋逐渐演变而成。

"哎哟,原来是信陵君大人。"老头侯嬴乐了,"魏无忌呀,自打你上次亲自驾车,带我在大梁兜风,我侯嬴好体面、好风光呀。不过无忌大人,咱们做事不能有头没尾、有始无终,对吧?"

信陵君恭敬点头:"先生教导的是,莫非我无忌哪里礼数未尽吗?"

"那当然啦。"侯嬴冷笑道,"咱老头子一把枯骨,就是这大梁都城看门的。你上次屈节相求,要以尊贵之身,亲自为我执靷①。我一个糟老头子,本事是没有的。不过是借这个机会,自己风光,顺带成全大人你的礼贤之名。不过大人呀,你把我驱车兜风的瘾头挑起来了,却又不露面了,这样怎么行呀?"

信陵君赧颜:"先生责怪得对。但请先生恕罪,只恐今日也不能带着大人兜风了。"

"为啥不能呀?"侯嬴不乐意了,"我看今儿个这天儿挺好的呀。"

后面的周义肥看不下去了,怒而上前:"你个糟老头⋯⋯"

周义肥刚刚吐出五个字,侯嬴猛地一转身:"大胆周义肥!大人说话,你个毛孩子插什么嘴?"

百万军中来去自如、视生死为无物的周义肥,闻言神色大骇,竟然不吭不响地退下了。

信陵君呆了呆,低声下气地解释道:"侯先生,今天的天气确实不错。但小可②真的要让先生失望了。"

侯嬴问:"到底为啥呀?"

信陵君道:"先生,此时秦兵围困邯郸,赵国亡破之日,近在眉睫。我与赵国平原君情如手足,魏赵两国更是唇齿相依。拯救赵国,是我的责任。可是大王畏惧强秦,不敢命晋鄙率军出击。我已是穷途末路,无计可施,只能率门客奔赴沙场,血尽而死。唯此方可让天下之人,知我信陵君不负情义。"

侯嬴面有惊愕之色:"大人要亲与秦兵搏击而死?啧啧啧,大人呀,那刀子扎在身上,是很疼的。"

信陵君平静道:"生何欢?死何惧?义字当头,虽千万人,吾往矣。"

侯嬴摇头叹息:"好端端地,在这大梁城驱车兜风多美,大人你却非要想不开。也罢,大人想去就去吧,战场上厮杀时机灵点儿,可别一个照面,就让人家打死喽。"

---

① 靷,jī,马缰绳。
② 小可,谦称自己,多用于早期白话。

"无忌谨遵先生之命。"

信陵君面无愠色,慢慢后退,登车。

车仗离开大梁。侯嬴与老头们,继续在城门大呼小叫地下棋。

离开大梁城后,信陵君再也没开口说话。他脸色铁青,带着被侯嬴伤害后的深深屈辱。

周义肥策马赶上来:"大人,我们得回去。"

信陵君困惑道:"回哪儿去?"

周义肥答道:"回去再见刚才那个侯嬴。"

信陵君更加困惑了:"为啥……对了,你是百万军中来去自如的死士,刚才被侯嬴呵斥,何以露出惊惧的表情?"

周义肥微微一笑:"君侯真的想知道吗?"

信陵君道:"当然。"

周义肥道:"那我告诉君侯。君侯知我周义肥,称小人为赵国第一死士。实际上,四年前还有一位赵樽,身手不在我之下,与我并称赵国双士。我赵国的君王,登位时就身体孱弱,时常患病。七年前因为冤杀了一个大夫,从此精神恍惚,夜夜梦到冤鬼前来索命。请了无数的巫师术士禳解①,尽皆无效。眼看大王病入膏肓,奄奄一息,平原君急切之下,就命我与赵樽,双双侍立于主上的榻前,想借我二人的悍勇之力,震慑妖鬼。

"果不其然,由我二人侍卫后,主上的心思变得安定,病情逐渐好转。再后来主上身体彻底恢复,不复梦见妖鬼。从此主上待我二人,视为股肱心腹,无话不谈。

"有一次,燕国来使,朝堂上恫吓主上,我气愤之下,有所僭越,遭主上呵斥。"说到这里,周义肥转过身来,"君侯猜上一猜,当时主上是如何喝斥我的?"

信陵君呆了一呆,脱口说道:"大胆周义肥!大人说话,你个毛孩子插什么嘴?"

周义肥点头:"没错,主上呵斥我的,就是刚才侯嬴斥骂的那一句。"

如此隐秘之事,侯嬴如何得知?

信陵君心如电转:"或是巧合……不对,你周义肥虽大名鼎鼎,赵人都视

---

① 禳解,迷信的人向鬼神祈祷消除灾殃。

你为盖世英雄，但在这大梁城，你却是个陌生人。适才侯嬴竟然一口叫出你的名字，这就证明那句话绝非巧合，而我竟然疏略了这个细节。"

周义肥道："还有，主上呵斥我的时候，身边只有赵樽。可是赵樽本是马服君赵奢的家将，四年前跟随少主赵括去了长平战场，皆因赵括纸上谈兵，指挥无方，连累了赵樽及四十五万好儿郎，悉数被秦人坑杀。那侯嬴既然知道小人如此私隐的细节，可知君侯始终对他恭敬有加，并没有看错人。"

"那他……"信陵君难堪地道，"那他明知道我要赴死，为何还是刚才那种态度？义肥呀，虽然本座比常人更大度些，但本座的心，也是肉长的。侯嬴那样蔑侮本座，让本座颜面何存？"

周义肥道："侯嬴蔑侮君侯，是因为他知道君侯不必死，所以故意留个心结给君侯，好等君侯自行回返。"

欲退秦兵，以解邯郸之困，必求得侯嬴的谋划。

此时。

信陵君与周义肥回返，双双拜在侯嬴脚下。

侯嬴仍然在下棋："两位大人，何故去而复返呀？"

信陵君恭敬道："请先生恕过小可怠慢之罪，不敢有求。只是邯郸危局，烦请先生指点。"

侯嬴继续下着棋："君侯大人，我几次三番让你去拜访朱亥，你去了没有？"

信陵君一愣："先生是说那个杀猪佬？先生吩咐，岂敢不遵？只是小可去了三次，人家都闭门不纳，避而不见。"

侯嬴冷笑："人家不见你，是你叩门的姿势不对。"

信陵君一脸迷茫："怎么说？"

侯嬴摇头："入宝山而空手归，这说的就是信陵君大人你呀。"

"算了，我陪你去好了。"侯嬴站起来，目视周义肥，"这是一条死路，你要来吗？"

周义肥大笑："我岂是贪生怕死之人？"

三人起行，周义肥居前开道，信陵君亲自驾车，载着侯嬴来到一条深巷。

一扇门半掩。院里有条大汉，赤裸臂膀，正在砍剁猪肉。

见侯嬴三人进来，大汉并不停手："先生，有这么急吗？"

侯嬴哼声道："我何曾急过？可是有人急呀。"

大汉用菜刀把案板上的骨肉一划拉:"这口猪剁好了,下一口。"

"来了。"房间里出来一个人,也是赤裸臂膀,扛着半扇猪肉出来,"哐"的一声砸在案板上。

周义肥震骇地望着门里出来的汉子:"尊驾……"

对方转身:"短别四载,周兄真的忘了我吗?"

"赵樽,赵樽,你真的还活着!"周义肥震骇至极,冲到对方面前,因为心情过于激动,说话语无伦次,"赵樽,赵樽,我就知道秦兵杀不了你……可是,你怎么会在大梁?四年前的长平血战,到底是怎么回事?"

昔年与周义肥齐名的死士赵樽,冷声答道:"周兄心中的困惑,恐怕存在很久了吧?四年前长平之役,我赵国雄兵猛将四十五万,与秦人的实力相当。虽说打赢不太容易,但败到四十五万儿郎竟无一人回返故国,悉数被秦人坑杀,这也太不符合常理了,对吧?"

"那当然!"周义肥疾声道,"没错,长平之役,初以名将廉颇为将。廉颇知兵久矣,知道不可与秦兵力敌,须得深坑壁垒,以逸待劳。这个道理,人人都知道,我甚至听主上与平原君谈过。可无法理解的事情还是发生了,突然之间不知何故,竟然临阵换帅,以马服君之子赵括换下了名将廉颇。

"临阵换帅倒也罢了,但那赵括虽说有纸上谈兵之名,终究是出于名将世家,不可能连基本的战法都不懂得。否则主上何以亲自登门恳求?更何况,又有你赵樽在军中,你是身经百战的人,与赵括双璧联珠,一个精于战法,一个富有经验,实是举世无双的无敌组合。这样完美的阵容,为何却落得如此下场?"

赵樽坐下,双目垂泪:"周兄想解长平之败的疑惑,不妨先回答一个问题。"

周义肥问:"什么问题?"

赵樽反问:"长平血光,冤气弥天,我大赵四十五万好儿郎,因何而死?"

周义肥答:"当然是为了保家卫国而死。"

赵樽疾声道:"回答错误!我大赵四十五万铁血将士,是为了保护一个秦国人,惨烈而死。"

"保护一个秦国人?"周义肥失声惊叫,"这怎么可能?"

"然而,这却是真实发生过的事情。"

赵樽的声音,坚定有力。

第二章 血夜孤城
纵是插翅也难飞

赵国都城邯郸，城头箭飞如雨。

攻城的秦军士兵，正与守城的赵国军人展开惨烈的厮杀。

城内硝烟弥漫，行人神色惊恐，匆忙奔走，充斥着末日来临的不祥气氛。

建国一百九十六年的赵家宗室，濒于亡破之厄。

年轻的赵王丹，悲愤难抑。

他于朝堂上仰天长啸，声声沥血："玉石皆可焚，义不辱于秦！传命：为表赵人决死之心，立即捕杀正在赵国的秦质子子楚、妻赵氏、子赵政。枭首于三军，以誓国志。"

一队赵军，踏尘烟起，疾扑秦质子子楚落榻的大北城，朱家巷。

数百名赵兵列队疾奔。

足落尘起，声势惊天。

此时秦国的人质子楚，正在朱家巷的宅邸中，与妻子赵氏用晚膳。

赵氏的身边，坐着他们的儿子赵政。

赵政尚未满三岁，虎头虎脑，眼神灵动，很会讨取父亲的欢心。

小赵政发现母亲今日的神色异常忧郁，他的眼睛滴溜溜地转动："父亲，今天你是不是又要出门？"

父亲子楚，这一年也不过二十四岁，听了儿子的话，失笑道："废话，为父如果不出门，又如何联系赵国权要、各国使者？如何在这个节骨眼上保全咱们一家的性命？"

妻子赵氏敲了一下丈夫伸向桌上的筷箸，"吃吃吃，每天吃也吃不够。我可是听人说起了，大王召了平原君上朝，说是有人建议杀了你，还有人说要杀咱们全家。"

"怎么会？怎么会？"子楚失笑，"夫人啊，你就安放下一颗心吧。也不看看现在是什么境况？听到城外的喊杀声了吗？那是大秦的虎狼之兵，在攻打邯郸哪！夫人啊夫人，那赵国人再缺心眼，也知道我是他们保全宗庙的唯一筹码。如果他们真要是杀了我，杀了咱们全家，此后赵王还拿什么跟我强秦讨价还价？"

赵氏摇头落泪："夫君，你不要再骗我了。我们全家都在这邯郸城内为人质，政儿还出生在这座城里。我们一家就是秦国的承诺，承诺两国交好、互不侵犯。可是，前有四年前的长平之战，秦国一夜间坑杀赵卒四十五万，现在又悍然以重兵攻城。夫君呀，妾身的心眼再不够用，也知道这是秦国有意而为之。明摆着，是你在咸阳的政敌，以坑卒攻城之计，强迫赵王杀掉你，杀掉咱们全家。"

子楚摇了摇头："女人就是没见识。我少年时入质于赵，离开秦国已久，在咸阳那边毫无人际纠葛，哪儿来的什么政敌仇人？"

赵氏苦笑："夫君说这样的话，骗得了谁？莫非夫君忘记了是怎么遇到我的了吗？四年前吕不韦一掷千金，诱得我父动心，让我与你相见。你遂向我表达情意，承诺永世不负。从此我以夫君为天，生下政儿。此后吕不韦入咸阳，游说华阳夫人收你为子，嗣为储君。值此，你的地位与价值再也不一样了。赵王当然希望善待你，甚至承诺愿举赵国之军力，助你平安登基，还要把宫中的宓公主嫁与你，就是希望你日后做了秦王，能够念及今日旧情，与赵国交好。"

子楚哈哈大笑："谁说妇道人家不晓事理？谁说的？你看我的夫人，说起天下之事，头头是道，如数家珍，什么都明白。"

顿了顿，子楚又笑道："夫人既然明白，就应该知道赵王决意不会杀我。相反，于今在这邯郸城内，最害怕我有事的，就是赵王丹呀。"

却听"砰"的一声，赵氏一拳砸在案几上："夫君，你怕是昏了头，还不明白自己面对的情势。赵王起初，是善待于你，甚至不惜一切代价助你登上秦王之位。可是你的兄弟们呢？他们也会这样想吗？"

子楚尴尬地笑道："我的兄弟们又怎么了？"

赵氏站起来："夫君呀，你有二十七个兄弟，他们哪一个不想成为秦王？哪一个不想？若说他们不想，连三岁的政儿都不会信！

"你还有二十几个叔叔，他们对王位之觊觎，比你的兄弟更急切。尤其是你那个叫子傒的叔叔，我听说他在秦国的势力，几乎与你祖父昭王分庭抗礼。吕不韦游说你父安国君立你为储君，最为之悲愤的就是子傒。他至少派了三批刺客入邯郸，虽说都被周义肥截杀，未能害得了我们。但第四批刺客的刀剑，还是攻入朱家巷，攻破了这扇脆弱的门。当时那把刀，距离政儿的额际只差分毫，若是周义肥慢到一步，我母子二人早殁于九泉之下了！

"子傒以其个人势力影响秦政，秦兵一而再、再而三地侵犯赵国，而且每次都要杀到血光弥天，把事做绝。表面上是扩张强秦势力，实际上却是借刀杀人，借赵国人的刀，激起赵国人对你的怨恨，好除掉你这个秦国储君啊。

"还有韩国、魏国、齐国、燕国。这些国家皆派出奇人异士来邯郸，所有这些人都有一个共同的目的，就是杀了咱们全家。因为以夫君为秦国的储君，就会损害这些国家的利益呀！

"三人成虎，千夫所指！

"仇敌满天，生路断绝。

"夫君呀，我一家三口于这朱家巷中的欢聚，还能持续几个时日？"

说到最后，赵氏满脸泪水。

"哈哈哈，这些日子以来，夫人胡思乱想的能力，越来越强了。"子楚一边笑，一边把口中的饭菜咽下去，然后起身，"好了夫人，你不要哭了，且和政儿慢慢吃，我已经约好了去见平原君的哥哥平阳君。说到明白事理的人儿啊，如此大的邯郸城，恐怕无人能和平阳君相比了。四年前的长平之战，只有平阳君一人力阻，若是听了他的话，赵王也不会像今日这般悔恨。"

说罢，子楚走到门前，手扶腰间绦带，目视赵氏。

赵氏却不肯走过来替丈夫正冠系绦，而是用悲哀绝望的眼神看着子楚："夫君呀，我有一种可怕的预感。只恐夫君这次出门，我们夫妻再次重逢之日，此生无望了。"

"哈哈哈，怎么会？怎么会？不可能的事。"

这时候，三岁的小赵政站起来："父亲，你一定要回来。如果你不回来，我就出门去找你。"

"好好好，父亲答应你回来，一定会回来。"

子楚微弱的笑声，在空荡荡的院子里回荡。

赵兵的脚步，越来越急促。

前方就是朱家巷。

此时，子楚不紧不慢地走出门，一辆马车疾驰而至："公子上车！"

子楚动作飞快,跳到车上。

御者以布蒙面,转过头来,露出一双精明的眼睛。

"吕不韦,快快快。"子楚慌乱地催促道,"我们还能活着走出这邯郸城吗?"

御者正是吕不韦,这一年,他三十五岁。

他亲自驾车,来接子楚。

车后还跟着他的两个得力门客。一个是上蔡人氏李斯,今年二十五岁;另一个是齐人茅焦,二十四岁。此时二人俱作赵卒打扮,长绦系发,手提短矛,跟随在车后。

子楚上车后,只听吕不韦说道:"我们的存活几率,不算太高,大概十成能占一成吧。"

顿了顿,吕不韦又道:"但是赵姬和三岁的政儿,怕是全无生机了。"

子楚绝望地道:"既无生机,你还敢回返邯郸城救我?"

吕不韦笑了:"太子是我身家性命之所系。你在这里,我岂能在别的地方?你活着,活得好好的,才有我吕不韦。若你死了,吕不韦纵然活着,也与一具尸首无异。"

子楚的眼神越发悲绝:"若我活着走出邯郸门,得登秦王之位,必复此仇。"

吕不韦大笑道:"那我们也得活着出去才行。"

马车狂驰,冲出了朱家巷口。

只差一步,赵兵飞步赶至,封锁了朱家巷:"传大王令,捕秦质子楚,并其妻赵氏,子赵政。杀!无赦!"

马车上,子楚回头望着冲入朱家巷的士兵,凄声道:"我很自私。此时我唯一的希望竟然是……这些虎狼般凶残的士兵,在屠杀我妻儿之时,动作能够慢一些,慢一些。我竟然希望妻子儿子,在死前多受些苦。"

"对头,"吕不韦长声说道,"这就是我派人吩咐太子逃走之前,在妻子儿子面前不可露出丝毫迹象的原因。"

我们很自私。

我们只能自私,必须自私!

非但自私,而且残忍,冷血。

"只有妻子儿子相信你并没有逃,才能瞒得过那些士兵。若是士兵以为太子并没有逃,就不会急于封门堵捉。只有这样,才有可能为太子赢得时间,增加逃生几率。"

子楚泪落:"政儿母子,我子楚愧对你们,来生……"

吕不韦疾声提醒:"请太子收敛心神,现在不是伤感之时。失控的情绪,会降低我们逃生的几率,更会失去太子为他们报仇的希望。"

"明白了。"子楚恢复平静的脸色。

朱家巷内,那扇脆弱的门板被踹为残片。

赵卒蜂拥而入,利刃架在紧搂着儿子的赵氏颈上。

士兵冲入每个房间,少倾提刀回来大喊:"没有找到人。他不在这里。"

"太子爷不在府上?"一个士兵怪笑着,窜到赵氏身边。他那只肮脏的大手,辱弄着赵氏雪白的脸颊,"未来的秦国王后,赵夫人,可不可以告诉小人,太子爷去了哪里?"

"他……"赵氏的声音颤抖着,"尔等不得无礼,我们是受了主上明旨保护的。"

"住手!"一名校尉挎剑而入,喝止士兵。

"请夫人看看,这是什么!"

赵氏抬眼看到校尉手中的一块银牌,顿时变色:"这是赵王亲令……"

"没错。"士兵们团团把赵氏围在其中,"这是主上亲令,命小人们亲自操刀,把你们一家三口啪啪啪剁成肉酱。小人斗胆,请问夫人,咱们是先从夫人美丽的脚趾剁起,还是从这双娇柔香软的玉手剁起?"

校尉沉下脸:"夫人不要理会他们的恐吓。当然,实际情况比他们说的更可怕。但如果夫人肯合作,说出子楚去了哪里,小将会尽最大努力,减少夫人临死前的痛苦。"

赵氏犹豫片刻:"我夫君他……出门时说去平阳君大人的府邸。"

"你们几个,"校尉立即招来一队士兵,"立即赶往平阳君大人的府邸。如果中途未能截获,那就入府格杀!大王亲令在此,平阳君的府兵断不敢阻拦。"

"得令!"一排士兵疾步而出。

校尉转身,坐在门前的树桩上:"夫人无须如此惊惧。我是铁血军人,只为执行大王军令而来,断不会对夫人有所羞辱。但是——"校尉拉长了声音,"但是,我的两个哥哥,一个族兄,三人皆在四年前的长平之役中为秦人坑杀。现今夫人的身份,却是秦国储君的正室。这么算起来,我与夫人之间是有不共戴天之血仇的。烦请夫人教我,血海深仇,何以雪之?"

吕不韦与子楚的马车，不敢驶入长街，只是在巷子里不停地兜转。

但该来的，终究逃不过。

前方突然出现一队巡街士兵："那辆马车停下！"

吕不韦只好停车。

巡街士兵赶过来："尔等何人？岂不知大王有命，城破在即，殊死御敌，举凡邯郸城中车辆马牛铁器，俱皆征为军用？你这辆车何以不从军令，脱逸于此？"

"军爷千万别误会，"吕不韦赔笑道，"这辆车在这里，是有缘由的。车上乃魏国信陵君的使者……"

"谁的使者也不行！"士兵斥道，"若秦兵破城，则玉石俱焚。管你是楚国的贵人，还是齐国的夫人，乱军之中一样难逃性命。所以大王严令诸国使者的宾车一同收缴归军。尔等抗拒大王军令，其罪难赦，与我……"

"吵什么？吵什么？"后面扮作赵卒的门客李斯、茅焦适时现身，"这辆车，乃魏国信陵君使者的专车，入城之后为我等截下。使者得知大王军令之后，不敢有违，立即将车子交付，由我二人押送至西城门，再行分配。这有什么问题吗？"

"哦，原来此车已经征用了。"拦路的赵兵恍然大悟，"误会，误会。把你们的路条给我看一下。不是小的难为兄台，非常时期，你们懂的。"

"懂，懂，当然懂。"李斯取出一片画着符号的竹简，给对方看过。

看着对方走远，吕不韦松了口气："好险，前方就是西城门，我们的人已经安排妥当，很快就要离开这座恐怖的死牢了。"

子楚紧张的神色稍缓，苍白的手指慢慢放开紧揪住的吕不韦的衣襟。

邯郸西城门前，燃烧着几堆火。

数十名士兵来来往往，正在搬运军械。听到动静，士兵们纷纷停下，抬头看向驶过来的马车。

车驶近后，吕不韦愉快地打声招呼："诸位，晚上好。"

一名将领徐步而出，衣甲鲜明，不染尘灰："吕先生请了。"

"阁下是……"吕不韦神色大变，声音紧张起来，"阁下怎么识得我？"

"在下游徼①赵长威。"对方笑道,"吕先生奇货可居,千金市国,何等大名?在下如何不知?敢问吕先生深夜来此,要找哪个?"

"我……"吕不韦的声音慌乱起来,"我要找……找……"

赵长威一摆手,身后的士兵立即以矛尖挑起十几颗人头:"好教先生得知,邯郸西门值守赵得符并十二名守护,大战之际,卖国求荣,收取秦人万金贿赂,私纵奸人入城,还意图放走我赵国死仇大敌,秦质子子楚。此事为司寇查获。我奉大王亲命,来此核查,现如今一应罪状皆已证实,赵得符及从逆均已枭首。此事处理得是否得当,先生高明,还请指教。"

望着赵长威身后那一排首级,吕不韦目瞪口呆,一句话也说不出来。

幸好门客李斯聪明,纵前一步,一下子掀开车后的盖子:"赵将军请了。"

游徼赵长威疑惑道:"敢问何事?"

李斯指着车后的东西:"将军请看,这是什么?"

赵长威从士兵手中接过火把,照了照:"原来是黄金,大概值两千镒②。"

李斯看向他:"将军出生入死,沙场喋血,要多久才能赚到这两千镒?"

赵长威沉吟半晌:"就算小将有十条性命,死上十次,也赚不来数目如此庞大的财富。"

李斯轻笑:"将军,现在这些金子,是你的了。"

赵长威大喜:"真的吗?"

吕不韦醒过神来,急忙说道:"假的!"

赵长威沉了脸:"嗯?"

吕不韦赔笑:"这只是小可给将军的部分心意。这两千镒黄金,是小可与将军的见面礼。若将军高抬贵手,容我等出了城,我必有十倍于此的黄金相报。"

赵长威喜形于色:"久闻吕先生一掷千金,果然是名不虚传。"

见他如此模样,吕不韦等人长松了一口气,各自面有喜色。

却听赵长威一声喝:"士兵们,你们的父兄,尽皆被秦人坑杀于长平之役。眼前这点小钱,算是秦人给你们的一点点补偿。秦人给再多的金银,也弥补不了他们对我们的残酷伤害,所以我知道你们根本不会稀罕这些。但是,诸位家中或有妻儿,或有守寡的母亲,他们的生活需要周济,他们的血泪需要抚慰,他们的

---

① 游徼,乡官之一,负责巡查盗贼。
② 镒,重量单位,一镒合二十两,一说二十四两。

恨意需要维持。所以这些钱,大家拿了,也是于心无愧的。"

"谢过将军。"士兵们一拥而上,倾刻间将两千镒黄金瓜分得干干净净。

赵长威转过身来,目视车上脸色渐变的子楚:"太子爷,几个孤儿寡母的抚恤,暂时有了着落。可我赵家满门,一十四口上了前线,悉数被尔等坑杀,这笔账,又该怎么算呢?烦请太子下车,让我们打起算盘,盘点一下旧账,可好?"

赵兵剑刃出鞘之声摄人魂胆。

子楚面如死灰,无言落车。

第三章　圣人凡心
唯美人不可负

吕不韦，他能够把一杯水，卖给一个快要淹死的人。

魏大梁城，杀猪佬朱亥的家中。诸人席地而坐。

只听侯嬴说道："其人寂寂无闻，一介行商而已，却于无形无迹中突然崛起，问鼎秦政机枢，可知此人不可小觑，谋划已久。有此人在，子楚活着走出邯郸的几率至少会提高两成，接近三成。但如果子楚其人，值得大赵四十五万骁士为他而死，值得吕不韦千金以市，那么他的智慧就会成为不容轻估的筹码。如此一来，此人活着走出邯郸的几率，至少达到五成。"

"五成的生还几率……"信陵君摇头，"好像把握不大呀。"

侯嬴冷笑："有些人，哪怕只有一成的胜算，也足以将这世界翻覆。"

"只不过眼前这事……"信陵君魏无忌有种牙疼的感觉，"子楚毕竟不是死士赵樽，兼以拖家带口，哪怕有吕不韦接应，恐怕也难以逃出邯郸。怎么算这个人都死定了。"

侯嬴目视信陵君："那是君侯小看了赵樽的求生能力。此时他就在这里，何不听他本人说说？"

大家转向赤膊的赵樽。

只听赵樽闷声道："如君侯所知，长平之战，小人本无生机，志在殉国。但在秦兵突袭之前，我于军中无意听得一桩隐密，事关七国运数，兹事体大，小人不敢轻死。又见赵括将军一意孤行，丝毫不理会军事常识，以弱击强。小人遂三次血谏，激怒赵括将军，以抗命之罪将我押往郊野斩首。就在行刑之时，秦军伏兵猝起，弓矢漫天，箭飞如雨，赵括将军及一众主将，须臾间俱万箭穿心，悉以被歼。小人遂于混乱之中，夺过一柄长刀，斩杀秦尉一十五人，企图杀出重围。

"奈何秦军有备而来，交战之前发过血誓，四十五万赵国儿郎，不允许一人逃出生天。因而秦军穷追不舍，我走投无路，遁入泥沟，掘地为穴，嚼草为汁，十数日不敢出，这才逃过死劫。

"而我大赵四十五万强卒，却因为我要说出来的这个消息，悉被灭口。"

说到这里，赵樽咻咻地喘气，显然四年前长平血战所带来的心理余震，仍让他无法克制。喘息半晌，他才继续说道："秦军退兵之后，我从沟渎①中钻出，知道此生已经不能回返故国，四十五万将士皆死，若我一人生还，单只是辱国败军之罪，不待我说出想要说的话，主上就会下令将我处死，所以……所以我长途辗转，来到大梁，来到侯嬴先生这里。"

信陵君再忍耐不下去了，脱口大叫道："到底是何等隐秘的消息？让你赵樽不惜隐姓埋名于大梁，让侯先生都紧张至此？"

不待赵樽回答，就听侯嬴问道："君侯可曾玩过冲船游戏？"

冲船游戏……信陵君茫然环顾。

侯嬴轻声道："冲船游戏，是早年间越人的玩法。七名越女，美如天仙，各佩利剑，撑一条小船，邀斗于湖面之上，相互撞击，仗剑搏杀。游戏的规则是，要撞沉对方的船，也可以跳到对方船上，将其击落水中，夺下对方的船。最终湖面之上，六船倾覆，只余一舟一人，就是唯一的赢家。"

侯嬴说完，目视信陵君。

信陵君何等聪明，脱口叫道："先生所说的七条船，莫非便是……"

侯嬴肯定道："正是，这七条船，正是天下七国，西秦、北燕、东齐、南楚，居于中央之国的三晋赵、魏、韩。"

信陵君不再说话了，低头沉思。

侯嬴继续说道："现今天下七舟，相互冲撞日久，各自残破不堪。唯有那西秦，自商鞅变革军制以来，更兼拥山川之险，愈发强大，隐约已现一统六国之征兆。是以知几②之人，纷纷抢滩秦国这艘必胜之舟。谁能够最先抢得强秦这艘战船，御风而行，谁就拥有了对未来至高无上的话语权。"

说到这里，侯嬴突然换了话题："敢问君侯，当今天下，谁堪称最有智慧

---

① 沟渎，指田间水道。
② 知几，谓有预见，能看出事物发生变化的隐微征兆。

的人？"

最有智慧的人？信陵君脱口而出："那当然是……昔年齐国稷下学宫，大名鼎鼎之七豪，现今硕果仅存的邹衍和公孙龙。此二人者，邹衍以其阴阳五行及大九州之说名动天下，公孙龙的白马非马之论更是令人心惊。我听说此二人的智慧造就，早已不在当年的邹地孟轲、宋之庄周、魏之惠施之下了。而且相比于修心养性的孟子、庄子及惠子，邹衍与公孙龙二人，更有野心。"

始终一声不吭的朱亥突然说话了："好教君侯得知，此时驿路上尘烟滚滚，天下儒学之掌教，孔圣人孔丘的裔系六世孙孔穿，正星夜兼程，赶往临淄。"

信陵君疑惑："这个孔穿……他去临淄干什么？"

朱亥奇怪地看他一眼："当然是拜访邹衍。"

信陵君更加不解："孔穿拜访邹衍，想来不过是学人之间的正常交际，何以令诸位如此紧张？"

朱亥解惑道："孔穿拜访邹衍，目的是为了一桩早年的赌约。"

"哦？"信陵君问道，"谁和谁的赌约？"

"邹衍与龙居主人。"

信陵君腾地站起来，震惊道："他们的真正目的，是邯郸？"

侯嬴反问道："不然呢？"

信陵君非常茫然："智慧极巅，七豪对垒，邹衍欲会公孙龙于邯郸，还有个分量不轻的孔穿……他们究竟想干什么？"

侯嬴轻笑："除了为未来的天下择出明主，还能干什么？"

"可是他们凭什么？"信陵君大叫起来，"难道那百万儿郎喋血无尽的沙场，只是这些白面书生纵横风云的赌盘吗？难道那无数具僵卧荒郊的沥血之士，只是这些人任意摆布的棋子吗？难道天下诸国、历二百年数十代的辛苦经营之宗社，在这些人眼中不值一哂吗？"

侯嬴叹道："我与君侯相见多次，唯独这一次，才听到君侯说出句明白话。"

侯嬴继续说道："他们之所以这样做，那是因为他们知道规律。他们知道一些极细微的东西，诸如生活细节的变化、铁器的坚质与陶器的形态变化，诸如这些变化对人心的影响。这些变化早在孔子时代就开始了，所以当年孔子说'觚不觚？觚哉觚哉'，昔年周天子的觚器，正在悄然地发生着变化。从这些微小的细节中，他们知道一个自由的时代正在逐步回敛，迎来一个全新的秩序。他们知道一个正义的时代，正在迎来一个公平的开端。所以他们以超凡的野心和超凡的耐心，为这个不期而遇的时代推波助澜，以获得一种参与感。"

"这样说吧，"侯嬴将两只青铜觚放在信陵君面前，"看清楚了，君侯，这只稳静的古觚，是周天子时代的旧物，象征秩序与传承；而这只觚，是市面上最常见的，它的形状充满了野性与不羁，充满了对秩序与规则的期待。"

呆立半晌，信陵君慢慢坐下："先生勿怪小可失礼，无忌愚钝，还望先生指点。"

侯嬴点头，问道："君侯以为，吕不韦是什么样的人？"

信陵君沉思半晌："哦，对于此人，本座何敢疏忽？已命人搜集过有关他的详细资料。据本座所知，吕不韦虽只是个无爵的商人，却手眼通天，心智过人。四年前，他到了邯郸，现为秦太子的公子异人，正在邯郸为质。当时秦国与赵国，连年交兵，可知公子异人在邯郸的处境，极是困窘。吕不韦见到他，眼睛一亮，说：'奇货可居。这是最值钱的大买卖，不能错过。'

"吕不韦先行回家，问父亲：'若我经营农产品生意，有多大获利空间？'其父亲回答：'可获利十倍。'吕不韦又问：'若我经营金银珠宝生意呢？'其父答：'可获利百倍。'吕不韦再问：'若我经营国家的生意呢？'其父大骇，答：'那可获利无以数计。'

"于是吕不韦带足了钱，重返邯郸，找到秦公子异人说：'我要光大你的门楣。'公子异人笑道：'若先生真有这本事，还是先行光大自己的门楣吧。'吕不韦回答说：'我正是要光大我的门楣，所以必先光大你的门楣。'公子异人于是请吕不韦入秘室，询问详由。吕不韦告诉公子异人：'现今秦太子于魏国暴亡，后宫宣太后也老病而逝。你的父亲安国君必将立为太子。而安国君最宠爱的是华阳夫人。华阳夫人膝下无子。你可依我之言，让我替你去秦国活动，让华阳夫人认你为子，说服安国君立你为嗣，你日后则必为秦王。'

"公子异人欣然应允，于是吕不韦与公子异人达成秘密协议，由吕不韦赴秦，通过华阳夫人的姐姐及弟弟阳泉君，游说华阳夫人认公子异人为子，改名子楚，玉牒为据，誓不相负……"

信陵君正说着，侯嬴面有愠怒之色："停。停下。君侯大人，若你以那些道听途说的游士之言为据，怕是难以掌握真实的情况。值此风云变幻无常之时，恐怕难得一日之安。"

信陵君怔了半晌，才道："可是无忌说错了什么？敬请先生指教。"

侯嬴却突然间沉默了，静寂良久，才慢慢说道："事情要从四十七年前说起。那一年，子楚的父亲安国君，尚未出世。那一年，齐国重开稷下学宫，各

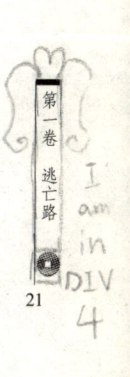

方奇人异士纷至,据说年已六十八岁的孟轲将亲自登坛讲学,十六岁的公孙龙居其左,二十岁的邹衍居其右。七国的公子、大夫、游士与剑客,都参加了这次盛会。据说到场的人数以万计,那一日临淄城中,堪称摩踵比肩,挥汗如雨。人数虽多,但几乎全都是男子,而且都是有爵封之人。但是现场却有一辆车子,华丽非凡,珠帘低垂。谁也不知道车里坐的是什么人,但看华车的雕饰风格,绝非中原之物。而从随风飘至的淡雅异香来判断,可以确定车中之人,是位女子。"

说到这里,侯嬴停了下来:"车中之人是谁,君侯应该能猜到了吧?"

"难道是……"信陵君倏然变色。

侯嬴低声叹道:"君侯应该猜到了,四十七年前稷下学宫门外,那辆华车上的女子,正是来自楚地的芈氏公族。开坛之日过后,芈氏女子亲自请求邹衍与公孙龙帮忙,想求见孟夫子。渴望见到孟夫子、亲聆教诲的人有很多,但夫子修心养性,练气成丹,一概不见——漂亮女人例外。夫子圣心,不为外物所动,唯对绝世美姝的盈盈粉泪难以自持。只有美人不可辜负。这有错吗?

"没人知道,孟夫子对芈氏女说了些什么。但当日她就启程,回返楚地。此后楚国使者络绎入秦,提请联姻,修两国之好。而后从楚国宗室嫁入秦国的女子,正是去过临淄的芈氏女。

"如你所知,最先察知天下之变,登上秦国这艘大船的,是楚国女子——宣太后芈八子。此女嫁入秦国,立显其雌狼野心。她勾连楚国政要,形成了秦国最强大的亲楚势力,芈八子风头最盛之时,不单单当时秦国的相国是楚国人,就连参谋秦国机枢的高阳君、泾阳君与华阳君,也全都是楚国人。楚国人居于秦国权力中心,如一窝白蚁盘踞于树腹,甚至一度架空了秦王本人。

"安国君被立为储君,是楚系势力拥戴的结果。实际是一起隐秘的政治交易,楚系支持安国君嗣位,条件是安国君必须立芈八子的亲侄女华阳夫人为王后。一旦华阳夫人诞下子嗣,秦国这艘无敌巨舰,仍会由楚人掌控。

"但安国君欲登君位,还有个天大的障碍。他并非长子,而他的嫡亲兄长,已被册立为太子。楚人乱政,秦人不安。安国君的弟弟子傒,力谏让当时的悼太子出使魏国。子傒有此建议,那是因为其母本是魏国宗室。倘若秦国的太子再迎娶魏女,那么未来的秦国战船,就会见到魏女登舟,推楚女落水的凄惨场面。

"此外,尽管楚人的布局过于精妙,然而却因为细节上的疏失,陷入了被动。谁也料不到的是,安国君的后宫,包括质于邯郸的公子异人在内,一共生下了二十七个儿子。可是那华阳夫人,却始终是腹中空空,未得一子。

"为破此局,以华阳夫人为首的楚系,考虑从安国君的二十七个子嗣之中,挑选一个认己为母,作为未来太子人选,重演芈八子操控秦政之传奇。"

说到这里,侯嬴微笑着目视信陵君:"设若是君侯参与谋划,那最适合被华阳夫人收为养子、不负盟誓之人,应该是哪个呢?"

信陵君不假思索道:"最好是生母已殁。纵不然,其生母的国势也已衰败。"

"答对了。"侯嬴低声道,"被华阳夫人选中的,正是夏夫人所生、质于邯郸的公子异人。"

风起,庭除①古树,沙沙作响。

一只昏鸦发出瘆人的骇叫,振翅而起。

寂静中,侯嬴继续说道:"秦廷楚系选择了公子异人,原因就是异人生母是夏夫人。夏国早已亡破,为韩国所吞并。所以说起来夏夫人算是韩国人。而七国之中,韩国的势力最是弱小,无论如何强势,也难以对掌秦政的楚人造成威胁。当华阳夫人做出此决定之时,就是出使魏国的秦太子的末日。所以,就在这座大梁城中,秦悼太子无故暴亡。"

侯嬴说到这里,信陵君插入进来:"这件事本座已经知道了。当年秦太子死于大梁,是我命人严加盘查,但未发现丝毫人为痕迹。"

侯嬴冷笑:"君侯没有查出来,那是因为君侯所遣非人。"

信陵君皱眉:"怎么说?"

"当年君侯所差查案之人,名叫翟猪。"

"那又如何?"信陵君一时未能参透其中关节,眉头皱得更紧。

侯嬴不紧不慢地问:"敢问君侯,翟是哪个国家的封地姓氏?"

信陵君腾地站起来:"是我疏忽了,翟猪本是韩国人氏。"

侯嬴紧接着说道:"对,秦太子暴死大梁城时,有两名行商,正在大梁城中的驿馆下榻。此二人,一个是上蔡人李斯,一个是齐国人茅焦。茅焦倒也罢了,那李斯最擅用药。不要说你派出的翟猪根本不会去查他们两个人,就算是查了,并且查出李斯和茅焦是吕不韦的门客,在当时的情况下,君侯也想不到这里会有什么异常。"

信陵君沮丧地坐下。

侯嬴继继续说道:"被秦人寄予厚望的秦太子离奇暴死,纵使秦人无丝毫证

---

① 庭除,指庭前阶下,庭院。

据,也知道此事与华阳夫人脱不了干系。而在吕不韦入邯郸游说秦公子异人,与其建立政治同盟并承诺游说华阳夫人收他为子之前,秦国就以左庶长王龁统师,怒不可遏地向韩国上党展开了狂猛攻势。请问君侯这说明了什么?"

信陵君黯然垂头:"这说明,于秦廷之中、私室之内,华阳夫人已与夏夫人结成了秘密同盟。夏夫人将公子异人送与华阳夫人,华阳夫人用楚系力量推举异人为储君。此后秦国这艘无敌巨舰,由楚韩两国的女人秘密操控。而那吕不韦——他的真实身份不过是华阳夫人的门客,负责把楚人的计划,落实到位。"

说完等待了片刻,见侯嬴无言,信陵君继续说道:"但秦公子子傒攻上党,志不在韩。他真正的目的,是把战火燃烧到赵国,借机摧毁久质于邯郸的子楚。所以才有了长平一战四十五万赵国劲卒悉遭坑杀一事,目的就是激怒赵人,杀掉已认华阳夫人为母、改名子楚的异人。

"长平血屠之后,秦国再度挥戈,兵困邯郸。实际上,在秦国人心目中,灭不灭赵国并不重要,重要的是杀掉子楚。只要赵国人杀掉子楚,无论战事如何,秦人都会即刻退兵。可是赵王为何拖延至今,才下令诛杀子楚。此前他在犹豫什么?"

"不是赵王在犹豫,而是智慧之士公孙龙在赵国。"侯嬴笑道。

"什么意思?"信陵君茫然。

侯嬴探身过来,低语道:"我听说,智慧之士公孙龙有两名女弟子。其中一名,居于深宫。"

"原来是这样!"信陵君惊声大叫,"原来赵国后宫,也有人想要搭上秦国这艘不沉之船。"

"所以呀,你会看到一系列怪异的事情发生。长平之战,赵军在老将廉颇的统帅之下,原已占到上风。但此战若胜,反而不利于赵人的长期政治利益。所以才会走马换将,以纸上谈兵的赵括换下有经验的老将廉颇,只有这场仗输了,才能让子楚在邯郸的处境,更加艰难——那么,赵国宫廷对子楚家人的保护价值,就会因此上升。在强化他们在子楚心中的分量及影响之时,获得登入秦国战船的许可。

"只可怜长平之地,丹水杀谷,四十五万赵国儿郎,他们死得好冤啊!"

宫闱秘争,将士蒙冤。

死不瞑目!

惨!

第四章　宫闱秘闻

太后爱上丑男人

眨眼工夫，秦人已从邯郸城下撤兵六年了。

城外古道，漫漫尘沙。一辆牛车，缓慢行驶。

车上坐着两个老者，鹤发童颜，精神矍铄，正兀自欢快地谈论着什么。

车子的左右和后面，是数百名年轻人，其间夹杂着几十辆马车，数百骑者。

驿路上，尘头大起。

彩车百余，骑士逾千，疾奔而至。

行至近前，彩车陡停，马上的壮士抱拳沉喝："在下校尉周义肥，奉主上之命，恭迎邹衍、孔穿两位先生。邯郸鄙陋，烽火未熄，恐失两位先生所望。是以主上有命，以平原君大人，亲为两位先生执帚。"

战车退下，现出战国四大公子之一，赵国平原君赵胜。

他中旬年纪，眉宇不展，手中拿着把精致的小扫帚，饰玉雕花，极尽夸张，身后跟着魏国的信陵君。只听赵胜恭谨地说道："何其所幸，竟能亲睹两位高士之风仪。赵胜不才，愿为两位先生执帚洒扫，以表我赵氏待客之诚意。"

言罢，赵胜拿好扫帚，做出扫地开路的姿势。信陵君跟在他的后面，做出同样的动作。

车上一名老者下车："邹衍无才，浪得浮名，如何敢劳驾贵人尊躯？"

说罢，邹衍转向旁边的老者，低声道："孔穿，你瞧好了，邯郸解围已过六年，信陵君居然还在这里。可知侯嬴死得是多么冤枉。"

说完，邹衍与孔穿由弟子们搀扶着，以夸张的姿势，跳舞一般地上前阻止平原君与信陵君的洒扫之举。

随邹衍来赵的弟子中，有个十二三岁的少年，不懂老师在做什么，便低声问："师兄，老师他们这是在做什么？跳大神吗？"

年长的师兄就借机展开教学："小师弟，听好了，此乃古礼。昔年孔子的亲传弟子子夏，于西河传道传下来的。若有贵客来到，主人为表诚心，须亲自执帚，做出洒扫的姿势。客人必须要拒绝三次，表示不可如此，自己担待不起。而迎宾的主人则要坚持三次，表示必须如此，非如此不足以表达待客的拳拳之心。三次过后，主人才可以请宾客登车，一同入城。"

"好麻烦。"少年弟子听得头大，"若是主人恭迎洒扫，客人却懵懂不知拒绝，这岂不是扫到天黑都入不得城？"

年长的师兄笑道："正因此，许多人只是刚刚蒙恩师收入门下，未及教授，就已经有各国的贵人登门迎请。请个师尊的弟子做谒者，必要时提醒自己应该注意的礼节，这就是昔年孔圣人所言，禄在其中了——你学到的所有礼仪，都可以让你免于困馁，吃上顿饱饭。"

少年弟子皱眉："好麻烦，太啰唆。做人本来就够累的了，为什么还要弄这么多的虚礼？爽快点儿麻利点，会死吗？"

年长师兄冷笑："你看这邯郸城外，秦人退兵之后还没来得及掩埋的尸首。你看那滚滚的狼烟，你看那被兵火焚烧过的土地，你看那被赵国将士的鲜血染红的丹水。你再听杀谷之外、头颅山侧、白起台下无数孤儿寡母的哀鸣。这就是你所说的爽快点儿、麻利点？就为了这个爽快麻利，战城南，死郭北，野死无葬乌可食。这是何等惨烈，你真的喜欢吗？"

少年弟子吓了一跳："师兄不要吓我，赵国死掉的无数冤鬼，又不是我掐死的，跟我有什么关系？何以非要把罪责推到我的身上？"

"不是你……谁把罪责推到你身上了？"年长的师兄恨铁不成钢，"孺子不可教也，粪土之墙不可圬也，土镘之具不能炊也，蒲柳之姿不足奉也。师尊一世英名，竟摊上你这个不成器的弟子，难怪师尊的名头，始终被公孙龙压得死死的，都是你这般废材给拖累的。"

少年弟子不服："兵熊熊一个，将熊熊一窝。老师他自己不争气，怪我咯？何况师尊被公孙龙压了六十年，我入师门才几天？师兄在师尊身边的时日更久，所以说起来，师尊被公孙龙欺负，师兄才是那个应该为此负责的人。"

"你你你……你目无尊长，狂妄犯上！"年长的师兄气得说不出话来。

弟子们交谈之际，主客的三次礼让已经表演完毕，邹衍和孔穿各自被迎上一辆宽大的礼车，由平原君、信陵君并周义肥亲率百余辆彩车簇拥，浩浩荡荡地驶入邯郸城中。

穿过熙攘的长街，车队在一幢高门大宅门前停下。平原君、信陵君疾步趋至，搀扶着邹衍与孔穿下车："两位先生，邯郸城中的驿舍实是简陋，不敢怠慢了先生。这里是在下夫人的私邸，真是委屈两位先生了。"

"君侯盛情，老朽如何当得起……"邹衍和孔穿再度按礼节规范，摆动宽大的衣袖，跳舞一般地连续揖让三次，这才步入庭除。

入门，是纵深的一片幽林。林下几间雅室，周边小桥流水，曲廊盘旋。一名容貌极美的宫妆女子，带着十余名侍女躬身相迎："妾身魏氏，此生竟有机缘得见两位高士，何其荣幸。"

"哎哟，原来是魏国的小公主，君侯夫人。"邹衍、孔穿二人急忙与之见礼。

这名宫妆女子，就是信陵君的妹妹，平原君的夫人魏氏。

魏氏亲奉杯盏，请邹衍、孔穿落座。双方衣袖翩翩，礼让的姿势煞是好看。随行的弟子们，全都瞪大眼睛，仔细默记老师的动作，用心学习。只有那个与年长的师兄抬杠的少年弟子，不停地东张西望，满脸的不以为然。

邹衍和孔穿完成礼仪之后，终于落座。魏氏再奉杯盏："两位先生，邯郸鄙陋，无以奉客，无非是些常见的浆、乳、汁、羹，倒是这柘汁，是楚地新鲜的甘蔗榨成，还请两位先生莫要见笑。"

"岂敢劳烦君侯夫人。"邹衍、孔穿再站起来，呷了口清凉的柘汁。

平原君夫人趋步后退："王后来了，妾身失礼。"

一个与平原君夫人模样相似的女子，雍容华贵，长发白衣，身后侍立一排宫娥，望着邹衍、孔穿徐徐下拜："赵国魏氏，德品不修，治宫无能，辅君失贤，无颜得见天下之人。幸蒙两位先生不弃，来此邯郸，妾身心中，直如拨云见日，喜极而泣。"

这女子，就是信陵君的姊姊，赵国的王后。

王后亲至，那意味着比赵王亲至更高规格的待宾之礼。

邹衍、孔穿不敢怠慢，又是一番礼让。

嗣后落座，就听赵王后说道："两位先生为世外高人，尽知天下，妾身心里有些疑惑，不知可否相询先生？"

邹衍恭敬道："夫人有话请讲，虽老朽不才，好歹还有孔先生在座。"

赵王后缓慢地问道:"如此失礼,不敢相问,两位先生以为秦廷宣太后,何许人也?"

听到这个问题,邹衍神情大变。

孔穿更沉不住气,脱口叫道:"夫人是问芈八子?"

赵王后点头:"对。"

孔穿紧张万分:"老朽还以为,夫人会问及后宫治政、母仪规范。不然的话,也会问起大战之后如何休养生息、恢复生机的问题。不知夫人何以问起已经去世的宣太后?"

赵王后笑道:"皆因现今的秦国王后,是华阳夫人。而华阳夫人是宣太后弟弟华阳君之女,由宣太后一手带大。华阳在秦为后,妾身在赵为后。若想知道小女子是否德配其位,最好的办法,莫过于与邻国的王后相比较,是以有此一问。"

邹衍说话了:"夫人既然问起,想必是已经从游历各国的士人那里听到了些什么。"

赵王后看向邹衍,坦然道:"先生明见。"

邹衍又说:"老朽想听听夫人都听说了些什么。"

赵王后并未遮遮掩掩:"宫中寂寞,但只要有游士入宫,妾身就会央求主上容侧旁听。妾身曾听闻一桩与宣太后有关的异闻。

"据说宣太后晚年无聊,宠幸一个叫魏丑夫的男子。她真的好喜欢魏丑夫,甚至宣布待她死后,一定要让她最爱的魏丑夫殉葬。魏丑夫听到后,吓得面无人色,就向朝臣庸芮求助。于是庸芮求见宣太后,问:'太后,人死后,是否还有知觉呢?'宣太后回答:'当然没有知觉。'于是庸芮说道:'既然太后死后,已经没有了知觉,那么让活人魏丑夫殉葬,又有什么意义呢?徒然留下太后不好的名声罢了。又或者,人死后灵魂不灭,仍有知觉,那么太后在九泉之下,带着自己宠爱的魏丑夫,又如何得见先王夫君之面呢?'宣太后听了,说道:'这是我的错。'于是收回让魏丑夫殉葬的成命。"

听了赵王后讲述的故事,邹衍起身拜倒:"老朽明白了。请夫人放心,邹衍虽然才疏学浅,浪得浮名,终会留意在心,断不会负了夫人所托。"

赵王后长松一口气:"先生情意,妾身铭感于怀。"

向着邹衍连拜三拜,赵王后悄然退下。

望着赵王后离开的那扇门,邹衍呆立,一动不动。

孔穿蹑手蹑脚地走过来:"怎么回事呀老邹?赵王后讲的这个故事好生古

怪。那宣太后芈八子，久已失势于秦廷，如何会宠欢一个丑男人？而且还是个魏国的丑男，这分明是个寓言……"他突然掩住了口，"明白了。这个所谓的魏丑夫，就是赵王后自己。她口中的宣太后，暗指秦国。她也想让自己的人登上秦国这艘不沉的战船。只是因为此前的敌对，恐秦人中的楚系势力不相容，所以央求老邹你替她斡旋。可是公孙……"

邹衍打断孔穿的话："可是公孙龙就在邯郸，如果她想登上秦国这艘战船，为何不去求公孙龙，却舍近求远来找我们？可见此事，玄机之下还另有玄机。"

顿了顿，邹衍继续低声道："我们赶紧休息片刻吧，赵魏的两位君侯，应该就快到了。"

平原君和信陵君，并肩立于门前："夜深了，先生且请歇息吧。"

房门应声而开，路上那个与年长师兄抬杠的少年弟子出现在门前："两位君侯进来吧，我师尊虽然连日奔波，但目睹邯郸人物，心下兴奋，尚无睡意。"

"如此……那就搅扰了，搅扰了。"两人不敢弄出大的动静，小心翼翼地跟在少年弟子身后，进了房间。

房间里，明烛高照，邹衍与孔穿正在对弈。见此二人进来，两人急忙起身见礼。

邹衍的目光落在信陵君身上："时过六年，君侯何以盘桓邯郸不去？"

"天下虽大，现如今已无我容身之地。"信陵君落下泪来。

"是啊，"邹衍掂着手中的棋子，若有所思，"六年了。侯嬴离开这个世界，已经六年了。"

"侯嬴其人，虽名不在稷下七豪之列，但其人的智慧，是我等无法与之匹敌的。十年前长平血战之后，秦兵围困邯郸四年之久，城中陷入饥馑，居民易子而食。那般光景太过凄惨，是以六年前平原君屡次向君侯求救。君侯彷徨无策，也知欲解邯郸之困，须得侯嬴之智。其时天下皆知，是侯嬴先生指点你。先请曾受过你恩惠的魏宫如姬，盗出虎符。再由力士朱亥与你随行，前往魏将晋鄙军中，晋鄙虽验过虎符，却仍是拒交兵权，结果被力士朱亥以椎击杀。而后君侯大人驱师猛入，攻击秦军，秦人不得已而退，是否？"

信陵君深知瞒不过邹衍，便承认道："六年前确实是这么个情形。"

邹衍继续问道："然而侯嬴难道就没告诉过你，纵六年前君侯不来，纵魏师不攻打秦兵，秦人自己也会退兵的？"

信陵君低声道："说过了。"

邹衍的声音陡然提高："那你还要来？而且朱亥击杀魏将晋鄙，激怒了魏王与朝中的亲秦势力。不单你信陵君此生再也无法回返故国，那侯嬴老先生更是在劫难逃。他是志烈之士，又老迈高龄，断不可能千里逃亡，只能于大梁城下，拔剑自刎。如此慨烈悲歌，必将永世流传，使后人知我辈游士之侠义。"说到这里，邹衍脸色一沉，"虽如此，但君侯还是不该来此。"

信陵君自惭形秽，但还是辩解道："先生明鉴，当年我是别无选择……"

邹衍冰冷地打断他："你不是别无选择，你只是不信任侯嬴。第一，你不相信他告诉你的惊天秘密；第二，你不相信赵王会下令格杀秦国储君子楚；第三，你不相信子楚会逃出这铁桶一般的邯郸城。有此三不信，你拒不肯听侯嬴先生苦言相劝，执意要来邯郸。你不仅害得侯嬴先生自杀，还害得你的满门族亲，俱遭魏国亲秦势力反扑，于大梁城中被连根拔除。如此惨烈之局，君侯还有何话可说？"

信陵君脸色惨白，一声也不敢吭。

平原君急忙上前："先生莫怪无忌，六年前的旧事，是我沉不住气，一而再、再而三地催促他来，甚至派出了死士周义肥。"

邹衍又打断平原君："你既然知道求救于信陵君，为何不用身边的智囊？"

"先生是说龙居主人？"平原君极为沮丧，"实话告诉先生，十年前大王因不慎失礼于公孙龙，从此他蛰于龙居，不复见客。十年来本座每日早晨起来的第一件事，就是到龙居问候，却从未得到半个字的回应。"

"这个老不死的！"邹衍恨声道，"六十年前在齐都临淄，他就是这个臭脾气。此番在这大邯郸，我与公孙龙恐难两安，必有一战！"

诸人重新见礼落座，就听平原君道："两位先生，深夜搅扰，实属无礼之至。但小可心里有个困惑……"

邹衍便打断他："是一个困惑，还是两个？"

平原君不再绕弯子："先生慧眼如炬，确是两个困惑。"

不待他问，邹衍便继续说道："咱们先说第一个困惑，十年前的长平之役，秦军投入的兵力是三十万，而赵国这边是四十五万，实力对比悬殊。正因为有此人数上的优势，所以当时君侯才一意主战。岂料大战既起，四十五万的赵军竟然被三十万的秦军团团围困，并悉数坑杀。君侯心里实是困惑难明，三十万的秦军，如何围困并坑杀四十五万人？这就好比说两个人，如何坑杀三个人？常理上说不通啊。"

"对头，对头。"平原君鸡啄米似的点头，"秦军坑杀我精锐四十五万，最终只放回了二百四十个未成年的童子兵。我及大王都亲自询问过他们，可是这些孩子早已吓破了胆，多人失语，大小便失禁，眼神充满恐惧，根本说不出什么来。"

邹衍摇头："不是孩子们不肯说，是他们真的说不明白。他们根本无法理解自己所看到的一切。"

平原君震惊，忙追问道："他们究竟看到了什么？"

始终一声不吭的孔穿坐不住了："请君侯恕过老朽放肆，长平之败已过十年，你们竟始终未弄清楚败由经过？这真是难以置信。那你们是如何向百姓、向那些死者的家人解释这件事情的呢？"

"还能怎么做？"平原君无奈叹息，"只能编个故事，应付过去。"

一旁侍茶的少年弟子小声地嘀咕了一句："杀谷！"

"对，是杀谷。"平原君瞥了那少年弟子一眼，继续说道，"我们告诉国人说，四十五万赵军精锐，是被秦人驱入一座山谷，而秦兵出尔反尔，于谷顶设伏，乱箭如雨，沙石齐下，将四十五万人悉数埋葬。这就是杀谷故事的由来，至今为止，每日都有国人前往谷中拜祭。"

"否则还能怎么样？难道我们还敢承认赵国的大王君侯个个都是蠢材，吃了败仗，还稀里糊涂不明就里？"

说到这里，平原君目视那位少年弟子："你觉得这个故事怎么样？"

少年弟子眨了眨眼睛："会有人信吗？"

平原君不答反问："小兄弟既为邹先生门下高徒，还敢请教大名。"

少年弟子答道："大家都叫我洪雁。君侯还没告诉我，你编的故事有人信吗？"

好好说着话，平原君竟和邹衍的少年弟子发生了冲突，而且邹衍坐视不理。孔穿生怕这位名叫洪雁的弟子激怒平原君，急忙把话接过来："不会有人怀疑的，横竖人们只是需要一个解释。再过两千年，也会有人以此为据，修史治学。至于合理与否，又有谁会关心？"

"杀谷？"邹衍沉吟道，"君侯这个说法，虽不中，但也不远了。"

平原君越发困惑："怎么说？"

邹衍立起："君侯既有困惑，何不问问信陵君？"

"问我？"信陵君大吃一惊。

"没错。"邹衍道，"六年前信陵君以力士朱亥杀晋鄙，魏军为何不反抗，格杀于你？为何听你之命，刀山火海，任意驱策？"

"那是……"信陵君一言未讫,平原君已经恍然大悟:"谢过先生,小可明白了。"

"是啊。"邹衍叹息道,"你想不到,那是因为此事在你的思维盲点,答案就在你眼皮子底下,你看不到。看到的人,也不敢告诉你。"

顿了顿,邹衍低语道:"五行相克,自相杀伐。军队肃杀,居西属金,不过如一艘战船,自身并无属性。谁登上这艘船,谁就可以驱策它。可以用其撞击敌人,也可以让其自行撞毁。一如此刻的天下时局。"

说到这里他转过身来:"十年前的长平,四十五万赵军劲卒,他们是奉秦人之命,自相攻击,自相残杀,自己坑杀了自己。没人拦得住他们。下一个问题。"

邹衍继续说道:"下一个问题,应该是秦质子子楚,六年前如何逃出邯郸的吧?"

"一点儿没错。"平原君答道,"早在子楚被秦国立为储君时,整座邯郸城中的人就都知道他迟早会逃。问题是他当时还没逃,就不能以此问罪。只能等到他逃亡之时,再当场拿获,问罪于他。是以六年前,秦兵围城,大王严命大司寇,每日里秘密监视邯郸各城门。那一日,吕不韦带着两个门客,重贿西城值守赵得符,甫入邯郸,就立即被发现了。所以当时,大王一边传命诛杀子楚,一边于城中搜捕吕不韦,同时派心腹赵长威,将西城门的逆贼赵得符并十二人当场枭首,布下伏兵,等吕不韦自投罗网。"

说到这里,平原君停下来。

邹衍笑道:"可是当时赵长威回报说,当他们到得西城门时,吕不韦已经带着子楚出了城,追之不及,只能将赵得符等十二人枭首回报,是也不是?"

"正是这样。"平原君恨恨地以拳击掌,"赵长威这瞪眼的瞎话,连孩子都骗不过。是以大王气急之下,将其下狱。万不料想,赵长威竟然在狱中自尽了,宁死也不肯说出放走秦太子的因由,实在令人气恼。"

子楚与吕不韦,是如何说服赵长威放走他们的?这又成为了一个时隔六年仍然无解的谜题。

邹衍笑道:"那赵长威既得赵王信任,或是宗室?"

"那倒不是。"平原君跺脚,"但大王对他的信任,并不高于周义肥,只是当时周义肥去了大梁,不得已才起用赵长威。"

邹衍笑道:"虽是心腹,却不怎么信任他。可知此人的脑袋,应该有点儿问题。"

平原君继续引导他:"赵长威这个人,说话有板有眼,喜欢穿扮表演。冷一看胸有成府,乍一听远谋深虑,但其实都是装出来的。他的智力确实不高。"

"智力不高之人,最大的特点是以为自己聪明绝顶。"邹衍道,"倘若他于西城门截下子楚,但子楚下车,对他说:'我有一枚宝珠,久为大王觊觎。赵王之所以拿我,是因为想得到我的宝珠。如果你拿下我,我就告诉赵王,是你赵长威抢走了我的宝珠,并吞下了肚。到时候大王一定会剖开你的肚子,寻找宝珠。'你猜赵长威会信吗?"

平原君思考片刻:"……以我对赵长威的了解,他会信。"

邹衍揭开谜底:"所以,赵长威信了,害怕子楚临死前拖他陪葬,所以为保性命,干脆一咬牙,开城门放走了子楚。"

平原君恍然大悟:"难怪!"

邹衍叹道:"子楚何许人也?但凡智力略差一点,又如何能够获得秦廷楚系的全力支持?他在邯郸活动这么多年,恐怕城中的每一个人,都已被他摸得透透的了。遇到赵长威,他有对付赵长威的办法。如果大王派出的是别人,他同样另有一套完全不同的办法。他若想留在这邯郸城,没人能够赶走他;他若想走,没人能够拦住他。这就是未来秦国的帝君呀,毫无锋芒,却机蕴在胸。对付这种人,如何能掉以轻心?"

信陵君也忍不住大叫道:"在大梁时,侯嬴先生也提醒过我,不可低估子楚。此人能在邯郸城中存活日久,那就证明他绝非泛泛之辈。先生的原话是:'吕不韦亲入邯郸接应,子楚的逃生几率接近三成。但如果估算上子楚的智慧,逃生几率会达到五成。'"

邹衍轻轻一笑:"五成把握,以谋天下,多么划算的买卖呀。"

第五章　帝王智慧
用一文钱买下富可敌国的产业

次日晨起，洗漱过后，邹衍把少年弟子洪雁叫过来："你师兄他们在做什么？"

洪雁乖乖答道："大师兄正在督促大家做早课，演习昨天师尊和孔先生的谦让之礼。"

"这个还用学吗……"邹衍探头向门外看去，见门外的弟子们，站成几排，正由年长师兄喊着节拍——"一，弯下腰；二，展开左袖；三，展开右袖；四，后退半步，再半步；五，身体后仰，抖动胯部和两腿……"——正模仿昨天自己的姿势，笨手笨脚地舞蹈。

看着整齐舞动的弟子们，邹衍非常绝望："神啊，快点儿让我死掉吧，不要这样惩罚我！我都收了些何等缺心眼的弟子呀？这要是让公孙龙看见，不等比试，人家就会活活笑死我的！"

他把头收回来，吩咐少年弟子洪雁："在燕国时，我曾为你过低的智力而忧虑于心。可现在发现，你那远离正常水平的智力，竟把你的同门师兄甩出十万八千里。唉，老夫至此方信，智慧没有顶点，而愚蠢没有下限。也罢也罢，少顷，会有三个人来……"

"知道，知道，"洪雁快嘴快舌地道，"一个是衣衫华丽、脂粉气息浓烈、比女人还要美丽的男人，他叫郑朱，是赵王的贵人。第二个是气宇轩昂、俊逸非凡的男子，他是建信君郭开，现为赵国的国相，是赵王的男人。赵王和这二人每天腻在一起恩爱非常，把赵王后寂寞得恨海情天。还有一个花白胡子的老者，他是平原君赵胜的哥哥，平阳君赵豹。因为十年前平原君判断失误，自以为胜券在握，唆使赵王发起长平战役，平阳君力阻未果，最终导致长平之败，赵国进入灭亡倒计时。是以平原君已淡出赵国权力中心，赵王现如今对平阳君更为倚重。是也不是？"

邹衍叹息一声："洪雁，你聪明外露，嘴不饶人，实际上脑子缺根弦。虽然你父王将你托付于我，但我真的很担心，这座小小的邯郸城，你来得去不得。"

洪雁不以为然地撇撇嘴："师尊未免高看了对方，纵然公孙龙凶名极盛，但昔年稷下学宫，他是硕果仅存的名家。而师尊是阴阳家，孔先生是儒家，阴阳家联手儒家，弟子不认为名家公孙龙还有反扑的机会。"

邹衍提醒他："师尊是师尊，你是你。"

洪雁轻哼一声："那又如何？郑朱三人此番前来，当是替赵王通报。赵王不傻，知道唯有师尊的智慧，才能够帮助他强大赵国，避免宗庙倾覆之厄，所以断不敢托大在宫中等候师尊觐见，而是礼贤高士，带着王后登门私访。"

邹衍正要说话，一名弟子跑过来："师尊，有三名贵人到访，执礼甚恭。"

邹衍望了洪雁一眼："去吧。"

少顷，赵王的三名心腹之臣，比女人还美的贵人郑朱，让男人自惭形秽的美男子、国相郭开，以及花白胡子的平阳君，三人走进来，对邹衍执弟子礼。然后平阳君赵豹踏前一步："舍弟是个浑人，一向只知与舞刀弄剑的游士为伍，不明仪礼，居然如此怠慢先生，实在是疏忽之至。是以我家大王恐先生委屈，亲自过来替先生奉盏。"

邹衍做诚惶诚恐状："折煞老朽，折煞老朽，告诉大王千万不要这样，否则老朽怎还有面目对人……"

一声轻笑传来，门外走进来一个年轻人。

貌极美，眉目如画，龙仪凤姿。

他就是赵王丹。继位时不过少年，执掌国政十数载，今年三十二岁。

虽美若女子，但容颜憔悴，嘴唇苍白，几无血色。

他那羸弱的身体，一如国家的命运。昔年也曾强大无比，威震四邦。但十年前的长平之战，彻底摧毁了赵人的信心。这个国家如同赵王本人的身体，已是风雨飘摇，时日无多。

进得门来，赵王作势欲行大礼，邹衍和孔穿双双扑至，拼命拦阻："大王不可，万万不可，大王身份何等尊贵，恩被三晋，泽润万世。若我等无义侮君，受此大礼，还有颜面走出这邯郸吗？"

赵王不同意："昔年燕昭王黄金台上客，先生如何受不得寡人这一拜？"

作势再拜，邹衍、孔穿二次力阻。

礼毕，赵王落于君位，与邹衍、孔穿的客位相对。他说道："昔年燕昭王筑黄金台，以千金求得先生一策，从此燕国如日中天，势若破竹，接连攻下齐国七十余城。是时齐王野死荒郊，齐国几乎亡破。寡人居宫中，境遇与当年的燕国一般无二，承受着强秦的无义侵凌，求先生看在赵氏宗庙的情面上，不吝一言相告，寡人之国世世代代铭怀。"

"不敢，不敢。"邹衍道，"大王欲求强国之策，须先知道秦国坐大的因由。秦国坐大的因由，有七个。一是秦据山川之险，黄河无尽，函谷关就是秦人最安全的门户，这是东方六国无法相比的；二是商君变革，从此秦人以军功为先，让秦国变成了一台可怕的战争机器；三是现任的秦昭王，在位已经五十多年，保持了国家政策的连续性；四是秦人唯才是用，不拘一格，比如说秦国的国相，楚人做过，魏人做过，甚至连齐国的孟尝君都做过，相比于秦国，东方六国在任人方面缩手缩脚，自然落于下风；五是秦书、秦车、秦币标准化，大大降低了民间经营成本，相比之下，在这邯郸城中就有上千种货币同时流通，这就被秦国给比了下去；六是秦国的水利发达，尤其郑国渠①的建成，让秦国富庶无匹，可以源源不断地支持战事；七是军事技术，秦国秘密从北部的游牧者那里获得了冶铁之术，始终占据着武器技术的优势。"

邹衍说罢，拿起一杯醴浆啜饮，给赵王时间思索他刚才说过的话。

赵王沉思良久，怅然道："先生果然睿智。寡人为君久矣，常问及臣属秦国强大之由，有说兵事的，有说水利的，有说商君变革的，总之七个因素都曾有人提及。但每个人都是单因单果，将秦国强大归于一处。只有先生的论述，才让寡人恍然大悟，天下岂有一言兴邦之理？一个强大的国家，那是多个因素相互牵掣、相互制约、相互递进、相互成就的。"

邹衍欣慰道："大王圣慧，既然知道秦国强大之由，那么如何治理赵国，就不再是一个问题了。"

赵王踌躇半响："但是先生，寡人也有个难处。"

"大王请讲。"

赵王坦然道："诚如先生所言，一个强大的国家，是多个因素勾连错合所致，每个因素都很强大。而居下风的国家，同样也是各种因素勾连错合所致，

---

① 郑国渠，公元前246年（秦王政元年）由韩国水工郑国主持兴建，约十年后完工。

却是每个因素都很弱小。你动任何一个因素，都会被其他因素牵制消解。是以为今之计，若想强我大赵，应该从何处着手呢？"

邹衍笑道："赵国有赵国的先天劣势，也有赵国自身的优势。赵国最大的优势，就是军队的战斗力天下无敌。若秦人不以诈谋，单凭军事实力，是居于下风的。所以强赵之策，莫过强兵。强兵之策，莫过军制上的变革。"

赵王的神色黯淡下来："先生有所不知，寡人虽为君王，但军制变革此等大事，断非寡人之一言能决，昔年赵主父胡服骑射……"

赵王刚刚说到这里，突然间听到院子里一声大喝："大胆王文回，你恃公孙龙之势，竟敢蔑侮君上的威严吗？"

喝声未止，就听到剑刃器锋之声大作，然后响起一个孩子的清脆声音："小徒奉师尊之命，面谒邹衍先生，以践六十年前之约，并不知君父在此。不知不罪，然诸位伯伯叔叔，对我舞刀弄剑，未免也太夸张了吧？"

听到门外的动静，赵王皱眉："在两位先生面前放肆喧闹，这难道是我赵国的待客礼节吗？"

周义肥走了进来："禀大王，公孙龙的关门弟子王文回，冲撞王驾，两位先生面前不敢格杀，请求交付司寇治罪。"

"王文回？"赵王讶声问道，"你说龙居那个小孩儿？他来这里干什么？"

周义肥表情古怪，偷瞥了邹衍一眼："说是给邹衍先生下战书，以践六十年前的赌约。"

"六十年前的赌约？"赵王诧异地望向邹衍。

邹衍的老脸竟然涨红了："老朽敢问，外边那个王文回，是不是今年九岁？"

"这个……"周义肥抓耳搔腮，答不上来。

美男子郭开踏前一步，笑道："邹衍先生慧眼如炬。天下人皆知，公孙龙居于邯郸，隐于龙居，十年足不出户。理由是十年前，主上曾慢怠了他。但实际情况是，十年前，公孙龙先生老骥伏枥，鲜活热辣，不留神把个女弟子的肚子搞大了，生下了个孩子，据说那孩子打小就聪明伶俐，被公孙龙收为关门弟子。这么算起来，王文回岂不是今年恰好九岁？"

"公孙龙这个老不死的，六十岁了还能搞大女人的肚子，这这这……实在是让人羡慕嫉妒恨。"邹衍气道，"王文回今年九岁，这就对了。不敢欺瞒大王，六十年前，老朽是个十三岁的少年，步行千里，前往齐都临淄，想投在孟轲门下学艺。遥想那一年，孟子也才不过六十一岁。但我在拜师时，遭遇了一个强有力的竞争对手，与我强争入门资格。对方是个九岁的孩子，我们两人斗了三场，他被我击败三场。我赢得了孟子膝下受教的机会，那孩子只能落荒而走。临走之前，他鼓着眼睛对我说：'六十年后，必雪此耻。'"

赵王吃了一惊："如此说来，当年那个九岁的孩子，就是公孙龙了？"

邹衍点头："是的。"

赵王不可置信："可是……"

邹衍接着说道："诚如大王所言，可是人生七十古来稀，世间长寿者能有几人？所以当年老朽听了公孙龙的威胁，并没有往心里去。一来不信自己能活到七十三岁，二来不信公孙龙能活到六十九岁。谁知道……不过……"

说到这里，邹衍的目光转向郭开等人："不过这公孙龙倒也霸气，六十岁搞大女弟子的肚子，生下私生子，这种事他居然敢嚷嚷出来？"

贵人郑朱笑道："公孙龙倒是没嚷嚷，还谎称王文回是秦国宗室之子。也不想想，秦国哪个宗室……"说到这里，他似乎想到了什么，脸色凝重，看着赵王不再说话。

赵王起身："我们出去瞧瞧。"

众人簇拥着赵王并邹衍，步出门来。

庭前阶下，平原君、信陵君与周义肥背门而立，一个孩子跪伏于地，四周围了一圈甲士游士，出鞘的剑尖，直指孩子。

赵王看了一会儿，缓声道："抬起头来。"

孩子跪伏于地一动不动："文回冲撞君父，百死莫赎，不敢抬头。"

赵王再次命令，语气更强硬了些："恕过你的死罪，抬头！"

那孩子抬头，一张方方的脸，黑白分明的眼睛，还有与他的年龄极不相衬、温和沉静的表情。虽然只是一个孩子，但在他面前，无论是平原君、平阳君、建信君、信陵君还是郑朱，都感受到一种说不出的沉重压力。

赵王也似乎感受到了这种无形的压力，他一言不发，静静地看了半晌，之后低语了一句："像，真像。"

跟他的生身父亲，宛如一个模子刻出来的。

风起，庭院枝叶摇动，如刀兵掠过人们的心。

静寂中，王文回的清朗声音响起："邹衍先生，不才王文回，给您老人家见礼了。"

说罢,王文回长揖一拜,恭恭敬敬地叩了三个响头。再拜倒,三个响头。第三次拜倒,又是三个响头。

众人一声不响地看着。这三拜九叩,至尊之礼,摆明了来者不善。阴阳家邹衍与名家公孙龙之间的对峙,已经长达六十年。今日对决,无论谁输谁赢,都会对战国的格局造成决定性影响。在这个影响未来千年走向的趋势面前,赵国君臣的分量,实在是轻微到了不能再轻微的地步,纵使赵王,也不敢在这个时候多说一句话。

这个时候,唯一有资格说话的,就是孔子的六世裔孙孔穿先生了。

所以他踏前一步:"孩子,你随侍龙居主人座前,学的是什么?"

王文回答道:"白马非马,蜗牛非牛。"

孔穿呆了呆:"……这蜗牛非牛,老朽能够理解。但白马如何不能算是马呢?"

王文回从容应对:"回先生的话,若白马是马,为何不叫马而叫白马?既然称为白马,如何又能算得上马?"

孔穿大声道:"胡闹,胡闹。岂不闻事物有共性,有个性。共性就是天下所有的马,都是马。但每匹马,又都有自己的个性。按颜色分,有花马,有黑马。按雌雄分,有公马,有母马。按功用分,有驭马,有战马。公孙龙真是误人子弟,岂可以事物的个性否定共性?岂有此理,简直是岂有此理!"

痛心地俯身向前,孔穿继续说道:"王文回,我看你聪明不凡,胆识过人。只可惜未遇明师,学了一肚子的狗皮倒灶。你既在学门,当知我孔穿之名。若你肯放弃白马非马的胡言乱语,我愿代先尊收你入门,可好?"

孔穿这个诱惑可大了,衍圣公孔丘为万世师表,如果王文回入得儒家之门,什么都不需要做,就可坐享万世之名。

是以诸人屏心静气,看他能否抗拒得了这种诱惑。

却见王文回伸手入怀,掏出一只小小的铜瓶,说道:"若有机缘入圣人之门,后学何其所幸。但先生要求我放弃白马非马的学说,这也不会太难,前提是……请孔先生教我,这只铜瓶中的物事,是什么。"

"这个东西……"孔穿凑近铜瓶,细看后笑道,"这个东西,乃大海之物,名字叫海马。昔年老朽在齐下临淄,看到有渔夫捉到过的。"

就听王文回强忍住笑:"适才孔先生说,天下所有的马,都是马。那么烦请先生给这匹马套上羁缰,供我们驱驰吧。"

"你……"孔穿气到两眼暴凸,手指王文回,向后跌倒。

众人骇极，忙不迭地在后面托住孔穿："王文回大胆，若你把孔先生气出个好歹，万世难洗你师徒恶名。"

"哪里会有这么严重？人家有提醒孔先生的，蜗牛非牛，海马当然也不是马，对吧？"王文回漫不经心地收起铜瓶，转向邹衍，"弟子无礼，还请先生责罚。"

"责罚你个头！"邹衍气道，"烦文以相假，饰辞以相悖，巧譬以相移，引人声使不得及其意，如此，害大道。夫缴纷争言而竞后息，不能无害君子，衍不为也。"

王文回失笑："邹先生嫌弃徒儿鄙陋无知，不为也……那么邹先生，小徒是否可以回去，向师尊禀报了？"

"想得美。"一个声音响了起来，"王文回，你既然出了龙居，还以为自己能活着回去吗？"

众人循声望去，见说话那人，赫然是邹衍的关门弟子洪雁。

于赵国权贵的惊诧注视之中，洪雁大步行至王文回面前："王文回，你今年九岁，我年十三，若论序齿，我这是欺负你了。"

"没关系，"王文回躬身与洪雁见礼，"四岁之差，我师尊努力了六十年也没有赶上。倒下的墙，远行的船，离你而去的人，排在你前面的年轮，有些东西你注定永远无法改变，这好像也怪不得别人，对吧？"

"你知道就好。"洪雁冷冰冰地道，"六十年前，你师尊正是你现在的年龄，我师尊也是我现在的年龄。九岁对十三岁。六十年前，你师尊公孙龙，出了三道题难为我师尊，却为我师尊举重若轻，全部化解。当时公孙龙挟恨在心，与我师尊约下今日之战。现由我出三道题，你须得全部化解，否则，就请自裁于邯郸城上，并告之天下，公孙龙的白马非马，纯粹是邪妄之人的胡说八道，唯我师尊的阴阳五行，才是贯行人间的阳关大道。"

王文回吐了吐舌头："听着好可怕，我可以不战而降吗？"

洪雁鄙夷地看着他："没人拦你，但如果是这样，你还不如直接撞死在庭前的古树上，更来得爽快。"

王文回摸了摸脑壳："好怕怕，那你放马过来。"

洪雁正要上前，孔穿急忙冲上来："停，且停一下。洪雁啊，虽然你是出题之人，可要记得两件事。一者，龙居久在邯郸，我们只是客人；二者，洪雁你的年龄，终究比王文回大了四岁。"

"听到了没有，王文回？"洪雁冷笑，"你是这般的冥顽不灵，险些气死孔先生。孔先生却以仁者之心，不计较你的冒犯，吩咐我让你两道题。孔先生如此地爱惜你，再想想你刚才的无耻之举，心里难道不愧疚吗？"

"哈哈哈！"王文回失声大笑，"信了你才怪。这个糟老头子坏得很。他苦心琢磨了六十年，你当他们真会好心放过我吗？"

洪雁也笑了："还算你有自知之明，那我们现在开始。"

说罢，洪雁紧了紧腰间的绦带，大踏步向荷花池边走去。众人急忙给他让开一条路，看着他走到池边，就见一艘小船，从池中荡过来。

撑船的，是邹衍门下的年长师兄，只见他满脸紧张，吩咐了一句："师弟千万小心，这道题未免……"

"哎呀，知道了，"洪雁跳上船，"没听孔先生说过要礼让人家吗？"

年长师兄跳上岸，紧张万分地候在一边。就见洪雁摇动桨橹，小船在水面上忽进忽退，看得众人不明所以。

赵王凝神观望，比女人还妩媚的郑朱凑到他耳边，低声道："这是道声律题，那洪雁的橹桨摇动，就是歌子的节拍韵律，只是听不出来是什么歌。"

赵王听了半晌，苦笑道："寡人好歹也算是喜爱音律之人，可听了半晌，竟毫无头绪。这么难的一道题，还说是礼让三分？"

美男子郭开笑道："所以说儒家学者都是笑面虎，吃人向来不肯吐骨头的。"

平阳君赵豹却道："也可能不是这样，毕竟是学人对阵，出题不可能漫无边界。若没个学术范畴，哪怕由我来出题，只须问一问我昨日午时做什么了，纵然是神仙也回答不上来。"

郑朱若有所思："若是如此，那此题就耐人寻味了。"

说话间，就见那王文回慢慢走到池边，目视小船，拔剑出鞘。

慢慢举起剑刃，王文回的手指在剑刃上弹奏起来。众人细听，他弹奏的节律，与洪雁的摇橹节奏应和。

伴随着橹声剑鸣，建信君郭开踏前一步，振声唱道：

滥兮抃草滥

予昌枑泽，予昌州

州鍖州焉乎，秦胥胥

缦予乎，昭澶秦逾

渗惿随河湖

建信君的歌声止息。洪雁与王文回的节奏突然一变,化为柔和的流水之声。就见妩媚的郑朱踏前一步,柔声唱道:

> 今夕何夕兮,搴舟中流
> 今日何日兮,得与王子同舟
> 蒙羞被好兮,不訾诟耻
> 心几顽而不绝兮,得知王子
> 山有木兮木有枝,心说君兮君不知

郑朱的歌声与两少年的节奏同归沉寂。就听平阳君赵豹哈哈一笑:"邹夫子果然是仁者慈心,说过相让,那就一定会让。春秋年间,楚国王子鄂君子晳泛舟出游,忽闻船上舟子唱起一支奇特的歌子。子晳闻歌,心有所动,遂问此歌原意。于是舟子上前解读,才知这就是《越人歌》。是舟子以越地方言,表达对鄂君子晳的爱慕之情。子晳感动不已,以锦绣披其肩,为这首千古传承的绝美歌子留下了颊齿犹香的荡气回肠。邹夫子之意,就是要借这首歌,向龙居主人公孙龙表达情意。相杀六十年,只因爱太深,是谓也。"

一旁的平原君与信陵君听得目瞪口呆:"不是……莫不成……夫子们也玩这个?"

郑朱笑道:"夫子们学究天人,百无禁忌,想来应该是男女通吃。"

说罢,郑朱向信陵君抛了个媚眼,灵动的眼珠,带着欣然与爱慕,把信陵君上上下下打量了一番。

信陵君骇得魂飞天外,急忙躲到平原君身后。

洪雁向王文回躬身,笑道:"还行,没给你家龙居太丢人。这关你过了。"

王文回也恭敬回礼:"是师兄高抬贵手……突然间变得这么客气,第二道题一定是极毒极辣。"

洪雁走下船来:"果然聪明,跟我来。"

洪雁在前,王文回在后,踏上池边一条长廊。众人立于原地,看着两个孩子的身影,于竹林疏影中忽隐忽现。不长时间,就到了池边的一幢雅舍前。

一指那间雅舍,洪雁说道:"看那辆车。"

众人细看,果见雅舍中有一辆车,极高极大,六辕四座,几乎占满了整间屋子。看到这高大的驭车,所有人心里大感:这么大的一辆车,是怎么穿堂过户,驶入小小的屋子里的?

就听洪雁笑道："我三师兄浇漓子，是墨家与公输班两家的传人，手艺天下无双。但有一桩，三师兄他愤世嫉俗，肝火极盛，而且心眼不够用。当我们来到邯郸，下榻于平原大人的府中时，浇漓师兄感激大王容纳之德，决意制造一辆车子，送与大王，以表我师徒恭敬之心。既然是献给大王的御车，那当然要比普通车子更大一些。所以……所以当浇漓师兄把车子造成，才发现这间雅舍窗小门窄，造好的车子，竟然卡在屋子里出不来。这间雅舍，听人说是平原君夫人的香室，用来敬香。窗门檩顶，不可擅动。不破门，不毁窗，不掀屋顶，不掘地穴，不拆除墙壁，更不可以把好端端的车子拆开，拿到门外重新组装。烦请小师弟教我，要如何做，才能将这辆车子，驶出来呢？"

看到这里，赵王略垂眼皮。平阳君、郭开及郑朱三人转向邹衍、孔穿："邯郸的风，还是有点儿冷。就让孩子们自己玩吧，请两位老先生回房歇息。"

邹衍与孔穿，双双与赵王揖礼，目视赵王登车。

随来的宫监高声叫道："起驾。"

平原君与信陵君小步疾趋，送赵王离开。

回到后宫，赵王后带着几名宫娥候在宫门："大王累了，喝杯柘汁吧，这是妾身吩咐宫娥，用新鲜甘蔗刚刚榨成的。"

赵王啜了一口柘汁，以深情的目光看着王后："真甜啊，像极了爱情。夫人也喝一杯吧，这些日子，夫人消瘦了。"

赵王后轻声叹气："只恨妾身柔弱无能，不能替大王分忧。"

赵王放下杯盏："夫人情意，寡人铭记在心。烦请夫人送些甘蔗到平原君府上，六年前围城之战，平原君的门客战死者数百人，连平原君自己都受了伤。再请夫人代寡人谢过平原君并信陵君。"

"情分之事，妾身代妹妹一家谢过大王。"赵王后盈盈拜倒。

"夫人无须多礼。"

"妾身谢过夫君。"慢慢地站起来，看着赵王大踏步走远的背影，王后的神色渐渐变冷：伴君如伴虎，帝王无情义。我弟弟信陵君不来邯郸，所有人都骂他贪生怕死，无情无义。来了邯郸，所有人又责怪他兵行险招，师出不智。唉，搭上身家性命还换不来一个笑脸，这寄人篱下的难堪日子，什么时候才是个头啊？

几名宫监引路，赵王到了王宫西侧的书房。

他坐下来，开始翻阅竹简奏章。

小半个时辰过去，一名宫监蹑手蹑脚地进来："大王，邯郸城里堪称万人空巷啊，所有的人都聚到平原君府上看热闹。那个龙居关门弟子王文回，当真聪明，不破门、不毁窗、不拆车，竟然把那辆车，从屋子里驶出来了。"

赵王冷笑一声："也不看看他是谁的儿子，这么简单的题目，难得住他才怪。六年前他父亲逃出邯郸，那道题可比这道难多了。"

宫监困惑地搔搔耳朵："大王，王文回的父亲不是公孙龙吗？老头六十岁时生下的他，没听说公孙龙逃出邯郸呀。"

赵王不睬宫监的困惑，问道："寡人也有点儿好奇，王文回是如何把车子弄出来的？"

宫监道："王文回在屋子的周围，立下几根大木桩。木桩上设有滑轮，再用绳索拴在屋子的檩柱上。然后王文回绕过滑轮拉动绳索，竟然把那间屋子，凌空拉了起来，悬垂于空中……"

赵王动容："厉害，机枢妙用，尽在一心。看来他已尽得公孙龙真传。"

说完这句，赵王低头看奏章，不再理会宫监。

宫监蹑手蹑脚地退出去，又蹑手蹑脚地回来："大王，他们来了。"

赵王头也不抬，"嗯"了一声。

宫监摆手，平阳君赵豹、国相郭开，与花枝招展的郑朱次第而进。就听赵王闷哼道："寡人只要确证的消息，如果只是道听途说，尚缺实据，那就不要拿来折辱寡人的耳朵了。"

平阳君赵豹最先开口："臣下明白。陛下，臣下适才亲赴龙居，见到了公孙龙。正如陛下所断，公孙龙亲口证实，所谓与女弟子不伦之事，只是坊间多事之人流传，龙居从未承认过。那个女弟子实是秦质子子楚的夫人赵姬，而那个年方九岁的关门弟子王文回，是子楚与赵姬生下的儿子，赵政。"

赵王冷笑："这就对上了，寡人听着王文回这名字就觉得古怪。文回为反文，王字加一个反文，岂不就是个政字吗？再看王文回的相貌，活脱脱是小一号的子楚。公孙龙抗寡人之命，私藏敌国眷属，是谁给他的胆子，让他公然与寡人为敌呢？"

平阳君赵豹附和道："与陛下为敌，就是与我赵国为敌。公孙龙虽然不可一世，但还不至于蠢到这种地步。据他所言，这是大王的安排。"

赵王惊怒："哪儿有这种事，寡人何曾安排过他？"

赵豹躬身回禀："据公孙龙向臣下禀报，事情始发于十年前。十年前，公孙龙时常入宫，陛下以师礼待之，他则对陛下尽臣子之忠，两相融洽。可是忽然有天夜里，一名宫中女官，手执大王手令至龙居，传大王密旨。要求公孙龙从此闭门不出，并放出风声，说自己为老不尊，六十岁的年纪还和女弟子生下私生子。当时公孙龙好不羞恼，他与邹衍是昔年稷下学宫中七豪仅存之呆，对名誉看得比眼珠还重要。但他以为这是大王之命，纵然气恼，还是看在大王恩宽的情面上，答应了下来。

"此后诸国纷纷传闻，大王因为失礼于公孙龙，所以他从此闭门不纳。此事令众臣激愤，若不是大王担心背负害贤之名，岂会容公孙龙如此放肆？

"可是谁能料到，这里边阴差阳错，竟然有人暗做手脚？

"眨眼工夫四年过去，到了六年前。秦质子子楚在吕不韦的接应下，逃离邯郸。大王下令格杀，并其亲眷无一赦免。遂有五百部卒，在一名校尉的率领下突入大北城朱家巷。但其时子楚已逃，而且逃时还瞒过了妻儿。是以一部分部卒追杀子楚，余人正要将赵姬并赵政枭首，不意忽有一宫中女官，率十余名女剑士，手执宫中密令，喝令部卒退出门外。少顷，那女官唤校尉入内，给了他一具女尸，并一个婴孩的尸首。校尉当然知道这根本不是赵姬及赵政。事后他还偷偷查过，得知女尸是一个受婆家欺凌，负气自缢的女子。而那男婴则是个患病而死的孤儿。校尉以为女官是奉王命而来，不敢多问，只能把两具尸首呈上。而赵姬母子，就这样被秘密护送去了龙居。

"直到今天，九岁的赵政踏出龙居，以名家弟子的身份，迎战阴阳家与儒家两派高手。时隔六年，人们才再一次见到他。"

赵王放声大笑："当初子楚在邯郸时，寡人就喜欢他这种谋定而后动的行事风格。他居然在儿子刚刚出生时就事先布局。假传寡人之命，让别人都以为龙居有个与赵政同龄的婴儿。等到赵姬与赵政脱逸，遁入龙居，谁又料得到龙居之中的王文回，竟然就是失踪的赵政呢？"

顿了顿，赵王沉吟道："想来六年前，奉寡人之命赴朱家巷的那名校尉，已被人灭了口。"

"正是，"赵豹奏道，"六年前围困邯郸的秦军退兵，那校尉随军追杀，途中罹难。臣下已经查得明白，致命的剑伤在校尉的背上。"

赵王负手踱了几步，叹息道："此时寡人的心里着实好奇，深宫之中，究竟是谁，与寡人同床而异梦？"

平阳君奏报完毕，退到一边。

妩媚的郑朱走上前来："君上，小臣已经查证得实，邹衍那个十三岁的关门弟子洪雁，正是燕国的储君，名讳与君上相同。"

"竟然是燕太子丹？洪雁洪雁，丹者为红，燕化鸿雁，又是一个谜语让寡人来猜。"赵王叹息摇头，"这个消息很是突然，但也不足为奇，蛮符合燕人脱了裤子放屁的粗俗风格。前者，燕人已经答应与我大赵化解仇怨，缔盟交好，并愿意遣太子丹来邯郸为质。此时他真的来了，我们好像也找不到兴师问罪的理由。虽然如此，燕太子丹与秦太子政，以这样的方式招摇过市，是对我大赵的公然不敬。这个优势，可以让我们在未来的变局中获得主动权。"

说到这里，赵王转向国相郭开。

郭开踏前一步："正如大王所料，对秦质子子楚而言，世界上最危险的地方，不是我赵国的邯郸，而是秦国的咸阳。子楚逃回已经六年。甫归国，他就穿上楚人的衣服，跪伏于华阳夫人膝下，口称母亲。华阳夫人对他视若己出，疼爱不已。但甫出邯郸，子楚就踏入危机。据我们在秦国的暗线密报，子楚回到秦国第一年，至少就遭遇到十二次暗杀，其中下毒五次，暗箭三次，亲兄弟们以话相激，引诱他试剑以借机杀之有四次。这些都是明面上的，暗中的算计，还不知有多少。秦君之位，人人觊觎。子楚平白得之，势必要开罪于他的二十五个弟弟。

"唯一支持他嗣位的，只有排行第十二的弟弟子洹。子洹的生母是陈国人，子楚生母的故国则是夏国，陈夏两国唇齿相依，是以子洹与子楚休戚与共，亲如兄弟……呃，是如平民之家的兄弟那样相亲相爱。为了子楚，子洹甚至不惜向其他兄弟拔剑。"

赵王失笑："同欲者相憎，同忧者相亲。子楚是何等精明的人？岂会不知道唯有这个子洹，才是真正有资格与他争位之人？正因为两人都是母系孤弱，才会被楚系华阳权衡选择，子楚入围，就意味着子洹的落败。是以有此口蜜腹剑、包藏祸心，看只看这个子洹，选择什么时候摊牌了。"

郭开笑道："大王明慧，总之子楚与子洹，相亲相爱两年，到了三年前的七月初七，子洹单约了子楚，赴咸阳城外游湖观月。子楚欣然登车，出城行不及远，疏林中百余名杀手突至，将子楚的车仗团团围住。车帘掀开，才看清楚坐在车中之人，并非子楚，而是秦昭王本尊。扮作杀手的子洹家将，当场被秦国力士公冶秋杀了一半，剩下的人魂胆吓飞，供出了子洹并几个兄弟设谋的真相。秦昭王怒不可遏，要将这些人当场格杀。子楚突然出现，跪伏于秦昭王膝下声声泣血，情愿放弃君位之争，断不忍坐视手足相残。"

听到这里，赵王的眼睛闪闪发亮："子楚的演技，天下无人可敌。此前邯郸光景，他每次入宫，寡人都被他糊弄得眼泪汪汪。几次本欲诛杀，均被他的情意打动，害得寡人抱住他失声大哭，最终竟然倒贴个妹子给他。谅秦昭王比寡人强不了多少，定然入彀①，最终只会赦过子渔之罪，而子楚的储君之位，已是不可撼动的了。"

"大王所言极是。"郭开笑道，"如果子楚不是还有一个难对付的叔叔子傒的话，情形必是如此。"

郭开继续说道："秦公子傒，或是当今天下最有德行的人。贵为秦国公子，从未穿过华贵的衣裳，布衣芒鞋，赤胳短髻；他出门不乘车，不带护卫，与寻常黔首②毫无二致；凡遇孤老，必上前搀扶；收养战争遗孤，让其免于饥馁。他最经常做的事情有两桩，一是亲下铁匠铺锻铸军刃，二是赤脚下田，亲自耕种。他轻易不在朝堂上说话，但只要他说了，无论是秦王还是华阳夫人，都不敢轻慢。

"秦人称子傒为贤公子，视其为秦系纯正势力的代表人物。子傒深信，只有纯正的秦人血统，父母都是秦人，连妻子也是秦人，才有资格坐上秦王之位。在他的眼中，现在的太子安国君，以及子楚，都只是外人，没资格问鼎秦廷最高权力。

"安国君嗣太子位后，对这个弟弟深为忌惮。而子楚若得不到子傒秦系的支持，就无以立足于咸阳，随时都会出现变数。"

说到这里，郭开突然满脸神秘："敢让大王猜上一猜，子楚用了何种办法，让子傒从敌对转为支持的？"

"这……"赵王认真思索，"按正常思路，子楚要与叔叔子傒多多走动，最好是趁子傒患病之时，奉茶奉药……但子楚行事，直如羚羊挂角，无迹可寻。他说不定会反其道而行之，率先向子傒发难……"

郭开、郑朱与平阳君齐齐跪倒，高呼道："主上圣明，这般帝君才智，我等万万不及。"

赵王反倒呆住了："子楚真的这么干了？"

"没错。"郭开激动地说，"君上先知先觉，精准地判断出子楚的行事风格。这三年来，子楚每年一次，公然向叔叔子傒挑战。第一年，他跟子傒比赛打铁，子楚锻铸出了神兵灭情剑，把子傒气到吐血。第二年，他跟子傒比赛种田，他亲手耕作的田地，收成比子傒高出三成。第三年就是今年……"

赵王接过话来："今年是第三次挑战，适逢在位五十六年的秦昭王嬴稷身死，安国君服孝一年，接掌秦国政权。他必定要重整权力架构，公开举行大典，

---

① 入彀，受人牢笼，由人操纵。
② 黔首，中国战国时期和秦代对百姓的称呼。

为子楚举行册封太子之礼。"

郭开显得有点儿沮丧:"君上总是先知先觉,让臣下想抖落点惊喜都做不到。"

赵王冷声道:"对一个人恨得太久,就会越来越了解他。子楚的三次挑战,不过是遮人耳目的骗局。秦国人不是只认本土势力子傒,不认久居邯郸的子楚吗?那好,我就不停地挑起争端,把我子楚的名字,和你子傒列在一起。让人提及子楚,想到子傒,提及子傒,想到子楚。这样时日长久,在秦人的认知中,子楚与本土势力便难分难解了。是以今年的太子册封,一定是举国欢庆。任何人若敢稍有微词,秦人的本土势力断不相容!"

郭开就说了一个字:"对!"

赵王起身踱步:"厉害,厉害到了让寡人心惊的地步。看看这时间线上的安排,子楚费时六年,击退觊觎者,名正言顺地举行太子册封之礼。而安国君在位才三天就死了,他夺得了史上最短命君王的桂冠,终将子楚送上权力顶峰,他只需服孝一年,就可以正式称王。与此同时,邹衍、孔穿带燕太子丹入邯郸,隐伏六年的赵政出龙居。时移事易,短短六年一切全都变了。子楚虽未正位,却已经获得了无可争议的话语权。迫在眉睫,我赵国面临的问题是:怎么办?寡人该拿这个化名为王文回的赵政怎么办?"

郭开想了想:"君上,我们不是没有机会。子楚逃归次年,宓公主离开赵去往秦,与子楚成婚。次年生子,名成蟜。今年六岁。君上,若视秦国为一艘战舰,我们的人已经登船。接下来,是夺取并控制这艘船。"

"所以必须要杀掉赵政。"赵王接道,"不能让他的出现,打乱寡人的安排。"

周义肥怀抱利刃,在长街上慢条斯理地行走。

他的身边,是一群服色各异的人。

所有人都是若无其事、一脸轻松的逛街表情。

隔开一段距离,前面走着两个孩子,一个是邹衍的关门弟子——十三岁的洪雁,另一个是公孙龙的关门弟子——九岁的王文回。

忽然两个孩子回了一下头,仿佛是一个无声的指令,周义肥身边的路人整齐地扭脸转身,四散行走,表示他们都是真正过路的行人,与洪雁或是王文回没有半点关系。

周义肥看着可笑,抱剑走到个醴浆摊前,拿起一盏醴浆喝:"哎哟,嚣野鱼，你怎么卖起了楚国的乌梅？不是说带点儿燕国的干酪给老子尝尝吗？"

摊贩满脸茫然："客官说什么？小人听不懂。"

"听不懂才怪。"周义肥冷笑道，"嚣野鱼，你好歹也是成名人物，蓟州地面上剑客你排第一，此来邯郸暗中保护你家太子，不该跟我周义肥打个招呼吗？"

摊贩惶然地盯着周义肥，那张蠢笨呆滞的脸，慢慢变得凌厉起来。如一把利剑缓慢出鞘，他的声音，也变得沉静有力："周义肥，你既然识破我的行藏①，却待如何？"

"我又能如何？"周义肥嘀咕道，"你们的太子扈从，明着来的有三百人，倒是一个也未入城。可是暗中潜入邯郸的有五百人，分布在邯郸城中的每个角落。你们一下子来了这么多刺客，我周义肥吓都吓死了，又能如何？"

"你……"易装为摊贩的燕国剑客，陷入生平以来最大的不自在。被人识破，似乎应该立即动手格杀。可周义肥也是凶名极盛的高手，既然人家敢当面戳穿他，应该是已在周围布下天罗地网。但又看不出有什么异样。

困惑之际，就见周义肥踢了踢路边一个坐着纳凉的汉子："还有你，公冶春，就来了你自己？还是春不离秋、秤不离砣，你们哥儿俩全来了？来邯郸却不与我周义肥打声招呼，你家主上平常是怎么教导你的？"

那汉子极度不适地扭动身子："小人听不懂你说的话。"

"听不懂就对了。"周义肥笑道，"公冶春，亏你还是西秦第一力士，也不瞧瞧你这张脸，肥头大耳的，哪儿像一个饥寒交迫的赵国人？你既入邯郸守护少主，就是来到了我的地头。每到一地先谒龙头，这礼节还用我教吗？"

话说到这份上，公冶春再装就没意思了，只好硬着头皮站起来，活动全身骨节，发出吓人的嘎嘣声。

他已经做好准备，迎战生平最大的敌手，却听周义肥冷声道："你们两个听好了，眼下整座邯郸城，都知道你们来了。如若不信，你们不妨抬头看看沿街两侧的阁楼之上，尽皆朱衣高冠，赵国的贵人与各国使者，都在等着你们燕、秦两家的高手大战。还有燕太子与秦少主，这里每个人都知道他们的身份，偏偏他们还以为自己行藏隐秘。"

"你这……"燕国剑客与西秦力士全都蒙了，"怎么会……这是干什么？"

"怪我咯？"周义肥气道，"秦少主政，燕太子丹。政字拆开叫王文回，燕

---

① 行藏，行迹、底细、来历。

字成雁，丹字谐鸿，你们掩饰身份之时，稍微花点心思会死吗？非要这般偷工减料，笑话我们赵国人没有大脑吗？"

"不是……这个……"饶是嚣野鱼与公冶春见多识广，也未曾想过会遭遇到如此别扭的场面，此时他们大脑呆麻，望着周义肥竟然说不出话来。

只听周义肥冷笑道："我戳穿你们二人的行藏，是怜惜你们都是成名人物，百战军前，生还不易。实不忍见你二人，被主子如斗鸡走狗一样地吆喝驱使，于这邯郸城中死得毫无价值。听明白了没有？"

"可是这……"嚣野鱼和公冶春，俱面有难色。

洪雁带着王文回走了半晌，忽然他停了下来，取出一物："这东西，你识得吧？"

王文回看了一眼："此乃燕明刀，是燕国铸造的货币。"

洪雁又问："货币是干什么的？"

王文回皱眉答道："买东西用的。"

"你太聪明了。"洪雁拿着那枚燕明刀，走到一个摊贩前，买了块燕地特产的酷酪。摊贩收下燕明刀找零，递过一枚秦国的圆钱。

洪雁吃着酷酪，吩咐王文回："接过来呀。"

王文回一声不吭，把圆钱接在手上，看了看。

洪雁咬了一口酷酪后看向他："你手里的钱，价值几何？"

"几何……"王文回摇头，"这是单位最小的货币，什么也买不到。"

"哦。"洪雁向前一指，"王文回，我师尊久已有心归隐山林，但却一直找不到个像样的地方。看看这片园林，我听说这是赵国大富豪邬家的私产，占地千亩。邬家世代经营马场。战马是最重要的军用资源，所以邬家所掌握的财富，也是寻常百姓无法想象的。现在请听题，请文回师弟拿了这枚圆钱，把邬家的这片产业买下来，送给我的师尊，让他有个清静的修心之所。这不难为你吧？"

王文回："……师兄让我用一枚圆钱，买下这价值数万金的庄园林产？"

"不然呢？"洪雁冷笑。

"这不是出题，这是明摆着的刁难！"距洪雁与王文回不远的一家酒肆里，秦国力士公冶春，气愤得一掌拍下。

周义肥急忙架住他的手："我说你轻点儿，人家小本生意，禁不起你的撼山之力。"

坐在公冶春对面的燕国剑客嚣野鱼，却不愤地道："这如何不是出题？岂不闻人家邹先生是有意放水的，前两道题根本没有难度，只有这第三道题，才是真刀实枪的题目。我觉得这道题蛮好，你吼叫什么？"

"少在这里替你家太子拉场子，"公冶春怒极，"挟泰山以超北海，非不为也，是不能也。用一枚圆钱，要买人家价值上万的产业，这明明是办不到的事！这算什么出题？明明就是刁难！"

嚣野鱼脖子一扬，无赖地说道："老子就是刁难你了，不服就来和我干一架！"

公冶春怒极立起，周义肥顺势横剑隔开："劳心者治人，劳力者治于人。我等都是听人驱喝的劳力者，干吗要吵成这样？都坐下来，消消气，等着看好戏就是了。"

赵王宫中，平原君夫人趋步而进："妾身见过夫人。"

"妹妹起来吧。"赵王后的目光落在平原君夫人身后的小女孩身上，"弟弟信陵君在魏国的基业，已被魏王连根拔除。听说只有小侄女孤身逃出，就是她吗？"

小女孩七八岁的模样，极是聪慧伶俐："侄女明月，家破人亡，只能与父亲相依为命，残存苟活，伏乞姑母垂怜。"

"起来吧，"平原君夫人柔声道，"快到夫人身边去。"

明月起身，走到赵王后身前。王后怜爱地看着她："月儿，我姊妹命苦，膝下无出，以后你就是我们的骨血女儿了。"

明月后退几步执礼："且容月儿与母亲见礼。"

王后居尊，受过明月的叩拜，欣慰道："孩子起来，知道城中正在发生的事吗？"

明月嫣然一笑："女儿知道。"

王后几不可闻地叹口气："燕太子丹给赵政出了道天大的难题，让他以一文圆钱买下邬家富可敌国的产业。这道题已超出了能力极限，赵政断然过不了这一关。月儿一向聪明伶俐，所以母后想派你到赵政的身边，替赵政出面，帮他圆过难堪的场面，也好让母后这边再做安排。"

明月笑了："母后吩咐，女儿岂敢不遵？但燕太子丹这道题，实无难度可言。即便在女儿这里，解决方案也不少于十二个。若那赵政缺少帝君之才，纵然有再多的人相助，也未必扶得起来；若他不乏帝君之智，想来他会采用最平和的法子，给天下人一个明确的信号。"

赵王后困惑："他想给天下人什么信号？"

明月浅笑，一字一顿地说道："君临天下，御风而行。顺我者昌，逆我者亡！"

赵王后与平原君夫人，面面相觑。

"臣下无能，伏请君上治罪。"

国相郭开、贵人郑朱与花白胡子的平阳君，并排跪于赵王脚下。

赵王苦笑："起来吧，尔等有何罪？莫要说你们几个，纵然是在邯郸城中，又有几人能够想到，那小小年纪的赵政，居然真的能解开燕太子给他出的死题？这又是第二个子楚，而且比他父亲更不容小觑。他隐于龙居，于公孙龙帐下受教六年，绝顶的智力加上罕逢的名师，赵国遇此敌手，寡人有得头大了。"

国相郭开悻悻地爬起："赵政的智力，成为我们面临的最大问题。我们以宓公主为棋，在秦国的苦心布置，一下子变得毫无价值。臣听说宓公主所生的成蟜，智力平平。若是赵政归秦，争夺未来储君之位，恐成蟜没有几分胜算。"

赵王欣然道："是以眼下最重要的事，就是如何除掉这个赵政。秦国这台战争机器带给寡人的压力太大了，倘若国逢明主，可以想象寡人还有几多欢欣时日。"

"天作孽，犹可违；自作孽，不可活。"平阳君赵豹笑道，"除掉一个人的办法有五个，一是消灭肉体，二是摧毁心智，三是钝化心理，四是打击精神，五是命其自毁。五个办法之中，最精妙的就是第五个，这就是臣子的愚见。"

赵王皱眉思索："办法倒是不错，但这需要周密的布局……"突然间他站起来，"寡人明白了，叔叔尽管放手去做。"

"臣下领君上之令。"平阳君赵豹退下。

第六章　险象环生

不要小看搓脚工

"哈哈哈，这里的风景不错，不错不错。"邹衍和孔穿站在气派的邬家园林门前，"哈哈哈，这里还有各国的美女，哈哈哈，各国美女。老朽喜欢，哈哈哈。老朽德高望重，对人不假辞色，就是见到美女走不动路，走不动路，哈哈哈。"

孔穿愠道："老邹，你矜持点儿好吗？我们都是学人，是万世道德的楷模，七十多岁的老不死了，你看你刚才盯着美女的眼神，这要是让人记录下来，岂不是误了后世人奉求大道的志向？"

"去死吧，老孔，亏你还是衍圣公的六世裔孙，知道什么叫智慧吗？"邹衍笑道，"阴阳五行，生化消克，智慧的本质就是对冲。什么叫对冲？就是横竖你有理，便宜咱占尽。看看老朽让燕太子丹出的那道题，以一文圆钱，买下数以万金的园林产业，奉我以老。如果赵政他做不到，那他和公孙龙就输惨了。如果他做到了，那么老朽就平白无故得到这么大的园林私产，哈哈哈，孔穿呀，你是不是羡慕得快要疯掉了啊？"

"去你的，为老不尊。"孔穿笑骂一句，"他过来了。"

赵政走过来，二话不说就跪拜在地："不才王文回，谢过两位恩师教诲。"

孔穿歪了歪头，打量着跪在脚下的赵政："说来听听，我们教诲你什么了？"

赵政朗声回答："两位师尊先以《越人歌》考校我，告诉我未来要做的第一桩事，是书同文。两位师尊再让我取出屋中巨车，告诉我未来要做的第二件事，是车同轨。两位师尊再让我以一文圆钱，购置价值万金的园林产业，告诉小徒的是未来的第三件事，必须是统一度量衡。"

"是啊，是啊，"邹衍绕着跪在地上的王文回，来来回回地踱步，"世间所有难题，都是结构出了问题，只要捋顺结构，难题自然化解。是以用一文秦制圆钱，买下一座价值万金的园林，听起来很是吓人，但在我们学人眼里，这不过是弟子入门的小科目。单说这邯郸城中，就有上千种货币同时流通，有布币、刀币、圆钱、铜贝，有邹地的郱布、鲁国季孙汶阳布、郑国的宅阳布、魏国的大梁布、奇氏布、高都布、浦子布、北屈布、兹布、兹氏布、隰氏钱、隰城布、韩国的涅布、大索布、虎牢布、桃园布。哈哈哈，三邹定赵钱，赵国自家的货币就更多了，长子布、屯留布、武平布、甾如布、蔺相如家族在西北发行的蔺布、东南的平邑布、长安君发行的长安布、赵奢家族发行的马服君布、赵奢布、平原君发行的平原布，还有什么襄垣布、阳邑布、中阳布、西都布、邪山布……哪怕你是个白痴，只要入我学门，在这年月做个富豪，也是很容易。"

"是的，师尊，"王文回笑道，"龙居六载，徒儿过得极是开心。每日里就把这些各国货币，颠倒换算。诸如五枚圆钱，可换七枚蚁鼻钱，亦可换十三枚铜贝，而一枚蚁鼻钱，可换两个铜贝。这些都是零钱，动辄量以千计。所以小徒曾收龙居圆钱五百枚，悉数换成蚁鼻钱，得七百枚。再把七百枚蚁鼻，换成铜贝，得一千四百枚。用一千三百枚铜贝换回圆钱，于是得回五百枚圆钱，此外还盈余一百枚铜贝。只是三种零钱相互换算，钱的数目就会自然增长。邯郸城中，同时流通的币种数千，那又意味着什么？

"是以那一日，弟子拿了那枚圆钱，先行换了一大堆贬值最多的马服君布。听说马服君之子赵括，在长平之役前起用，其母求之于大王，央求若是战败，不可诛连其家，赵王应诺。但好像这个承诺并没有实现，纸上谈兵的赵括累及四十五万赵卒被坑杀后，其家族被赵国人杀得干干净净，余下来的纷纷逃逸，听说改姓为马，以逃追杀。是以马服君布的价格一落千丈，我用一枚圆钱，买下半个屋子那么多。再把这些马服君布卖给齐国人，齐国拿了重新锻铸，而后弟子将这些钱，换成平原布，已经价值百金。再重复交易三次，换成甘单布，已经价值千金。再换成平阳布，增值一成；换成襄阴布，增值两成；换成渔阳布，已经价值三千金。再换成楚国的蚁鼻钱，全部买断城中积存的马服君布，转手卖给齐商，再换回齐刀，卖给燕人，转换成甘单布，已价值万金。只是在不同的货币间自如切换，就可以让一个人由贫变富，如此，才见三位师尊之智慧。"

"虽然如此，"邹衍说道，"你纵有万金的圆钱刀币，但邬氏世代居于此地，也未必有心出售产业，可是那邬氏闻说你要求购，立即迁走，这是为什么呢？"

"这个……"王文回猜测道,"想来那邬氏,定然是久慕师尊之名,借此机会向师尊表达敬意吧?"

"净做你的春秋大梦!"邹衍骂道,"邬氏急于售出这桩产业,是因为你呀。"

"因为我?"王文回很是吃惊。

"你是谁?"邹衍俯身,两眼直视王文回的眼睛。

王文回不假思索地说道:"弟子是……"

邹衍打断他:"你是那个天下都想杀掉的人啊。现下驿路之上,烟尘滚滚。无数杀手、刺客、力士、游侠正在匆匆赶路,他们的终点是邯郸,他们争先恐后地争夺杀掉你的无上荣耀。"

"妾身赵氏,谢过大王救助之德,扶助之恩。天高地厚,衔草以报。"赵氏带着王文回,甫入宫门,立即伏地跪谢,以大礼参见赵王。

"夫人请起,"赵王笑道,"寡人好名,何尝不希望把救助夫人这桩功劳,算在寡人的身上?然而寡人与子楚情如兄弟,断不敢在此事上面稍有隐瞒。六年前赦免夫人并赵政,并把夫人母子送入龙居保护的密令,虽系宫中所出,但却是同情夫人之人瞒着寡人所为。此举虽合寡人之意,并非寡人之举。但如果寡人贪天之功,日后恐无面目再见子楚兄弟。"

赵氏泪落:"大王之德,磊落光明,唯独夫君私逃之事,让妾身羞愧得无地自容。唯愿此生稍有微报,寄以表妾身铭感之心。"

赵王笑道:"回报之事,暂先搁下,夫人无须想得太多。须知国家利益,终是多方牵制,如人在虎背,操控乏术,纵然有心,徒叹无力。是以请夫人放下心事,今日之筵,不过是后宫中的几位夫人,代寡人暂表这些年来对夫人母子的愧疚之意。"

"不敢,不敢,妾身万万不敢。"赵氏再次带着王文回行过大礼,这才起身。她半偏身子,表示己身卑贱,不敢与筵座上的夫人们相并。

赵王后居后宫之首,适时立起:"妹妹是我大赵女儿,侠胆柔肠,不让须眉,兰心蕙质,且贵为日后的秦国之母,又何须如此自谦?"

赵氏谢过王后,抬起头来,环顾筵上诸人。

她想起半年前,公孙龙在龙居之中对她所说过的话:"很快你将携政儿入赵宫,不要紧张,不要拘谨。赵国后宫不过是天下格局的缩影——主理后宫的,是魏氏王后;与王后邻座的,是韩国公主,赵、魏、韩原出一家,并称三晋,所以这两家夫人同体连心，位置无可动摇；

"次下是楚国宗室女与齐国的田氏公主，这是两个与秦国势力相当的大国，虽无后位之名，但有其实，十年前长平之役，被秦军围困的赵军向齐国求援遭拒，终致长平之败，害得田氏在宫中抬不起头来；接下来是秦国的宗室女，她的地位也是取决于两国关系而非自身能力，是以宫中秦氏，最显老态，终究是心理压力太大的缘由；比秦氏更惨的，是燕国来的姬女，自燕昭王筑黄金台求士，谋得邹衍一策，强大燕国、几乎灭了齐国之后，续任的燕国君王缺乏政治智慧，连累到燕女在宫中连个封号都没有；宫中余女，不过是虢国夫人、虞国夫人、邶国夫人等，其宗国久已亡灭，不过是新权力者接收的美丽战利品，徒以色相示人，并无丝毫影响能力。"

公孙龙当时还警示说："你无须把任何人放在眼里，除了一个人，在她面前，你一定要小心再小心。如果我们尽了所有努力，最终仍未能活着离开邯郸，甚至身死名灭、遗恨千秋，那一定是因为她。"

当赵氏想到这里，恰好听到王后说到这个人的名字：君夫人。

赵氏举目望去，恰见赵王起身，走向陪坐末位的一个女孩。

女孩脸色苍白，身上裹着厚厚的毛毡。瞧她的年龄，有十一二岁。赵王竟然蹲下身子，关切而怜爱地替她掖着毡被。当赵氏望向她时，正遇到她那双空洞洞的眼神。

那眼神毫无波动，亦无生机，犹如两个深不可测的黑洞，让赵氏不自主地颤抖起来。

赴宫筵的次日，赵氏携子再入赵宫。

这一次是来到朝堂之上。

赵王居于御尊，次第而下，是国相郭开、贵人郑朱、平阳君赵豹，平原君与客卿身份的信陵君，两百多位臣属，同等数目的各国使节。奇怪的是，这些大夫臣属、使节客卿坐得并不齐整。

三个一伙，两个一群，有的孤零零一个人，有的十几个人聚成一团。赵氏虽然对宫廷政治不堪知晓，但也知道此景非比寻常。

请赵氏母子落座后，赵王说道："寡人无知，但终曾受教于公孙先生，略知为君之责。国政乃天下事，关系到每个国人的利益，最忌三五私臣密议相谋，纵使所议秉持公心，但终是出于一己之利，于天下人何公？

"子楚归国六年，于上个月举行了太子册封大典。我赵国也派了贺使，送了贺礼。而安国君在位仅三日就死去，是以寡人的兄弟子楚名正其位，已是秦之国君。其夫人并子赵政，也在同时走出龙居，以名家弟子身份迎战儒家并阴阳两家。正所谓自古英雄出少年，赵政不过九岁，但举手抬足皆显不凡，而且他举重若轻，轻易就化解了世间无人可解的三大难题。这就是未来秦国的储君呀，他生于邯郸，有一半的赵人血统，寡人幸与荣焉，赵国人更是喜不自胜。

"秦太子大典后，有四位客人，自咸阳而来。"

说到这里，堂上立起四人，长衫短襟，打扮不一，明显是新晋得势的门客，仰承他人鼻息已成习惯，还不习惯自己的显赫地位，说话有点儿气短："秦人平竭、庞若肆，这位也叫平竭，呃……两个平竭，最后这位是令齐。"

"哦？"平原君以蔑侮的眼神扫视四人，"尔来何为？"

四名秦使小心翼翼地答道："奉主上命，接我家主母并少主归秦。"

贵人郑朱笑道："几位不觉得来得晚了些吗？这都六年了，你家主母本是邯郸女儿，物离乡贵，人离乡贱，何去何从夫人比你更清楚。至于你家少主，我听说他已经答应在我赵国出仕，不知几位作何感想？"

"……呃，这个……"四名使节茫然地转向赵氏及少主赵政，但见此二人面无表情，根本无从判断郑朱所言是真还是假。

尴尬之中，一名赵国大夫立起："敢问四位大人，昔年子楚在这邯郸城中盘桓多年，其妻并子，都是我国人氏，先不要说他们自己愿不愿意离开，就算愿意，可这对我赵国又有什么好处？"

"好处……这个……"四位秦使尴尬得鼻尖淌汗，"那个，听说我家太子在邯郸时，深受大王之恩，至今于府中时常说起，犹自两眼垂泪。太子与大王的交情如此之好，日后登位必有所报。呃，所以，总之，那个……总之大王如此仁善，何不好事做到底？呃，这是小人一己之短见，还望大王莫怪，莫怪莫怪。"

平阳君赵豹怒了："尔何人？是不是刚刚除籍的家奴？来了四个人，竟然有两个人同名无姓，都叫平竭。是不是主家遇敌之时，拿屁股替主家挡了一剑，再把血涂得满头满脸，欺瞒主家，骗得了泼天富贵？你们究竟是领了何人之命而来？到底是想奉请主母归秦，还是想挑起我们两国之战？"

"哪儿有这种事？岂会有这种事？"四名使节叫苦连连，委屈得快哭了出来，"各位大人请看，这明明是我朝中书发布的任命，上面可是盖了玺印的。"

"既然是国之正使，那咱们就把话挑明了。"国相郭开一字一句、铿锵有力地道，"若是赵国许你奉主母少主归国，你打算割几座城池与大赵？"

"割城池……"四名使者彻底崩溃了，"可这是为什么呀？"

赵政与母亲赵氏端身跽坐，内心与脸上的表情一样，平静如砥。

昨日宫筵归返，师尊公孙龙曾对他们有过一番教导。

当时公孙龙说："秦国是最不重视外交的国家，所派出的使者，多是名不称位，有种把事情办砸的冲动。盖因秦国的实力太强了，战场上的真刀真枪、攻城掠地，是比任何言辞都更犀利的手段。多数情况下，外交只会牵制秦国、贻误战机，是以秦国人对外交素无好感。

"强国不需要外交，而弱国无外交。

"弱国无外交，最典型的例子是韩国。

"长平战役后，韩国吓破了胆儿，就想花钱贿赂秦国，请求秦国不要攻打自己。可是韩国根本没有钱，想贿赂都办不到。但韩国有一种稀缺资源——美女！韩国的美女，是全天下最优雅的。她们知书达礼、温柔可人，比越女更灵动，比楚女更痴情，比赵女多了些许柔媚，比齐女多了几分含蓄。天下女子，以韩国居尊。许多富豪为此一掷千金，若能收韩女入室，无异于脸上贴了几镒黄金。所以当时韩国人就想，若要凑足给秦国的贿赂，只有——卖掉几个韩国宗室之女。

"韩国真的这么做了，他们把一个公主，还有十一个知名才女，公然标价出售。可是公主身份，何等金贵？普通民间富豪，谁买得起？不要说富豪，六国之间，能够买得起韩国公主的，唯有秦国。结果，韩国的十二名女子，皆被秦国买走。

"韩国终于有了钱。于是他们拿这些钱，送给了秦国——最终的结果是，秦国花掉的钱又被送回来了，还平白得到了韩国的公主。而韩国，失去了公主，同时也失去了钱。

"这就是弱国的外交。"

说到这里，公孙龙转视赵氏："你听明白我说什么了吗？"

赵氏颔首："师尊所教，铭记在心。若有机会生赴秦国，终将会遇到如此灵慧的韩国对手吧？她们的智慧无法想象，竟以弱国无外交之名，让自己登上了秦国这艘不沉之舟。当真厉害。"

公孙龙又道："而今赵国，还没有强大到天下无敌，但并不弱小，实力不容小觑，只是现阶段时时忍受着被强者压制的痛苦。唯独这种国家，外交才最有价值。

"大的作用，可以遏止大国的攻势，避免重大损失；小的作用，可以压制弱国，获得最大利益。

"所以蔺相如这种外交奇才,只会出现在赵国。蔺相如不会出现在秦国,因为秦国不需要这种类型的人才。蔺相如也不会出现在韩国,因为韩国没有滋养他成长的土壤和环境。

"一个人的才干,一定与他的环境相应。老子居周,所以成为道家始祖;孔子居鲁,所以成为儒学师表。倘若将这二人换个位置,孔子居周,他就不会倡导君子之儒;若然是让老子生于鲁国,他也断然不会再说什么清静无为。

"道不变,智慧不变。但道与智慧的外在表现,一定会因环境而呈现出它该有的样子。只有最适应环境的,才是最具成长性的,才是生命力最强大的。"

昨夜在龙居,公孙龙讲到这里后俯下身,柔声问道:"政儿,听懂为师所言了吗?"

"人间正道,万变沧桑。有即非有,无亦非无;不变则变,变则不变。万古铭训,谨记在心。徒儿谢过恩师。"

赵政向公孙龙叩首行礼。

再抬起身,师徒四目相对,似有千言,终无一语。

正如公孙龙所言,赵国的朝堂之上,人人都有点儿外交的小才能。

唇利如刀、舌剑激飞,说得四名秦国来使无言以对。四人中抗压最差的令齐,竟然当场哭了起来。

眼泪哗哗地流。

他们不敢,也无权答应赵国人任何条件。但此时身陷重围,赵国大夫一个个精神抖擞,振振有词,说得四名使者神志恍惚,感觉秦国好生对不起赵国,就算把整个秦国割给赵国,也对不起赵国人的深情厚义。

争吵声中,赵王身体轻轻一动,霎时间朝堂变得一片死寂,除了几名秦国使者还在蠕动,所有的人都仿佛中了定身诀,保持着初时的姿势,一动也不动。

赵王的驭下威严,由此可见一斑。

就听赵王笑吟吟地道:"冉礼先生,你是当年苏秦门下的小弟子,这么重要的场合,为何一言不发?"

众人的目光转向一个满脸病容、长发白衣的年轻臣子。

突然被赵王点名,这位年轻臣子显然有些惊愕:"君上,如此重要之事,关乎国家运数,似乎不应该……公开讨论。"

赵王失笑:"先生说的什么话?我大赵儿郎,话无不可对人说,事无不可背人做。正因奉秦少主归国之事关乎我大赵运数,所以才要在这朝堂之上摊开来说个明白。难不成冉先生另有想法吗？"

"不是……小臣是想……"冉礼满脸的绝望、懊恼，"君上，小臣不建议……若是君上允准，小臣宁可选择不说。"

"说出来！"赵王斩钉截铁地说道，"寡人生平，最憎恶的就是宫廷政治。寡人真诚地希望，冉先生一生修习合纵术，能够交付臣属公论，以体寡人光明磊落之心。"

"唉，"合纵家冉礼无奈，一咬牙说道，"诸位，容在下说句不中听的话，我不是针对谁。我是说，你们在座的都是废物！

"你们眼见秦使到来，欲接秦少主归国，总觉得奇货可居，心有不甘。于是就死缠烂打，想向秦使索求割地，也不瞧瞧你们自己的那副德行，你们配吗？你们有什么资格要求人家割地？"

"你大胆……"冉礼此言一出，朝堂上一多半的臣子顿时气得脸色惨白，"姓冉的，大王抬举你，尊你声先生，实则你只是当年替苏秦擦脚的僮仆，奴籍未除，狗屁不如！你凭什么辱骂我等是废物？"

冉礼委屈地道："在下哪里有骂？明明你们就是废物。"

"大王！"几名花白胡须的老臣气得哭起来，"大王，老臣生平，何曾受过如此的屈辱？"

"诸卿莫急，莫要急躁。"赵王失笑道，"冉先生，你说朝堂诸卿都是废物，这……有何凭据呀？"

冉礼不卑不亢："当然有证据。"

赵王挑眉："哦？说与寡人听听。"

冉礼苦笑道："君上，小人的谋略，可强我大赵，令我赵国傲视东方；可弱西秦，令西秦再也不敢嚣张。但这谋略一旦说破，就不灵光了，是以小臣一再请求勿要相逼。然而诸位却一意孤行，一再相逼，那小臣就不得不说破了。

"诸位围攻秦使，一心想获得实际利益，可是诸位表错了情。秦国派出来的使节，不过是个传信之人，手中能有几分权力，敢答应你们割地的要求？表面上看，你们在廷辩时占到上风，出尽风头，实际上不过是一犬吠形、百犬吠声，犹如池塘里的蛤蟆，中不中听姑且莫论，图个热闹罢了。

"若大王依小臣之言，则可获千城，可夺三军，夺秦人城池如徒手探囊取物，易如反掌。"

听冉礼这么说，众人莫不动容："到底要如何做？"

冉礼毫不犹豫地道："只需三步。"

冉礼的手指，戟指①赵氏并赵政："第一步，拿下此二人，打入囚笼，断绝水米！"

众人大惊："冉礼，你要我大赵向秦国开战？"

冉礼失笑道："错！若我大赵不容此二人离开，他们最多不过是异国之宾，驿旅孤囚，一文不值。而一旦他们归秦，那就是未来的王后与太子，甚至是秦王！一边是异地囚旅，一边是显赫权势，你问他们想要哪个？如果他们不想窝囊憋屈死于邯郸，那好，烦请割城百座，让地千里。以此小小代价，换取王后与秦王的滔天富贵，这是不是很划算呢？"

说到这里，冉礼向众人躬身："这是小可的第一策，烦请诸位指点。"

众人哑然，半晌道："不要小看搓脚工。不愧是苏秦门下，果然智略不凡。若依冉先生的计策行事，赵氏母子二人必会舍小利而谋大局。这百座城千里地，现在就可以划入我大赵的版图了。"

冉礼继续说道："但如此微末小利，实不足以入大王法眼，所以小臣还有第二策。"

众人迫不及待："先生请讲！"

冉礼缓慢地说道："待到秦少主母子答应割城让地，以作为换取归国的条件之后，仍不许他们离开，而是派一名使者，拿着他们承诺割城让地的文书奔赴咸阳，去找秦少主的弟弟成蟜。然后让使者对成蟜说：'你那素未谋面的异母长兄，为归国夺政不择手段。只要赵政离开邯郸，你成蟜永无继位之望。设若我大赵替你除掉赵政，助你登上秦王之位，你可愿意割城两百座，割地两千里？'诸位猜猜，那成蟜他会答应吗？"

众臣大叫："他不乐意才怪，杀了赵政母子，他就是未来的秦王，凭什么不答应？"

冉礼轻笑："诸位莫急，小臣还有第三策。"

众人越发恭敬："恭聆先生指教。"

冉礼紧接着道："当使者拿到成蟜承诺割城让地、央求我赵国替他杀掉赵政的文书之后，返回邯郸，将这些文书给赵政母子，让他们瞧个清楚，他们的政治对手为了夺得权力，都干了些什么。除非他们答应我赵国割更多的城池，出让更多的土地，否则他们此生无以得回咸阳，无以报此深仇大恨！等到了这个时候，诸位以为赵政母子，会做何选择？"

---

① 戟指，伸出食指和中指指人，其形像戟一样。

"妙，盖世妙计，无双智谋！"听到这里，朝堂众臣齐齐转身，戟指赵政母子，"大王，我等请求遵奉冉先生之策，即刻拿下这母子二人……还有大王，今日与会之宾，悉数扣押，待冉先生三策见效，再行释放。"

"臣，固请。"

面对众臣的请求，赵王缓慢地将目光转向赵政母子："秦少主？"

赵政恭敬道："恭聆大王之命。"

赵王理了理袖袍，漫不经心地问："你觉得冉先生的谋略如何？"

赵政落泪："我母子性命得以保全，皆赖君上恩宽慈宏。君上恩德，不啻再造，所以赵政不敢答。"

赵王轻声笑道："寡人与你父亲，情同手足。你须以君父之礼侍奉寡人，尽管答来好了。"

赵政略一沉吟："君父有命，岂敢不遵？"

他抬头，环顾朝堂众臣："政年幼，不知晓十年前的旧战事。"

朝堂死寂，多人表情惘然，旋即群情激愤："大胆！放肆！我家大王待尔何等恩情，如此出言不逊，蔑侮君威，你们秦国人就是这样回报大王善德的吗？"

看了看赵王脸色，平阳君赵豹立起："大家不要吵了，这孩子说得有道理呀。十年前，秦攻韩国的野王①，切断了韩都与上党地区的联络，逼迫上党郡守冯亭投降。冯亭宁归于赵，不奉于秦。是臣下蒙昧无能，未能说服诸位拒受上党，终派了官吏去接收土地。秦人不允，才有了我赵国四十五万劲卒与三十万秦兵的长平之战。不料长平败绩，四十五万雄兵骁将，悉遭坑杀。

"此事是我大赵锥心之痛，至今思之，犹自泣下。然今日冉礼先生之议，挟秦少主割城百座，那就是一百次长平之战，再挟成蟜割两百座城，那就是两百次长平之战。再反回来挟秦少主割城五百座，那就是五百次长平之战。试问冉礼先生，我大赵多少人口？可禁得起这般无尽的消耗？"

死寂，沉默。

良久，平阳君又低喃了一句："自三家分晋，我大赵建国两百年以来，有哪座城、哪片地，是可以挟一人而唾手得的？那都是我三军将士用鲜血和生命换来的！无用书生，食古不化，不知兵事，一厢情愿。若依此人之言，则亡国之祸，近在眼前。"

---

① 野王，地名，也作"野"。

国相郭开也开口附和:"到底什么叫纸上谈兵?诸位此前都曾听说,但今日,此时,在这里,你们终于亲眼目睹了。"

冉礼满脸迷惘,困惑至极:"明明在苏秦先生那里好好的计策,缘何在这里却行不通?"

客卿信陵君看不下去,提醒他一句:"主政无亲,掌兵无慈。朝堂上的文书盟约,还需要战场上鲜血签字确认。先生的想法是好的,只是太理想化了。"

贵人郑朱立起:"看不下去了,纵然冉礼先生的想法有所不堪,诸位何以前恭而后倨?臣下要替冉先生鸣不平。"

转向赵政母子,郑朱的声音突然间变得如利刃出鞘:"冉先生之策,尽显书生意气,并无几分胜算。然则,若我赵国真的这样做,你们母子何以自处?"

郑朱的话,如一块巨石丢入水塘,瞬间击起巨大震荡。

几名秦国使者震撼摇头:郑朱不愧是赵国第一舌士,虽计不可行,但仍陷秦少主于必死之地,厉害,这招厉害。

众人的目光转向赵政。

赵政立起,向郑朱执礼:"但愿郑大人能对君父施加影响,速行此策。"

郑朱冷笑一声,走到赵政身边,突然一把抓住赵政:"现如今你已是我赵国囚徒,今日水米也无,秦少主会不会稍感饥饿?"

赵政笑了:"既如此,政儿有话对君父说。"

赵王挥袖:"讲。"

赵政面色不变,平静道:"政儿的母亲,生于大北城朱家巷。那里距西城门最近,出城百里之遥,有座长陵山,是赵国最富庶的采邑。政儿听闻,昔年蔺相如有功于国,大王加封,蔺相如思长陵而不可得,可知长陵在君父心中的重要地位。今日为囚,无话可说,烦请君父招少府治粟,奉常宗正,册封我母亲为长陵夫人。"

郑朱差点笑岔气了:"秦少主,你有没有弄清楚现在的状况?现今你是我的囚徒,一茶一饭尚不可得,还妄想着要我大赵最富庶的采邑?我看你是病入膏肓了!"

赵政道:"正因为人入囹圄,生机渺茫,君父才更加别无选择,只能册封。"

赵王同样不解:"何出此言啊?"

赵政答:"于今,我母亲虽是秦太子夫人,但在赵国,仍是一介布衣。若我母子受困,秦国必然册封我母亲。因为若是赵国囚布衣母子,于西秦无所伤,但若囚禁了官册的夫人爵卿,那就是对秦国最大的蔑侮,是西秦发动战争再好不过的理由。届时必然是三军激愤、同仇敌忾。

"为君父计,既然我母亲横竖都要被册封,与其秦册,何如赵封?

"若是我母子的功名富贵出自君父大王,试想有朝一日,我母亲长陵夫人归返咸阳,想要感谢的人又会是谁呢?"

堂下的几名使者,听到这里不由立起,失声叫道:"厉害,厉害,好一招反客为主。只言片语,非但让赵国无法囚禁他,还得再搭上赵国最看重的采邑。这孩子这么小,就这么聪明,长大了还得了!"

赵王哈哈大笑:"看到了没有?都看到了没有?这就是公孙先生门下智慧,危时可安,安时可富,富时可贵,贵时无忧。政儿学有所成,终让寡人于来日得见子楚王兄时,能心下稍安了。"

长时间插不上话的四位秦国来使相互对视,嘀咕了一句:"少主终究是太嫩,玩不过老奸巨滑的赵王。眼看要到手的采邑,被人家轻飘飘一句话,又给弄没了。"

吵了快一个上午,大家都有点儿乏了。

就听赵王道:"散了吧,休要争长计短,须知来日方长。"

"小臣适才放肆,容请主上治罪。"臣属大夫、各国使节立起,谢过赵王之恩,徐徐退下。

赵政母子二人,最后从宫门出来。

迎面两个大汉踱步过来,立而不跪:"仆左庶长公冶春,驷车庶长公冶秋,奉主上之命,来邯郸侍奉太子夫人和少主,以谋归乡之计。"

"哎呀,"赵氏手搭凉檐,向城门方向看了看,"现在就让你们来,夫君那边是不是急了点?这边大王的旨意还未定,光吵架就吵了一个上午。"

力士公冶春闷声道:"回太子夫人,我等来邯郸,非是奉了太子之命,而是主上的吩咐。"

公冶春的言外之意,很是清楚。

他根本不认得什么太子夫人,不认得眼前这个赵国女人。

太子子楚,也没资格驱策他。

他是为秦王效死。

赵氏听明白了,被公冶兄弟的气势所迫,一时间变得低眉顺眼,不敢再说。

赵政牵着母亲的衣襟:"母亲大人,我们去东城吧。"

"去东城干什么?"

赵政答道:"师尊告诉孩儿,城东住着位隐士,名寒鹭子,据闻是法家申不害的传人。其治学观点,与我师门迥异。孩儿一直想要登门求教,但始终不得机会。今日有闲暇,孩儿想过去瞧瞧。"

赵氏抱怨道:"你又来了,想起一出是一出。若此时出东城,只怕回来时已是日暮,若是大王那边传唤,岂不是犯下怠君之罪?"

赵政道:"母亲休要担忧,你看那边又来了几个国家的使节。大王光是接受他们的觐见,就有得忙了。所以若是今日不去东城,只怕真要错过机会了。"

"那我和你一道去。"赵氏道,"免得你寻贤不见,又起了玩心。"

说罢,赵氏招了招手,前面驶过来一辆龙居的简车,只有一匹骡子,也无篷栏雕饰,与民间车辆毫无区别。

赵政登车,把母亲赵氏搀扶了上去。

骡车嗒嗒,不疾不徐地走开了。

力士公冶春呆呆地站在原地,他的弟弟公冶秋走过来:"哥哥你不要再胡乱惹事了,来时主上是怎么吩咐的?杀机不可无,杀意不可有。你出言无状,万一让人家窥破杀机,就会带来无尽变数。你以后再这样,我可再也不替你擦屁股了。"

"还说呢,你哪次替大哥擦过?"公冶春怒道,"人家出城了,我们是跟上去,还是再找那个嚣野鱼掷骰子去?"

"这……"公冶秋想了想,"还是跟上吧。等到了荒野,动起手来更方便点。反正龙居这边,我们有六百人手,应该够了。"

二人策马,带了二十几个扈从,不远不近地跟在赵政母子车后,徐徐出城。

出了东城门,骡车沿着一条柳堤长道,行经一片疏林,就见几株扶柳,一间茅屋。

到了茅屋跟前,赵政先行下车,走到门前,执礼恭声道:"后学弟子龙居王文回,久闻寒鹭先生之名,不敢相扰。"

西秦力士公冶兄弟,在距离茅屋不远处停下,听不清茅屋中人说什么,但听到赵政恭恭敬敬地回道:"谢过先生,那就失礼了。"

只见赵氏也下了车,随赵政一同进了茅屋,她的声音遥遥传来:"愚顽之子,教养无方,幸蒙先生不怪,妾身谢过。"

茅屋的门被关上,公冶兄弟倚树而立,聊些闲天。不知不觉红日西沉,大半天的时间过去了。

两兄弟有些烦躁："都这时辰了还没说完？再不回城，城门就要落闩了。"

天色说黑就黑，朦胧中已经看不清楚茅屋了。

公冶秋嘀咕了一句："天都黑了，也不说掌盏灯，倒是会过日子。"

公冶春听到这句话，身体却猛地激颤一下。他扭过头，以极古怪的表情看了弟弟一眼，然后飞快地向茅屋冲了过去。

冲到门前，未出言禀报，他便一把推开门。

门板发出吱呀的瘆人动静，来来回回地摆动。

他们面对的是一间漆黑一片的空屋子。

地面上，扔着几件衣裳，正是赵政母子赴赵王朝堂时所穿的礼服。

一扇后门半掩，冷风穿堂，不闻人声。

冲出后门，眼前是一片水塘，远处是阴森的密林。

仓惶四顾，两兄弟面无人色。公冶春颤声叫道："这母子二人好生奸诈，竟被他们逃了。如此有负主命，祸及三族。我们兄弟不能全都折在这里，容我伏剑自裁，弟弟你无论如何也要回返故国，于母亲膝下替我尽孝……"说罢，拔剑就要自刎。

弟弟公冶秋急忙相劝："哥哥且莫如此，或许事出有因……"

"有个屁因！"忽然一个声音把话接了过去，两兄弟猛抬头，就见一辆华丽的车子，不疾不徐地驶来。

车帘掀起，露出车上的一个女子。瘦弱的身子，苍白的脸颊，黑洞洞的眼窝，仿佛全无生命活力。她蜷缩在车里，身上裹着极厚的毯毡，但她那瘦弱的身躯，仍是无力对抗荒野的冷风，不时地瑟瑟颤抖着。

女子身上并无一件华贵的饰物，但那种久居人上的自然气质，带来一种慑人的力量。而且这么奇怪的女子，突然出现在这里，极是反常。公冶兄弟惊心不已，默然后退几步，一声不吭地看着对方。

女子漫不经心地打量着公冶兄弟，声音透着浓浓的倦意："西秦边陲，最是崇尚蛮力。昔秦武王东周举鼎[①]，鼎坠人伤，害得几家大力士族裔灭门。此番秦国又派了你们两个来到这里。公冶兄弟，你们不是不可以来，但来之前，有件东西是应该带在身上的。"

"什么东西？"公冶兄弟机械地问道。

"脑子！你们真该带着脑子来。"车中女子立起，只见她一袭白衣，乌黑的长

[①] 公元前307年，秦武王率军攻打洛阳，见到了东周的国宝——九鼎，在大力士乌获、孟贲的奉承和怂恿之下，秦武王用尽力气举起了大鼎，不料鼎砸落下来，将他砸伤，最终不治身亡。

发垂至脚踝，指着近在咫尺的邯郸城池，她的声音带有一种穿透力，"这是什么地方？这是大邯郸，以秦太子子楚的过人之智，逃生几率尚不及五成的邯郸！虽然你们是奉你们的主君之命来铲除赵政母子的，但是你们的到来，打草惊蛇、拔草惊兔，让他们母子二人感受到危机，变得警觉起来，反而把事情变得棘手难缠！"

说完这番话，白衣女子似乎耗尽了全身力气，萎坐车中。身边的两个老妇人急忙替她把毯毡裹上，她极为不满地抱怨："最是不爱跟蠢人说话，太累。"

呆呆地看着对方，公冶春叫道："姑娘，无论你是谁家的贵眷，请你最好不要乱讲话。我们兄弟是奉了王命，此来邯郸是迎请太子夫人并少主的。或许这其中真的有什么误会，但你说我们兄弟要杀太子夫人并少主，这个恕难苟同。嗯，恕难苟同。"

"你看那边。"白衣女子手指西天，"看到了没有？"

公冶兄弟双双茫然："……什么？"

白衣女子笑了："亏你们还是军中之人，难道听不到那冲天的喊杀声？看不到那熊熊燃烧的火光？就在此时，你们自西秦带来的六百人众，正暗夜举火，明照天南，强行攻破公孙先生避世的龙居。公孙门下，白马非马，佩剑弟子纵然再多，也难敌你西秦战场上训练出来的悍勇死士。显赫一时的学门名家，至此一夜除名，你们兄弟还有何话可说？"

公冶兄弟悻悻然："这是我们秦人内部的事务，姑娘你管得有点儿宽。"

白衣女子垂下眼睑，尽显凄楚："内部事务？赵氏本是赵人，赵政生在邯郸。在他们回返秦国之前，他们就仍是赵人！你秦人在我们赵国杀害赵国的子民，还敢说是秦人的内部事务吗？"

公冶兄弟沉默半晌方才答道："我等臣下之属，只是奉令而行。只是这都是极尽机密之事，姑娘又如何知道得如此清楚？"

猛抬头，白衣女子厉声道："日间午时，王宫门前。你们兄弟于列国使臣面前，公然羞辱主母，犯上之心，逆乱之情，众目睽睽，何人不知？你二人在秦国恃仗主君之威，嚣张已惯。但此时何时？此地何地？大敌环伺，杀机四伏，生路渺茫。虽你们兄弟杀机愈炽，布局慎密，奈何你们有头无脑，有力无心，以六百西秦力士，竟斗不过九岁的孩子和一介妇人。反倒因你们的插手，我的苦心付诸东流，值此天无际、地无垠，此母子二人鼠窜，更让人何处寻找？"

顿了顿，白衣女子叹息道："愚蠢的秦人，成事不足，败事有余！如今尔等可知罪？"

车辆悄无声息隐没，一排排黑衣弓手涌现，雪亮的锋簇，瞄准了公冶兄弟。

第七章 大追杀
智力巅峰的恐怖对决

邯郸东城，有条雀尾巷。

巷口有十几家店铺，中间有家门前插着破破烂烂的纸幡，随风猎猎，不时地发出木钵的叩击声。声音极为凄恻，闻之心伤。

这家驴杂店的主人姓罗，半个月前暴病而死，留下了孤儿寡母，一边办理丧事，一边还要艰难维持营生。早晨起来，披着孝衣的罗寡妇，在笨手拙脚的儿子的帮助下，开门支起鼎镬，架起案板。湿漉漉的各色驴杂堆入破了半边的铁镬，当街煮沸，须臾间香气飘散，仿佛一条街都因此活泛起来。

罗寡妇的店门对面，停着辆不起眼的车子。车辕上坐着个汉子，身材高大，腰佩短刃，分明是富家主仆，正途经此地。

突然间人声喧哗，只见一个满脸惊恐的高大男子疾奔而过，后面追着十几个人，一声翎箭破空，前面奔跑的男子发出一声惨叫，颈部中箭，重重跌扑于泥尘。

追逐者上前，长刀短刃，不由分说地胡乱砍下。眼见那男子死到不能再死，追逐者才将其脚踝用绳索拴住，用一匹马拖动着，有说有笑地走远了。

罗寡妇惊恐地看着这一幕："这是干什么？青天白日的……好吓人。"

隔壁的肥店主笑道："罗家嫂子有所不知，这是大王亲令，逐杀城中所有的燕国剑士，不论良莠、老弱、男女，见一个杀一个，毫不留情。"

"这是为啥呀？"罗寡妇吓得唇齿青白。

"还能为啥？"肥店主笑道，"燕太子丹随邹衍入赵，本是受到大王最高礼遇的，奉为贵宾，鼓瑟吹笙。奈何燕国的相国栗腹，栗腹栗腹，罗家嫂子你听听这名字，栗子那是给猴子吃的，朝三暮四没听说过吗？他一个好端端的国相，装了一肚子栗子，这像话吗？"

罗寡妇困惑："就因为他的名字没起对，所以才会有燕国剑士之难？"

"不是……罗家嫂子你这脑子。还会转文，啧啧，燕国剑士之难，"肥店主悻悻，"人家这不是正跟你说着呢吗？燕国为了感谢我赵国厚待燕太子丹，特意派了国相栗腹，携百金来朝贺。不承想栗腹看了我邯郸人物风景，回去告诉燕王说：'赵国经历了长平之败后，元气受损，一蹶不振，行人寥落，毫无生机，正好可以趁机攻下。'燕王那蠢货，听了栗腹的话，就提师三百万众，分两路取我鄗城、代地。我大赵君上英明神武，指挥若定，从容布置，派大将廉颇统兵一十三万，将三百万燕军打得落花流水，落荒而逃。燕军统帅栗腹被廉颇活捉，前日里还在邯郸城里游街来着。廉颇以弱击强，扬我大赵国威，因此获封信平君。"

"啧啧，"罗寡妇听得呆了，"十三万人打败三百万人……我大赵神勇。"

"那是，"肥店主炫耀道，"我大赵一个士兵可以打他们十个，都不带喘气的。"

罗寡妇不由得想起方才的情景："那刚才……"

肥店主骄傲地说道："对了，刚才那是燕人战败之后，大王盛怒，下令逐杀燕太子丹带来的八百名燕国剑客。连同燕太子丹本人，一概逐杀不饶。"

罗寡妇听懂了："哦，原来刚才杀掉的，是燕太子丹。"

"我说罗家脑子你这嫂子……不是，罗家脑子你这脑子……也不是，罗家嫂子你这……"肥店主说不清楚话，急得猛一摔手中的斩猪刀，大吼道，"刚才那哪是什么燕太子丹！你家太子长这模样？那就是个仓惶逃命的剑士！燕太子丹多机灵的一个人啊，早就跟秦少主赵政，两人结伴逃到秦国去了。"

罗寡妇吓坏了："我就是问问，你干吗发火骂人家。"

"我不是骂你。"肥店主急哭了，"邻里邻居的，十几年紧挨着的铺面，老罗生前跟我是换命的交情，我怎么会骂你？这不是让你问得，话说成绕轱辘了嘛。"

"肥哥莫要动怒，喝碗驴杂汤消消气。"罗寡妇端过来一碗驴杂汤，继续问道，"大王下令，逐杀燕人，燕太子逃命尚有可原，那秦少主跟着跑什么？"

"秦少主……"肥店主叹道，"秦少主那边，又是另一码事。那秦少主政的父亲，在秦国行了册封大礼，是名正言顺的储君了。所以秦国派了两名力士，带六百人来邯郸迎请太子夫人并少主,岂料那六百西秦力士,突然间叛乱弑主,暗夜鸣镝,纵火焚杀,攻破了自家少主的师门龙居。名家公孙龙于熊熊烈火中鼓瑟高歌:'彼黍离离,彼稷之苗。行迈靡靡,中心摇摇。知我者,谓我心忧;不知我者,谓我何求。悠悠苍天,此何人哉?……'罗家嫂子你别瞪我,公孙先生临死之前的歌,就是这样唱的。听人说这首歌的意思是说,公孙先生死得好爽快……总之公孙先生一笑骑尘,化鹤西去,幸亏秦少主机灵,逃过叛乱奴丁的追杀,易装遁回西秦。这桩事虽然发生在邯郸,但与我赵国毫无关系,都是秦人自家的内斗。所以大王处理起来也是容易,只是将那六百力士擒杀,死了的喂狗,还活着的,用囚车送往西秦。秦人要杀要剐,还是红烧清炖,都跟咱们赵国没有关系的。"

"唉,权门争斗好复杂,不如关门卖驴杂。"罗寡妇叹息道。

肥店主失笑:"看不出罗家嫂子还是个有品位的人,这说出来的话,实乃老母猪咬饭碗,满嘴都是词(瓷)。"

罗寡妇红了一张脸:"肥哥休要取笑,就不怕你罗大哥晚上托梦来骂你。"

罗寡妇与肥店主逗笑之际,对面那辆车里响起一个声音:"驴杂是什么味道?我想尝尝。"

说话人在车里,只能听出是个小女孩的声音。

听车中人要喝驴杂汤,车辕上的汉子急道:"小姐不可,那都是下人用来果腹的污浊,那臭味熏染到小姐,小人可就没几天活头了。"

车中人斥道:"没几天活头,也比现在就死强吧?你去是不去?"

汉子悻悻:"小人遵命。"

汉子跳下车,又听车中人吩咐道:"不许用你的脏手碰到,让卖家大婶给我端过来。"

"好,好。"汉子满脸的晦气,大步走到罗寡妇面前,"大姐,烦请给车中女眷送碗驴杂,多少钱?"

罗寡妇答道:"秦钱只要五枚。若是楚地的蚁鼻钱,须得七枚。"

大汉掏钱,嘀咕道:"好麻烦,若我也有秦少主那般慧敏,单只是把这些铜钱换来换去,就可以吃穿不愁了吧?"

罗寡妇听若无闻,端了碗驴杂走到车前。她低头跪下,双手将碗举过头顶:"小店几世修来的福分,竟见贵人光临。驴杂腻热,小心莫要烫到。"

车帘掀开,明月公主探头出来,好奇地端详着那碗驴杂汤:"我听说,要想抓住男人的心，先要抓住男人的胃。太子夫人的手艺，果然不凡。色香味美，令人垂涎。难怪子楚那般出色人物，会对夫人如此倾心。"

罗寡妇身体剧震。

猛抬头，露出赵氏那张脸。

于赵氏的震骇中，明月公主轻笑道："此地非地，此时非时，为全性命所计，妾身万死，不敢让夫人起身。

"赵王此前未曾除掉子楚，并不以为意。事实上子楚逃亡，正合赵王心思。赵王的妹妹宓公主次年至秦，已经替子楚生下儿子成蟜。一旦成蟜成为秦王，宓公主为太后，那就彻底扭转了秦赵两国的关系。这个计划完美到了不能再完美，唯一的障碍就是龙居中的太子夫人并秦少主。你二人不死，成蟜就无由登位，秦国与赵国的关系也难以缓和。是以赵宫之中，明烛高燃，君夫人亲订策划，秦王与赵王也只是奉令而行。西秦力士公冶兄弟，接主上密令夜攻龙居，趁乱杀掉夫人并少主。以秦赵两国之力做局，那是任何人也无法查明的完美布置，真的很完美。

"唯一的不足就是，夫人与少主竟然先知先觉，易装遁走。那大概是夫人与少主唯一的逃生时机。生死之间，刻不容缓。夫人并少主之智，委实令人惊心。

"不久，秦国传来夫人亲笔谢函，太子府并为夫人与少主举行欢迎盛筵。所有人都知道夫人和少主，已然逃归秦国。但只有夫人和少主知道，此行迢迢，杀手无尽，秦、赵边境已成铜墙铁壁，天上的飞鸟、地下的老鼠，都无法逾越，何况如此扎眼的两个大活人？

"所以夫人与少主在放出假消息麻痹赵王的同时，悄然回返邯郸。而这家店铺，开张已经十多年，那应该是龙居公孙龙为保护太子埋伏在邯郸的暗桩。谁又能想得到，在这雀尾巷操劳了十多年的罗寡妇，竟然就是大家都以为身在秦国的夫人？谁又能想得到，罗寡妇那个呆笨蠢萌的儿子，就是灵慧过人的少主？

"但我想到了，夫人，我想到了。

"既然我能想得到，君夫人也能。

"既然她想到了，夫人和少主的死期，就不会太远了。

"逃！立即。

"迟，则生变。"

"君夫人究竟是何来历？为何要与我母子为难？"

雀尾巷出去半里之遥，有一排露天的饭庄，五枚秦制圆钱就能吃饱。来这里吃饭的都是粗手大脚的役夫村妇。此时赵氏光着脚板，皮肤上涂了厚厚的泥垢，赵政头上缠块黑帕，一边坐着吃饭，一边看着浩浩荡荡的人流涌过。

有军士，有剑士，有孔武有力的百姓，有权贵人家的门客，手中各自提矛持剑。虽然这些人身份复杂，但组织严密，布置有力，甫一出现就迅速封锁了雀尾巷口。

肥店主、满脸茫然的罗寡妇，以及那个呆蠢的儿子被人从巷子里强拖出来，带到一辆车前。

车上的女子，裹着厚毯，瑟缩颤抖，一双黑洞洞的眼睛冷漠地扫视着车前跪倒的几人："秦太子夫人，秦少主，抬起头来如何？"

罗寡妇和儿子的头，被人强行揪起，仰面看着女子。

女子仔细端详一番，扑哧一声笑了："哎哟，这么快就换回来了？这一招脱袍换位，果然是赵氏的风格。"

罗寡妇发出惊恐的声音："我母子何罪？为何要抓我们？"

女子抬头四顾："你们母子，还有这位肥店主，应该是十年前赵氏刚刚怀上秦少主时，就由龙居子弟子之中秘密挑选出来，与赵氏孕期相同的妇人，安置在这里。此后十年，你们与赵人生活方式一般无二，渐渐相融。但两天前，赵氏及其子放出虚假消息，假称已经逃归秦国，实则来到了这里，替换了你们母子。由于你们母子在此已经经营十年，谁会想到一个小小的驴杂摊，摊主会换人呢？是以此事悄无痕迹。但当我查到此地之时，你们已然得知消息，所以再一次换了回来。如今你们真是给我出了个难题，我若杀了你们，却连个凭据都没有；若不杀，留下你们迟早是个祸害。"

"赵国是个讲法律的地方，你不要……"罗寡妇一言未讫，女子微微抬手，只见一束剑光掠过，罗寡妇三人一声未能吭出，便口角泌血，栽倒在血泊之中，背部如刺猬扎着十几柄剑。

抬起头，那双黑洞洞的眼睛扫视着周边。车上女子叹声道："不要跟我说法律。我持君上之命而来，我就是法律！"

惨声止息，她垂下眼帘："他们就在附近，正在看着我们。既然流连不去，那就不要再走了。我和你们母子，不死不休！"

"说起那君夫人，命运实堪悲苦。"赵氏对儿子说道，"赵王丹，系赵威后嫡生长子。赵威后还生有一女，生下时满室异香，口中衔有一枚宓珠，是以宫人称其为宓公主。

"王室之女，贵不可言。宓公主灵气过人，许多宗国前来求婚，但都遭到赵王的拒绝。就这样好多年过去，一直到了十二年前，宓公主前往宗廊祭神，乞求列祖列宗并神灵保佑赵国。祭神完毕，忽有一尊木雕神像自行移动，拦在了廊门之前。

"宓公主心知有异，命人于宗廊四处查看。果然见到廊阶之下躺着一个半死不活的弃婴，宓公主命人抱过来。那弃婴见到宓公主，立即转啼为笑，舞动着小手，抱着宓公主不肯松开。这个不明来历的弃婴，就这样被抱入王宫，由宓公主抚养长大。

"小弃婴幼时就显露出过人的才智。尤其是国政治事，所谈比国君赵丹高明不知多少。赵王本具贤德，对其呵护有加，视若珍宝，言听计从。因其智略远在朝臣之上，赵王不允许宫人直呼其名，尊称为君夫人。

"君夫人体弱多病，又生性冷漠，对人世绝少留恋。她只是担忧姐姐宓公主。

"君夫人今年也不过十二岁，比政儿你也只年长三岁。但这小女孩的脑力，连邹衍与师尊公孙龙都忌惮三分。她曾亲口对赵王说：在她有生之年，天下诸国皆将灭亡。宓公主善良柔弱，单纯幼稚，如一只嫩白的羔羊，无论她嫁入哪个国家的宗室，最终的命运都是任人宰割，受尽苦难。除非，她嫁入秦国，成为太子夫人。

"所以宓公主必须要嫁给秦国储君。而正在邯郸为人质的子楚，理所当然地进入了君夫人的视线。她一眼就看穿了子楚的伪装，亲传子楚入宫，要求子楚娶宓公主为夫人，而她将举赵国之力，助子楚登位。"

讲到这里，赵氏停了下来，看着儿子。

赵政问道："想来必是父亲不答应，而是娶了母亲，所以才会激怒君夫人？"

赵氏摇头："错，你父亲当时满口答应下来，还不顾自己的年龄，给君夫人连叩了三个响头，并承诺无论死生，对宓公主都会世世不负。哼，男人，说什么生生世世，在送上门的绝世美姝面前，都是一样的。"

赵政呆了呆，笑道："那必是吕不韦入邯郸之前的事情了。"

赵氏厉声道："又错了，日后你若为君，绝不容许犯两次错误！"

"那就是……"赵政哭丧着脸，"不会是那个宓公主，人家根本看不上我父亲吧？"

赵氏点头："这次你说对了。但你刚刚连续犯了两个错误，这就意味着我们已经死了两次。你须得时刻记在心里。"

"儿子记下了。"赵政撇着嘴，低声道。

赵氏继续说道："你有所不知，那宓公主容貌极美，性子柔善，是天生的宜家之女。更兼王室公族，血统贵不可言。她未成年时列国就纷纷求娶，但听闻宓公主厌恶权争，并不喜欢像你父亲这样外表文弱的人，而赵王与君夫人合力非要强迫宓公主嫁给你父亲不可，甚至为媵①为妾也在所不惜。这种情况一直持续到秦兵围城，吕不韦接应你父逃出邯郸为止。

"你父亲逃走之后，我母子被人送到龙居保护起来。而赵宫中的宓公主松了一口气，自以为从此可以彻底摆脱你父亲了，万不承想君夫人设下小筵，请宓公主赴宴，酒菜中掺了迷药，将宓公主迷晕。而后君夫人命亲信，将昏迷不醒的宓公主送往咸阳，再申昔日承约，要求你父亲立宓公主为夫人。你父亲自然是欣喜若狂，立即和不情不愿的宓公主举行了婚礼，十个月后，宓公主生下了你的异母弟弟成蟜。"

说到这里，赵氏立起："宓公主立为正室，为娘的死期就到了。生下成蟜之日，你的死期就到了。君夫人要替姊姊扫清障碍，除掉我，宓公主就是秦国之后；杀掉你，成蟜就是秦国太子。于今在这邯郸城中，是她除掉我们母子最好的时机，她又如何肯放过我们？

"君夫人的谋算，犹在你父亲子楚之上，是以你父亲此前于邯郸城中的布置，都已形同虚设。同样的情形，君夫人的智略，也比你娘亲强出许多，但凡你娘亲能想出来的逃生办法，她都能够猜得到。

"只有——政儿，只有你，因为你才九岁，君夫人对你的研究未必那么透彻。只有你想出来的逃生办法，或可在君夫人谋算之外。所以我们母子能否活着离开，只能看你的了。儿子，看你的了。要如何做，我们才能活下去？"

邯郸城门，一名宫监满脸愁容，席地跪坐。

两名校尉带数十名士兵守在门前，但凡有年轻女子或是十岁左右的少年，立即拖过来询问，并让宫监仔细验看。

赵政母子俩入赵宫时，这名宫监见到过他们，所以被宫里派出来辨认。

宫监是个认真负责的人，虽然有些女子的模样与赵氏相距甚远，有些少年的体形和赵政明显有着区别，但宫监仍令军士们用力揉搓女子及少年的脸，弄得城

---

① 媵[yìng]，古代贵族女子出嫁时陪嫁的人。

门前叽里哇啦叫声一片。

叫声一片也没办法，食君之禄，忠君之事，宫监要做的就是履行自己的职责，其他的事与自己无关。

大半天的时间过去了，宫监正感觉乏倦，忽然看到了那神色异常的一男一女。

男子赤足，乡民打扮，牵着一头黑骡。女子是个丑陋的妇人，脸上贴了块膏药。此二人故意隔开一段距离，假装相互不认识。但落在宫监的眼睛里，他们那细微的肢体语言，暴露出了太多的信息。

宫监立起，向一边的校尉使了个眼色。

校尉点了点头，不动声色地放弃了盘查，等那少年和妇人走过来。

少年和妇人行至，校尉一挥手，几名军士疾扑而至，将那二人架了过来。

"干什么，干什么？我们可是善良百姓，没有犯法的……"那二人惊慌之下，连声惊叫。

校尉冷哼一声，走过去，先在那少年脸上拿手一搓，沾了满手的染料，露出少年原本的白嫩面皮。

校尉再转手，撕下丑妇人脸上的膏药，丑妇人的五官慢慢变正常，现出令人心旌摇曳的美色。

宫监走过去，跪下参见："参见秦太子夫人、秦少主。仆东高离，那日夫人和少主入宫，是仆给夫人呈献茶盏，夫人不记得了吗？"

"你这人好生古怪。"少年和妇人惊恐至极，"我听不懂你说的话。"

"听不懂没有关系。"宫监是个好脾气的，低声下气地道，"君夫人有吩咐，上次宫中相见，相谈甚欢。君夫人十分思念太子夫人和少主，于今在宫中设小筵，期待与夫人、少主把盏再欢。是以命仆恭候在此，敢请太子夫人和少主登车。"

一辆宫车驶至，少年和妇人被强掳到车上。

宫监东高离押着少年和妇人从王宫的后角门入宫，疾步小趋，进入内宫的一个宅院。

院中立有十几个宫监并宫女，还有相同数量的少年，和差不多的妇人。

东高离愕然："怎么来了这么多秦太子夫人？这秦少主的数量也有点儿过剩了吧！"

君夫人裹着毯毡，蜷缩在一株老树下。几个老宫娥小心翼翼地把暖手的香炉拿过来，让她抱在怀中。好半响，那苍白的面颊才渐渐稍有点儿活力。

慢慢睁大黑洞洞的眼窝，君夫人摇头，嘟囔道："都不想问了。先听本宫说，是不是有个贵家少年和美艳少妇找到你们，给了你们金锭，说是要和人做个迷藏游戏。他先把你们易装成他们的模样，再在外层涂抹得不成样子。然后让你们从各个城门，各自出城？如若是这个说法，你们就不要言语了。若是有别的说法，本宫倒是想听听。"

庭院中的十数个少年和妇人愕然地看着君夫人，无人吭声。显然他们的说法，与君夫人的没有区别。

"没有第二个说法？"君夫人又问了一句。

无人应答。

君夫人轻声道："那就可以杀掉了。"

"冤枉啊，夫人小姐饶命啊……"被拖下去时，几十个人发出了可怕的惨嗥声。

"一时间哪儿找来这么多体形相近的人啊？"君夫人在暖炉上呵着手，"不过是死而不僵的龙居谋划罢了。是那个装神弄鬼的公孙龙生前布置，终归是太疼爱他的关门弟子罢了。宵小伎俩，鱼目混珠。秦少主母子，就是在各城门抓到这些人，放松警戒之际，趁机溜出邯郸。之所以一股脑地派出许多人，无非是想惑人耳目，让人难以猜测他们逃逸的方向罢了。"

她把手递给侍奉的下人，让人扶立而起："可是这么简单的事，还用得着猜吗？太子夫人那双柔香软嫩的小脚，又能跑出多远的距离？"

"叫郎中令来。"她吩咐道，"本宫要查一个地方，位于邯郸城百里左右，大致是个村落，村民尚武，或有建立军功者，附近有山匪出没。就是这样一个地方，这个地方叫什么？"

距邯郸城偏北百里左右，有座孤山，号桃林山，形似桃子。

山林之间，湖泊水畔，有匪患出没。匪首名继错，有人说他是魏国人，也有人说他是齐国人。他的手下不过两百多人，但极凶悍，最可怕的是出没无常，官吏欲行捕捉，也无从下手。

幸好桃林山下有座村子，名叫桃村。里长叫延陵生，自幼习武，孔武有力。他把村民组织起来，五户人家为伍，设伍长。十户人家为什，设什长。平日无事，村民散落耕织，但闻山匪讯息，全村立即成为一个强悍的战斗队伍。这支队伍曾数次击败山匪，是以延陵生在当地颇有名气，时常与军中人物往来。

这一日，一支五百人左右的赵国军队奉命前往北方轮防。途经桃村，带队的郡尉曾与延陵生相识，便命军士驻扎在附近，带了几十个手下，入村寻访延陵生。

老友突至，延陵生喜不自胜，设下酒宴，为好友接风，也算送行。

酒过三巡，脸酣耳热，那郡尉双手捧盏立起："延陵兄弟，此去北地，霜冷苦寒，要待两年之后才能回来。然而小弟临行之前，还有桩未了的心事，须得交付兄弟。"

延陵生道："兄台但有吩咐，小弟岂敢不遵？请讲就是。"

"这件事就是……"郡尉猛地一掀案几，"延陵生，我奉君上之命，特来拿你！"

吼声未止，几案尚未落地，郡尉随从已疾速抽刀，霎时间十几名陪酒的村民人头落地。还未等延陵生反应过来，几把利刃，已经架在他的颈子上。

"兄台，我何罪之有？"震骇之下，延陵生惊问。

郡尉冷笑不答，只是取出枚烟竹，以火镰引燃，抛向空中。

烟竹在空中呼啸，村外呐喊声突起，郡尉带来的三百名士兵，持矛冲入村中，逢人就杀，见人就刺。桃村虽然尚武，但事发突然，倾刻间村民大半被杀，剩下来的女人孩子，惊骇得唇齿青白，瑟瑟颤抖。

眼见半生心血毁于一旦，延陵生心如刀绞，嘶声大喊："纵我延陵生获罪于君王，桃村何罪？村民何辜？你说此举是奉君上之命，我不信，我要见到君上之命！"

郡尉一声不吭，向延陵生出示了一块黄金虎符。

这虎符，就是赵王亲至之意，不会有假。

延陵生呆滞半晌，才叫道："可这是为什么？桃村何曾有罪于赵国？"

突听一声冷哼，君夫人裹着毯毡，乘一辆马车而至："延陵生，你嚷这么大声干什么？这么多年你盘踞于此，杀了多少人？做了多少恶？若不拿你，何时可见天日昭昭？"

延陵生吃惊地看着君夫人："恕小人眼瞎，不识得这位夫人是谁。你栽赃我杀人做恶，有何证据？"

君夫人皱眉，裹紧了身上的毯毡："本宫说话，还要什么证据？本宫的话，就是证据了。"

延陵生仰天长叹："罢，罢，罢，君父之言，就是金科玉律。小人不知夫人所来何意，但如果让桃村负罪亡灭是君父之愿，小人自无怨言。"

君夫人嘀咕了一句："话先别说得那么敞亮，今日我来，只想知道你家太子是何时离开的。"

延陵生身体剧震，生硬地回答："我赵国君王，年华正盛，小人不知道太子是谁。"

君夫人嗤笑道："不要跟我装糊涂，我最讨厌装糊涂的人了。我问的是你燕国的太子，太子丹。"

延陵生的身体又震了一下："我是大赵子民，如何会知道燕国太子的事情？"

君夫人叹息："我知道，为掩人耳目，你们是阖族阖家迁到这里，乔装赵国百姓，实则杀人越货。你深入我大赵腹心，即为仇国，我杀你成年男子，有何不妥？事到如今，你犹不肯合作，难道就不为族中妻子儿女着想吗？"

听着君夫人的话，延陵生的脸上掠过震骇、难以置信、无法接受等诸多复杂表情。因为君夫人的话带来的冲击过大，他的大脑陷入麻痹，一时间无法回答。

见他不作声，君夫人安慰道："你不要想太多，你们燕国与我大赵，相仇攻伐非止一代人，自然会在邯郸附近设暗桩，同时派小股武装潜入，假称山匪滋扰，以祸乱赵国。时间久了，流窜的游匪与暗桩合流，就自然构成一条从邯郸至燕都的秘密通道，让燕人的奸细往来其中。此前燕相栗腹不智，擅自挑起战端，在鄗城相战，丧师辱国，终至蠢货栗腹成为我大赵俘虏。不智之举，累及与邹衍赴邯郸的太子丹，陷入困境，其扈从剑士，俱被赵王下令格杀，太子丹唯恐诛连，逃窜无踪。

"燕太子惊恐之际，要想逃回燕国，多半会走暗桩与山匪合流的这条秘道。是以我才会来到这里。说到底，延陵生你掩饰得极好，毫无破绽。若非是你家太子仓惶之间无路可走，狗急跳墙，我也想不到你身上。"

话已说破，延陵生沮丧垂头。

见他如此模样，君夫人扑哧一声笑了："你不要露出这副模样，好男儿心志如钢，再大的风雨，也要挺起高贵的头颅。实话说吧，无论对于我，对于赵王，还是对于赵国，燕太子丹都无足轻重。他逃了也无人追，他不逃也无人理，所以你不要有心理负担，唯恐负上累主之名。"

低头细看着手掌心，君夫人入神地说："其实我找的，是你家太子来到这儿之后，随后找来的人，有一个八九岁的少年，和一个极美的少妇。而且你家太子见到他们极为震惊，脱口说出一句：'你们怎么找到我的？'我是为这两个人而来，其余的，并不放在心上。"

延陵生的瞳孔倏然瞪大："夫人说，你完全是凭着推断，察知小人真实身份的，小人还不信。但适才夫人言及那二人见到太子，及太子所说出来的话，犹如亲眼目睹，如此非凡智算，已非人力所及，这次小人是真的信了。"

君夫人目光黯淡："最担心的事，终于发生了。我最担心你承认这些。你既然承认了，就意味着你所知道的也只有这么多了。他们已经走了，而且你不知道他们走的哪条路线，对吧？"

"是的。"延陵生道，"夫人你太聪明了。"

夜深，熊熊的火堆燃起。

君夫人那张脸，在黑暗中显得异常惨白。

她盯着延陵生道："延陵生，我再说一次，我对你家太子不感兴趣。就算把你家太子抬到我的面前，我都不会抬眼的。

"我只要那两个人。我知道在那两个人悄然离去之前，桃村一带有一支商队经过，还有一个戏班搭台唱戏。商队与戏班每年都要来，当地人早就见怪不怪了。

"现在，我需要知道那支商队与戏班的名字，还有它们的去向。"

延陵生露出惊讶的表情："夫人又是如何知道这里恰好有商队与戏班经过的？"

君夫人失笑："你傻吗？那母子二人的特征那么明显，走到哪里都会被人一眼认出。所以他们一定要找一个能够混迹其中，又不引人注目的移动群落。若非商队或是戏班，什么样的男女混杂，才能够穿行千里而被视为理所当然呢？"

延陵生万分敬佩："夫人智慧，让小人佩服不已。不敢相瞒，我家太子为逃出赵国，安排了一支商队向北，取路燕国。又担心归途受阻，另行安排了一个戏班向南，向着楚国方向而行。"

君夫人又道："那你帮我猜上一猜，那对母子，他们会选择哪条路呢？"

延陵生脱口而出："向南，楚国。"

君夫人略有些惊讶："为何如此肯定？"

延陵生回忆道："那对母子初到之时，小人奉茶过去，在门外听到他们争论，提到了楚国。"

"所以说呢，他们一定会选择第三条路。不向楚，不去燕，而是走那条我会本能地忽略的一条路。"君夫人的声音极轻，低若耳语。

郊原尽头，一支浩浩荡荡的队伍在行进。

车近百，骑百乘，加上背着行囊的步行者，约有千人之众。

前方突然响起凄厉的笛笛声，就见左右两翼，各出现一支赵国骑兵，呈包抄态势，将这支队伍围困起来。

队伍停下，所有人的脸上，都带着浓浓的倦怠，却并无惧意。

十余骑从队伍中冲出，迎向赵国骑兵："我是邢山君，奉主命送邹衍并孔穿两位先生返齐。尔等何故敢抗大王之命，阻拦于此？"

骑者无动于衷，只见一辆车子，徐徐驶出。车中人的声音冷冽如冰："君侯大人，你既知晓王命，当知我所为何来。"

被称为邢山君的人，束高冠，极年轻，衣服很寒酸。最可怜的是他的随从，一个骑的是匹老马，一个骑骡，还有一个居然骑的是驴子。可知其人虽是宗室，但祖上余荫已时过境迁，如今已是落魄不堪。

但血统在此，宫中人物还是晓得的。见到车中人，他不由得瞠大眼睛："君夫人，你不是体弱多病吗？怎么会来到如此偏远的地方？"

君夫人遥看远方："再往前十五里，就是齐赵边境。临淄风物，天下景仰，这个地方岂可言偏远。"

"君夫人所言，极是极是。"邢山君是失势的王族，在百姓眼里或许高不可攀，但在王族眼中，实与百姓无异。所以他只有诺诺点头的份。

就听君夫人冷冰冰地道："两位夫子何在？且容妾身见礼。"

"怎么敢？"邹衍与孔穿同乘一辆车过来，"君夫人，我们两人打过赌，老孔说你昨日就会赶到，但我猜测你身骨虚弱，昼夜追赶，多半会途中病倒，延误半日。"

君夫人眼帘低垂："不见太阳，不知烛火之黯淡；不见大海，不知溪流之潺潺。两位先生洞悉千年，智慧高远，小女子钦羡至极。只恨此生无缘座下聆教，纵泉寒彻骨，犹以为憾。"

邹衍笑道："君夫人言重了，老朽其实是个没出息的人，这辈子读万卷书，行千里路，会八方友，实则就是……嘿嘿，知好色而慕少艾①，嘿嘿，就是想领教一下各地女子的不同温柔罢了，嘿嘿……"

君夫人也笑了："夫子性情中人，倒让小女子惭愧了。如此磊落风骨，当为天下人楷模。且容小女子一拜。"

邹衍连忙摆手："不用，不用，说过了不用。说实话老朽是担心你的身体，怕你拜下之后再也无力爬起。"

---

① 少艾，年轻美丽的女子。

君夫人让宫人搀她落车："正因此，所以小女子须得一拜，只因先生知我。"

"知你，知你，"邹衍连连点头，"你不顾病重，千里驱策，追杀对你而言必杀之人。这一切都是为了爱。我和老孔，都理解你，绝不会怪你的。"

君夫人伏地，恸哭起来："伏乞先生垂怜，我那可怜的姊姊宓公主，她生性柔弱，与人为善，不知权争之险恶，亦不知政治之黑暗。她就是个长不大的孩子，单纯明净，毫无心机，似这般天真烂漫，如何会是龙居传人的对手？"

猛抬头，君夫人那黑洞洞的眼窝极是可怖："帝王之榻，是杀伐最为惨烈的战场。儿女情肠，终将要面临政治权力的考验。我知道赵氏没为难我姊姊的心，我也知道赵政最渴望与弟弟成蟜友善相处。但权力政治的规律是利益，政局变动，可让死仇相亲；权局变幻，能让父子相残。说到底，人性终不过是权力意志的体现，终不过是政治格局的载体。我们那美好的主观愿望，于权力天平上又能占到几多分量？"

"请夫子交人。或是我要的人，或是你们全部。可好？"

邹衍为难地揪住须髯，半晌道："我猜夫人是追错方向了，他们根本没来我这里。大道至简，他们算准了你会选择这条极易疏忽的路线，所以他们选择了最简单的方案，随南行的戏班赴楚。推测行程，此时他们已进入秦境。"

第八章　刺客封城

纵是血亲又何如

咸阳满城尽着孝衣。

短短三天，这个不幸的国家接连送走两任君王。

上任秦昭王在位五十六年，活到七十五岁，夺得战国时期在位时间最长的国君席位。继任的秦王安国君，在位仅三天便死了，成为这个时代在任时间最短的君王。

嗣君子楚正在服孝期间，要等一年之后，才能正式继位。

所以现在这个国家，在某种程度上来说处于自然治理状态，官吏各安其位，各司其职。如一台机器，每个齿轮各按自己的功能运转。

这天早晨，负责咸阳东城门值守的军士，是一门三兄弟，长兄的名字叫衷，二弟的名字叫惊，小弟的名字叫黑夫。

因为是刚刚脱籍的奴隶，所以三兄弟还没有姓氏，但他们怀有极大的自信心，姓氏很快就会有的，不久的将来，他们不仅会有姓氏，很可能还会有爵位。

秦国最重军功，只要上几次战场，取几个敌军的首级，一切都会有的。

兄弟三人精神抖擞，衣甲穿戴得一丝不苟，来到城门，先行巡视四方。来往不过是行人商客，川流不息，三兄弟却很认真地履行着盘诘工作，丝毫不感到倦怠。

邻近午间时分，城外一个村子的亭长带几个人来到城门处，报说村外附近的泥塘里发现了两具尸体。

一个是年轻妇人，一个是八九岁模样的少年。

瞧二人打扮，似乎是从赵国来的旅人。

"又是从赵国来的？"大哥衷很是吃惊，"又是年轻的妇人，八九岁的孩子？好奇怪，为何这段日子以来，城外野死之人，都是年轻妇人与八九岁的孩子？"

大哥衷明显地感觉到有异常，他让两个弟弟守在城门，自己跟着亭长去了发现弃尸之地。

果然，与他前几次所见相同。女尸伏卧于地，一只脚光着，首级被人割走。旁边的孩子也是头部不翼而飞，只余尸身，胸口有一道浅浅的血印。

衷俯下身，仔细地验过伤后对亭长说："看清楚了没有？这女尸皮肤娇嫩，纤指无茧，分明是出自豪富之家，没干过苦活的。你再看这孩子胸口的伤，浅浅一线，实则破胸入腹，可知下手之人，是有极深的武学底子的。"

想了想，他还是没忍住，把想说的话说了出来："这已经不是第一次了。接连几起行人遇害，都是年轻的美貌女子和八九岁模样的孩子，而且下手的人都是一流高手。能有这种惊人武艺的，绝不是像你我这样混迹于军旅底层的人，人家是有来头的，至少也是公侯家的亲信家将。"

亭长把衷拉到一边："我听说，大王正在服孝，明年才会登位。但大王在赵国邯郸时，娶了个美貌的女子，还生下了少主。听说少主的年龄，就是八九岁。"

衷吓了一跳："休得乱言，你刚才什么也没说，我什么也没听到。赶紧把这两具尸体处理了，该怎么报告，就怎么报告。"

亭长松了一口气："如此说来我猜得没错。"

大王行将登位，他在赵国的妻儿当然要来投奔。

可大王在咸阳，另娶了夫人，又生了儿子。

所以才会有刺客封堵咸阳门，狙杀赵国来人，以保证大王在咸阳生的儿子，能成为无可争议的唯一少主。

回到城门，值守时间已过，三兄弟正准备一起回家吃饭。忽听蹄声轻促，只见一个少年公子，身着彩衣华服，冠插长翎，长眉星目，气宇不凡，正坐在一辆车上东张西望。

忽然看到三兄弟，少年公子大喜："你，就是中间那个大哥，上次你不是说你老母生病，想吃口鲜鱼吗？马上跟我走，今日让你尽尽孝心。"

"真的吗？"衷大喜过望，"君侯大人的仁德，小人世代铭感于怀。只是小人卑贱，岂敢僭越。"

少年公子笑道："有没有搞错？鱼还没有吃到，就说铭感于怀。等让你老母吃过了鱼，尽了孝心，再说这话不迟。"

衷急忙吩咐两个弟弟："你们两个且先回家，告诉母亲不要等我。我跟昌平君大人去捕鱼。"

说罢，衷跳到车上，替少年公子昌平君赶车："君侯大人，这辆车上没有御者，大人是怎么把车弄到城门口的？"

昌平君笑道："我自己不会赶车吗？"

"不是……"衷不高兴地道，"君侯大人何等尊贵，岂能自御其车？此类事情可一而不可再，皇亲贵胄赶个车子满街跑，这要是传扬出去，岂不要让人笑死？"

"笑什么笑。"昌平君四仰八叉地往车上一躺，"你以为王室族裔，生下来就可以横草不动、竖草不拿吗？实话告诉你，王孙公子一旦落难，那可是比狗还要凄惨。想当年我的父亲，可是堂堂楚国的一国之君，未继位时在咸阳做人质，娶了秦国公主为妻，生下了我和弟弟。九岁之前，那可是滔天的富贵，若我想要月亮，下人就得立即拿梯子去摘。但九岁那年，我父为登王位，私逃归楚。我和弟弟的处境一落千丈，多少个饥寒交迫的夜晚，我牵着弟弟的手，赤脚走过结冰的长街，我只想让弟弟喝上口热乎的水，吃上口热乎的饭。可这小小的愿望，在当时是多么难以企及。"

衷害怕地缩了缩脑袋："君侯大人，你是经历了人间疾苦的贵人，所以才有如此悲悯的情怀。但君侯莫怪小人多嘴，这些事，这些话，咱们私下里说说就好，若让别有用心的人听了去，指不定闹出什么麻烦事。"

昌平君哈哈大笑："位卑者智，权高者愚。人的智慧与社会地位是相反的，越是屈居于社会底层，往往越需要非凡的智慧挣扎求存。反而是那些登上高位之人，有显赫的权势，有无尽的资源，根本不需要动脑子，所以天下七国的在位者，不乏智慧还不如一条狗，或一口猪的。这就是为什么朝中那么多有权有势的贵人，我偏不喜欢和任何一个结交，我就喜欢你这个地位卑贱，但智慧过人的脱籍奴。听我的没错，衷，用不了几日，你就会有姓氏，还会有封爵官职。"

衷感动得快要哭了："若小人真有那么一天，那都是君侯大人的再生之德。"

"呸，呸，呸。"昌平君道，"且听我跟你细说分详，宫里自打芈太后时，就喜欢食用楚国的四腮鱼，这个习惯一直保留下来。到了现今的华阳太后，食无楚鱼不欢，皆因华阳乃芈太后一手带大的，打小就是个吃货。可是由楚而秦，千里迢迢，每隔几年才间或有几条楚鱼带过来，那是宫中的狂欢盛日。发现这个情形之后，我就考虑能否在秦地养殖楚鱼，难，难难难，但我还是在城外山坳的水塘里，饲养了几十条楚鱼。今日你随我取上两尾，送入宫中，猜猜主上会给你何等赏赐？"

衷立即道："君侯大人的栽培，小人矢志不忘。只是君侯大人，时值国孝，好像不可以吃鱼吃肉。"

"放屁！"昌平君道，"先昭王薨，一年不可食鱼。安国君在位三天亦薨，又是一年不可食鱼。那万一……就是连续三年不能食鱼了，对吧？"

衷赔笑："君侯大人啥也没说，小人啥也没听到。"

两人一路闲聊，多半个时辰，马车驶入一座山坳。这里有个名堂，叫美人坳。传说这一带风水极佳，滋润出了最美丽的秦女。按照昌平君的指点，衷驾驭着车子，沿曲曲折折的山径前行，果见前方一座极大的水塘。

水塘边上，有一座茅屋。茅屋里住着昌平君派来的一家人，专门负责饲养楚鱼。

到了屋前，马车停下。昌平君跳下车，叫一声："奚叔奚婶，天还这么早，你们不会睡下了吧？"口中说着，大步向茅屋走去。

突然之间，衷拦在昌平君前面："君侯止步，情况不对。"

"怎么不对？"昌平君正想推开衷，忽听一声轻笑："昌平君果然是无脑之人，连你的家丁都察觉有异，偏你兀自懵懂不知。"

随着笑声，房门无声开启。

君夫人裹着三层毛毡，蜷缩成一团，迎门而坐。

昌平君吃惊地望着对方："这位夫人是何来历？我奚叔奚婶何在？"

君夫人手掌轻动，几名剑士推出一双老夫妇。

昌平君惊叫道："奚叔奚婶，你们没事吧？"

"没……事。"老夫妇尴尬而艰难地笑道，"君侯大人，这位夫人带着人突然来到，不由分说就占据了鱼塘，小人也没明白是怎么回事。"

"你们没事就好。"昌平君转视君夫人，"夫人究竟是谁，来此何意？"

一名剑士走上前来，向昌平君呈上一筒书简。

衷单手持矛，保护着昌平君，另一只手慢慢地把书简接过，放在鼻尖前嗅了嗅，才小心翼翼地交给昌平君。

昌平君打开，顿时展颜而笑："这是赵王手书，夫人原来就是赵宫的君夫人，因为惦念嫁到这里的姊姊宓公主，所以……"

君夫人妩媚一笑："所以探亲来了。妾身不告而来，君侯大人不怪我来得唐突吧？"

"怎么会？怎么会？"昌平君哈哈大笑，"君夫人来得太是时候了，那宓公主自打六年前生下成蟜，就犯了思乡病，无一日不思邯郸旧人。可是两地相隔甚远，往来不便，纵然主上心疼公主日见消瘦，却也无可奈何。如今君夫人亲来，可慰公主思乡情结了。"

顿了顿，昌平君忽然变了脸："可是却奇了怪，君夫人来我秦国，不入咸阳，缘何来到我的鱼塘？"

君夫人笑道："妾身若是说出来，只恐君侯大人见笑。妾身是在来的路上，在客栈打尖时，偶然听到行客闲聊，说君侯大人在此地养殖楚鱼。君侯大人有所不知，我姊姊在邯郸时，也是极嗜楚鱼，我家大王为此每年都要派出商队，千里迢迢输运楚鱼。正因有此一念，所以妾身突发奇想，不告而来，想购两尾楚鱼，也好让我那离乡日久的姊姊稍有安慰。君侯大人霁月胸怀，当不至于怪罪妾身的莽撞。"

"原来宓公主也嗜楚鱼？"昌平君心下狐疑，"怎么从未听人说起过？"

犹豫了一下，他振声说道："既然君夫人有求，本座岂可煞人风景？这样好了，待我让奚叔奚婶捕上几条，给夫人拣两尾大的，算是我秦国弥补对宓公主亏欠之万一。"

"君侯风范，义薄云天，妾身感激不尽。"

君夫人让人搀扶她起来，行过谢礼。

她被人搀扶着从屋子里走出来，随行的赵国剑士纷纷现身，不过二十人左右。众人一声不响地站在水塘边，看着老夫妇网出几尾楚鱼，分装在两个木桶之内。然后君夫人与昌平君相互揖让再三，各自登车，一行人浩浩荡荡地返回咸阳城。

他们走后好久，荒野红草摇动，走出一个人来。

此人身材雄健，腰佩短刃，手里拿着赶车的马鞭，正是长平战场上唯一的生还者，死士赵樽。

赵樽出来后，草木摇动，明月公主随之走出。

远远地看着离去的车尘，赵樽嘀咕了一句："君夫人来得好快呀，十余日前还在齐国边境，一眨眼就出现在这儿了。说是飞过来的也不为过，她那小身板哪儿受得了？"

明月公主笑道："君夫人看似冷漠，实则心中重情重义。为了姊姊一生的幸福，无论是名声、地位，还是世间异议，她统统不放在眼里。但她终究是慢了一步，她应该一开始就堵在这儿的。秦少主母子无论用什么法子离开邯郸，最后的终点都是咸阳城，何须三江四海乱追？"

赵樽叹道："公主所言极是，但君夫人还是及时赶到了。而且她一来就切断了秦少主母子唯一的入城通道。宓公主毕竟在咸阳六年，又给秦人生下嗣君成蟜。六年来，她的势力再孤弱，比秦政母子，还是要强大许多。"

"是呀，"明月公主道，"如果赵政母子足够聪明，就必须来找立场绝对中立的昌平君。只有昌平君，位尊于秦，实是楚人，没有在赵政与成蟜之间选择立场的必要。但其他任何一个人，哪怕是行将登位的秦王子楚，其心理天平，也是偏向与他相濡以沫、共枕六载的宓公主。或许如今这咸阳城中，对赵政母子威胁最大的，不是君夫人，而是秦王子楚吧？"

"权力之位，人人企羡。"赵樽的声音带着无尽的苦涩，"然而谁又能想象得到，哪怕是争得一个父子相仇的机会，于权门之中也是需要绝顶智慧的。用尽绝顶智慧，步步突破艰难，直到直面丑陋的权力本身。我要是赵政母子，宁可放弃。太灼心了。"

明月公主打趣道："少在这里长吁短叹，你是死士，又不是怨士。还是留着点精气神，看看赵政母子如何突破咸阳这道门，上演一出夫妻相仇、父子相残的大戏吧！"

从城外回到家里，衷显得心事重重。

两个弟弟心粗，丝毫未注意，吃过晚饭就在院子里操练兵刃。

三兄弟的母亲，原是蜀地的女奴，但她生下三个至诚至孝的儿子，各自立有军功，给她赎了身。三兄弟又以爵位相抵，替母亲赎回自由。这天晚上，她享用了只有太后、王后才有资格吃到的楚鱼，幸福得淌下眼泪。

她把大儿子衷叫到膝前，说道："儿呀，你走遍天下，再也找不到比秦国更好的国家，世代的奴仆也可以赎身。你走遍天下，再也见不到像昌平君这样好的贵人。昌平君待我们家的恩德，何啻再造？儿呀，你要永远记得主上的恩德，为国家、为君父效命。"

衷耳听母亲教诲，叩首道："儿谨领母亲之命。"

搀扶母亲上床歇息后，衷来到先人的牌位前，恭恭敬敬地上了几炷香，这才来到了院子里。

二弟惊和三弟黑夫正在院子里举石锁，见大哥出来，说道："哥哥，你也举一个。"

"稍刻就举。"衷心不在焉地问，"两位弟弟，近日里有没有出城的差务？"

"有，每一天都有。"二弟惊回答道，"明天和林县尉，要押解几个死囚入城，大丧之日，不宜动刑。死囚都要打入大牢，等明年主上登位大赦。这种差事又苦又累，没油水不说，还不算军功，大家都躲不迭。"

衷道："那咱们兄弟去好了。"

"为啥呀？"三弟黑夫不乐意，"大哥，明天各门严查，拦截自赵国而来的刺客。若是能当场擒获，那是一等一的军功呀。这么难得的机会，我们兄弟为何要辛苦跑远路呢？"

衷正色道："两位弟弟，国家及主上，待我们如何？"

两个弟弟齐声答："深恩厚德，无以为报！"

衷点头："既然如此，我们又该如何回报君国之恩？当然是竭诚效死，决无怨言。既然如此，那些吃苦受力不讨好的活，我们兄弟不干，谁来干？如果人人都不干，我们的忠君爱国之心，又体现在什么地方？"

"不是，大哥你……"两个弟弟直感浑身上下不自在，"大哥你莫不是中邪了？这好端端的在家里快活，怎么突然表起爱国尽忠之心来了？"

次日，衷带着两个弟弟，来到城门。

城门果然加强了防范，门里门外，数百名士兵设下十数道关卡，城墙上还有一队队的巡逻军士，气氛宛如战时一般紧张。

出城门时，弟弟黑夫纳闷地问："大哥二哥，你们看到没有？军尉那边立着几个黑衣人，还有主上府中的谒者，这般杀气腾腾如临大敌，要防范的究竟是什么人？"

二弟惊回答了句："听说是赵国来的一男一女，欲行刺主上，真是吃了豹子胆！"

大哥衷却不言语："快一点，人家那边还等着咱们呢。"

三人纵马，疾行小半个时辰，就见前方一队人马正候在路边。路边停着五辆囚车，车中尽是些蓬头垢面、血污满身的男女。

和林县的县尉按剑立在路当中："哎，我说你们哥仨儿，能不能快点儿？

酒菜早就准备好了，今天咱们不醉不休……不是，小人是说国丧之日，要心念主上，不能喝太多。"

衷滚鞍下马，抱拳道："兄弟对不住了，今天的酒菜给我们留着，留着，案牍交割，我们这就得带着人走。"

县尉呆了呆："啥事啊，这么急？"

衷答道："当然是好事，暂时不能告诉你。等到我们下次再来，一定好好赔罪。"

"赔什么罪呀，谁没个三毛四躁的急情事？"县尉倒是通情达理，"三位哥哥过来，把这些挨刀的验过正身，签了文印，人就交给你们了。"

衷走过去，与县尉一个一个地查验死囚，一共五辆囚车，验明无误。

衷翻身上马，吩咐随行押送的役夫："赶紧走吧，挨刀这么开心的事，咱们得赶紧。"

话说得风趣，但两个弟弟一点儿也笑不出来，低声嘀咕道："大哥今儿个到底是怎么了？来之前也没说急着回城，更没说回去有什么急事呀。"

虽然抱怨连连，但上阵亲兄弟，打仗父子兵。兄弟三个是一体的，衷在家里是兄长，在战场上是将官。两个兄弟多年养成了不问缘由立即服从的习惯，所以两人立即上马，由大哥衷在前面开路，两个弟弟跟随在囚车后面，踏上回城之路。

行至半途，衷忽然停了下来，招呼两个弟弟上前，说道："你们两个，看着这些死囚，那边屯安县还有几个死囚，这次一并移衙付隶。我去带他们过来。"

"不是，大哥你别……"惊和黑夫大骇，"大哥，械囚之事，国有律法，为防私相窜勾，律令绝不允许两地死囚一并押送，两群不熟悉的人在一起，就容易滋生事端。何况大哥，咱们做事不是这样的，来的时候没提到屯安那边也有死囚呀。就算是有，也是各走各的道，各吹各的号。不能这么一锅乱烩……"

但长兄衷充耳不闻，已经策马去了。

"好奇怪，大哥好像被邪灵迷了心窍一般。"惊和黑夫都感觉情况不对，如果这么做的是别人，其举动已经接近叛逆。可是衷是兄长，断无可能做出谋逆之举，可眼前的怪异情形……惊和黑夫四目相对，忍不住打起战来。

过了不长时间，就听到大哥的吆喝声，果然见两辆囚车，在几个人的押送下驶来。惊和黑夫细看车中人，只看见两个血肉模糊的人形，飘零的长发沾染污垢，竟然无法辨认出死囚是男还是女。而且押送死囚的那几个人也古怪，怎么看都不像就近招募来的役夫。

到了这个地步，两个弟弟已经不敢再问了。

他们不知道向来老成的大哥，究竟在做什么。但无论大哥做了什么，自己作为血亲弟弟，都已身在局中。

只能硬起头皮向前走。

回到城门处，长兄衷愉快地和城门的兄弟们打招呼。

三兄弟作战英勇，事母至孝，是以在军中有点儿小小的知名度。军中之人都认得他们，一边不停手地盘查，一边和三兄弟打趣，催促死囚车快点儿过去。

惊和黑夫提心吊胆，偷眼看城门前的盘查，见拦下来的都是年轻的女人和年龄在八九岁的孩子。这些人被截下来之后，都要拖到军尉那儿，那里站着几名黑衣人，以及嗣君府上的亲信。由这些人仔细辨认，查实不是身怀利刃的刺客，才允许放行。

所有的人都要盘查，唯有他们这一列死囚车，由于是熟人的关系，未予理会。

进城之后，惊和黑夫长松一口气，在心里暗暗埋怨大哥，有种委屈到想要大哭一场的感觉。

可忽听一声疾喝，两个弟弟的心又吊到了半空。

那一声呼喝从身后传来："前面的囚车止步，等待盘查再予通行。"

话音未落，蹄声大起，数十骑如疾风掠至，将三兄弟并所有的死囚车，团团围了起来。

后面追上来的军士，都是熟人，和三兄弟熟到不能再熟。

但有一人，却一点也不熟。

那人一袭黄衣，目如鸷鸟，脸颊深陷。他高踞于马背上，用阴沉沉的目光，兀鹰一样盯视着衷："昨日就是你吧？随昌平君去到美人坳楚鱼塘的那个？"

衷显得极为紧张："恕小人眼拙，不认得大人。"

那人冷笑一声："不敢承认是吧？不承认你也跑不了。本座都已经知道了，你昨日随昌平君大人回来时，半途借方便之由，停车进了树林。可你去了足足半盏茶的工夫，你真有这么多的尿吗？就不怕你的尿把骊山冲垮？"

衷呆怔半晌，迟钝地答道："小人……战场上得了寒症，所以才会花费如此长的时间。"

那人冷哼："刁滑之奴，你就撒谎吧，给我拿下！"

军士们扑过来，把衷从马上扯落，掐住他的脖颈，倒剪双臂，强行按倒。

两个弟弟吓得失了魂,不敢上前救护哥哥,又不知如何是好。只听到大哥微弱的挣扎声:"小人何罪?"

"是啊,你究竟何罪呢?"那人阴笑道,"我知道你们都是军中兄弟,交心换命的那种。你们对本座的吩咐虽奉行但心里不忿,那好,本座就将这蛮人名正其罪,也好让尔等心服口服。来人,砸开死囚车,让我跟潜入城来的刺客,好好谈谈。"

士兵们果然是心有不服,但听到潜入城中的刺客,还是吓了一跳,立即遵言砸囚车。

砸开第一辆,把死囚拖过来。

黄衣人细瞧,是个三十多岁的汉子,摇头道:"不是他。"

砸开第二辆死囚车,拖出来个半老男子。

黄衣人摇头:"不是他。"

军士继续砸,每砸开一辆,把死囚拖过来,黄衣人都摇头说不是。

砸完第七辆车,黄衣人吩咐:"下一辆。"

军士们答道:"大人,这是最后一辆了。一共七名死囚,都在这里。"

黄衣人大骇:"不可能!"

军士们散开:"嫪毐大人,你自己瞧清楚,衷兄弟一共押了七辆死囚车入城,五辆是和林县的死囚,罪名都是杀父弑母、慢辱主上。两辆是屯安县的,就是这两个人,一个杀了邻居,一个砍死了自己的大哥。这是衷兄弟三人,与和林、屯安两县交割的文书,大人请自己看过。"

黄衣人嫪毐满脸茫然地接过竹简文牍,上上下下看了几遍。再抬头,撞上众军士一双双不忿的眸子,大怒:"尔等竟然敢渎慢君上?"

众士兵低头:"小人不敢。"

黄衣人嫪毐吼道:"一个个活该杀头百次的贱奴,还有你们不敢的事?既然有府县文书在此,为何事先不告诉本座?害得本座闹出这么个大笑话,若传扬出去,岂不是让人说我们大王身边的人只知作威作福,不懂得怜恤军士?"

衷急忙叩头:"岂敢怪罪大人?都是小人愚钝,都是小人之过。"

"哼,你知错就好。这次赦你无罪,下次给本座小心着点儿。"黄衣人嫪毐说罢,拨马掉头走了。

"小人谢过大人之恩。"衷跪送黄衣人。

再转回身来,衷与弟弟惊、黑夫三人齐齐跪倒:"众兄弟适才救护之情,何啻再造,我兄弟三人铭感于心,此生断不敢忘。"

众军士道:"散了,散了,都是战场上相互救过性命的,何必拘礼。"

但衷兄弟三人,还是向众军士叩了三个响头,皆因衷的做法违反了律令。幸得黄衣人嫪毐不懂律务,而军中兄弟知情却包庇了他。但这就是军中情义,非军外人所能知。

囚车被无端砸碎,那些死囚只能用绳子捆起来,由衷三兄弟带着两县役夫,送至隶衙交割。

交割全部完成之后,衷对两个弟弟说:"你二人且先回家,照料老母……"

话未说完,两个弟弟突然发难,操起长矛,把他抵到靠墙处。

衷大惊:"你们干什么?"

两个弟弟声音颤抖着说道:"哥哥,你都做了些什么?你瞒过了主上派来的人,可是瞒不过我们两个的眼睛。我们全都看清楚了,你可知你这样做,咱们可是要被灭门的。"

衷呆了半晌,才道:"两位弟弟,你们相信我对母亲的孝心吗?"

两个弟弟相互看了看:"我们……相信。"

衷又问:"两位弟弟,你们相信我对主上的忠心吗?"

两个弟弟答道:"我们……相信。"

衷再问:"两位弟弟,你们相信我对国家的赤诚吗?"

两个弟弟答案不变:"我们……相信。"

衷低声叹道:"既然你们相信我,就请放开我。哥哥要做的事,现在还不能对你们说。但你们一定要相信我,我所做的一切,都是为母尽孝,为君尽忠,为国尽诚。若你们不信我,非要在这里纠缠,后果将会非常可怕,不单单咱们家会被灭门,就连这城中、国中,也将有无数人被你们害死,你们担得起这天大的责任吗?"

两个弟弟被吓到,眼泪流了出来:"哥哥,你说的话我们听不懂,可是我们好怕。"

衷全身颤抖,但说出的话却无比坚定:"两位至亲弟弟,哥哥比你们更怕。正因害怕,才必须要把这件事做完。事情做完了,就再也没人欺凌我们,我们也用不着害怕了。"

"哥哥你……早点回来。"看着大步离去的衷的背影,两个弟弟蹲在地上痛哭起来。

秦国后宫，莲花池畔。

两位太后，华阳太后与夏太后，正坐在树下聊天。

华阳太后笑道："昨日昌平君送来的楚鱼，是从洞庭湖中捕来。本宫已足足半年没有吃到了，那回味犹甘，真是让人想念。只是服孝之年，不敢多食呀。"

夏太后柔声说道："姐姐，我们对主上最大的孝，对夫君最大的情意，莫过于帮着孩子们把国家政治理好，至于礼仪上的规程，尽心尽意，不在形式。"

"也对，"华阳太后道，"只是大王还在服孝，要待一年才能主政。好在这个国家自有一套运转体系。大小职官各在其位、各司其职，倒也是个休养生息的好契机。"

夏太后尚未接话，一个宫人趋步而至："两位太后，昨日替昌平君送鱼的那个人，又进宫来了。"

华阳太后嗜楚鱼如命，闻言大喜："莫非昨日昌平君有藏私？今日又有楚鱼进宫？快，快让他进来。"

宫人有些为难："可是太后，按律法……"

华阳太后大怒："律法循规，古有成例，第一条便是君之命，第二条才是成文法。本宫吩咐他进来，这难道不是国法吗？"

宫人犹豫片刻，索性一咬牙："太后之命，婢子断不敢遵，那人不是自己来的……"

华阳太后大声斥道："我管他是不是自己来的！小馨你个该死的，竟敢阻拦本宫吃鱼？信不信本宫即刻就把你嫁出去，翅膀硬了是不是？想反天了是不是？"

"太后恕罪……"宫人急哭了，"婢子……婢子是为太后的安危着想……"

华阳太后冷哼道："少来这一套，本宫就是想吃尾鱼而已，就不信本宫有那么多的仇家，名声坏到这种地步。本宫今天偏要俯尊亲民。你敢不听，以后就别在我身边伺候了。"

那宫人小馨是华阳夫人最疼爱宠溺的，此时竟然发生争执，只有夏太后知道，那是华阳夫人嗜鱼如命，听说有楚鱼吃，什么也不管不顾了。她就笑着劝解道："小馨，你无须急成这样，多叫几名宫监，让他们小心提防着点就是了。"

小馨长松了一口气，领命下去，先命数十个宫监，团团护在两位太后面前，才传唤宫外之人进来。

进来的外人，就是衷。

他的身后，跟着一个年轻美妇，一个八九岁的孩子。

看着进来的三个人各提一只食盒,华阳太后急不可耐:"昌平君到底运来几尾楚鱼?再这样故意惹本宫牵肠挂肚,本宫以后就不喜欢他了。"

衷跪地,将食盒高举:"太后,你且吃了这尾鱼,小人还有天大的好消息要告禀。"

华阳太后挥手道:"好消息暂先搁在一边,本宫先尝尝这尾鱼再说。"

小馨上前,仔细查看食盒,见确是一尾犹冒热气的清炖楚鱼,这才接过来,呈献给华阳太后。

华阳太后一边吃,一边吩咐道:"第二条给我妹妹,第三条也是本宫的,本宫此生,唯吃而已……这是什么?"

华阳太后的筷箸,触碰到鱼腹中藏着的一物。

她好奇地夹起来细看。这时候,随衷入宫的美貌妇人,突然抬头:"母后大人不记得了吗?十年前,母后收我夫君为子,金牒为凭,玉符为据。生生不忘,世世不负。而今母后大人所见,正是那半块玉符。"

华阳太后啪的一声,把那东西砸下:"你是何人?"

"儿赵氏,为母后尽孝来迟,万死之罪。"

那少年也在这时开口道:"孙儿政,给两位祖母见礼。"

第二卷　登王位

九岁那年，秦始皇与母亲赵姬跨过了漫长的逃亡路，
终于回到秦国。
但秦国并不欢迎他。
除了强硬的秦系本土势力的敌意，秦始皇还面临着一个更艰难的挑战，
他的父亲已经在六年前迎娶了赵国的宓公主，并生下公子成蟜。
秦国人视成蟜为王位的合法继承人，对远道而来的秦始皇充满了敌意。
秦始皇试图让国人接纳他，但迎接他的是一个又一个阴谋暗算，
几度险死生还，最终仍被流放旧郡。
他距离秦王之位，越来越远了。
那么他是如何登上王位，称孤道寡的呢？

第九章　权力角逐
谁驯服它，它就属于谁

一排甲士持戟疾奔，簇拥着中间饰着孝物的王车。

车行疾速，车帘晃动，现出车中面带茫然之色、一袭孝衣的秦王子楚。

车仗进入王宫，子楚落车，宫人小馨向前执礼："婢子为主上引路。"

跟在小馨身后，子楚匆匆走着，边走边问道："母亲突然唤寡人入宫，究竟是何事？"

宫人小馨恭敬道："主母有命，婢子不敢有违。"

"嘿，还不让说？"子楚更加诧异，"那你总得告诉寡人，是好事还是坏事吧？"

小馨思虑片刻，答道："或喜或忧，凭主上心意而决。"

子楚失笑："这越说越悬了。再敢这样逗寡人，信不信寡人登位后第一桩事，就是替你找个丑丈夫？"

小馨冷脸不答，只是加快脚步。

须臾，便到了宁和宫，子楚抬眼，就见养母华阳太后与生母夏太后，一左一右，并排落座于上位。他心下越发狐疑，上前跪倒："儿子楚，累两位母亲不得歇息，必是儿子未尽孝心之过。"

"大王是否尽了孝心，诸人自有公论。"华阳太后冷冰冰地说，"秦王正于灵前守孝，我们两个却突然唤了你来，你一定困惑迷茫吧？"

子楚恭恭敬敬道："母后大人，儿子有错，恭领责罚。"

夏太后接过话来："大王有何错？"

子楚迟疑道:"儿子……疏失了宫里的照拂……"

华阳太后低声笑道:"大王还是懵懂,本宫就直说了吧。刚刚,就刚刚,我们两个讨人嫌的老家伙,已经睡下了,却忽然做了个奇怪的梦。梦到我那远在赵国的儿媳妇,还有我的孙儿政,眼里含泪,一身是血,向我发出凄厉的求救声:'祖母,救救我,救救我……'这可怕的噩梦,把我吓醒,只感心惊肉跳,惊恐不已。再也睡不着,就去找妹妹聊聊天,不承想妹妹也和我一样,做了个一模一样的梦,都是梦到我那苦命的儿媳和孙儿被人害了。"

子楚听了,呆怔半晌,强笑道:"母亲大人,日有所思,夜有所梦,这是你过于挂念媳妇孙子了。"

华阳太后叹道:"然而秦王,我的儿媳赵氏和孙儿政,此时何在?"

子楚被问得措手不及,迟疑片刻,答道:"他们应该……正在回来的路上,寡人已经派了吕不韦,带着那两个最得力的门客,李斯和茅焦,去赵国接他们了。"

华阳太后问道:"吕不韦走了多久?"

"一个月有余吧。"

华阳太后追问:"人接到了没有?"

"接……到了。"

"那么他们此时走到了何处?"

"应该……就快要到了。"

"你人在咸阳,为父守孝,如何知道他们就快要到了?"

"母后大人,这不是有书信吗?"

华阳太后问:"书信何在?给本宫看看。"

一连串的追问让子楚应接不暇,但话已出口,子楚只得硬着头皮答道:"书信……一时间忘放哪儿了,等明儿个找到就给母后送来。"

华阳太后厉声道:"君王信柬,皆国之重典。大王说书信找不到了,那就是主掌职官的失职,这披麻戴孝的节骨眼上,要不要究责问罪呢?"

听闻华阳太后此话,子楚的心猛地一跳,试探道:"……母后大人,你们是不是……"

夏太后猛然立起:"是的,我们都知道了。不然,我们为何唤你来?"

华阳太后也立起:"说吧,本宫要听一句实话,我那可怜的媳妇和孙儿,到底怎么样了?"

子楚长跪,恸哭:"寡人无能,有眼无珠,不敢诉之于两位母亲。前者,寡人派了公冶春、公冶秋两兄弟，带了六百人众，前往邯郸接回政儿母子。可万万没想到变生肘腋，祸起萧墙。那公冶兄弟二人表面忠义，却包藏祸心，他们于邯郸城中，伪造王令，悍然夜攻政儿母子所在的龙居。寡人听说，龙居主人公孙龙，于烈焰中鼓瑟高歌，化鹤归西，政儿母子二人，就此……"

哭了半晌，子楚恸道："儿子不敢把这个消息告诉母后，并非故意隐瞒，实在是……实在是怕母后知道后伤心，损及贵体……"

华阳夫人走到子楚面前，俯身看着他："孩子，你很伤心是不是？"

子楚大恸："是的母后，儿子伤心欲绝。"

"既如此，本宫让你见两个人。"

华阳太后说罢，就听脚步声起，赵氏牵着赵政的手，从屏风后走出。

子楚的瞳仁倏然收缩，泪飞长笑："寡人看到了什么？夫人！政儿！真的是你们吗？真的是你们吗？"

明月公主的马车，就在王宫大门对面斜侧的一个店铺前。

看着衷带着赵政母子入宫，看着服孝的子楚入宫，又看到子楚满脸惘然地从宫里出来。

公主坐在车上，赵樽则席地而坐。两人一人抱一个比人脑袋还大的烙饼，费力地啃着。

明月公主才吃两口，赵樽已经吃完了手中的大饼。他心下狐疑，看着空空的两手，好像那烙饼不是他吃掉的。他又舔了舔手指，问道："公主，适才我们所食是何物？"

明月公主狐疑地看着他："你是真没吃过，还是装糊涂？这是秦地名吃，名锅盔。你到底想问什么，就问好了，如此弯弯绕绕，有失武人风范。"

"武人哪儿有什么风范？只有疯狂。"赵樽道，"小人还是弄不明白，秦少主母子二人到底是怎么进的城？衷押解囚车入城之时，被秦王手下的黄衣人当场堵截，逐一验查。当时的情形我们虽然站得远，却也看得清楚、真切。车中七人，确系死囚，并没有混入秦少主母子。所以这古灵精怪的两个人，到底是怎么混进城来的呢？"

明月公主鄙夷道："你有这眼力见儿，还会沦落为死士吗？早就获封……封……封个长平侯了。"

赵樽神色肃穆，跪下磕头："小人谢过公主之封，感恩戴德，誓死以报。"

明月公主呆了一呆："好你个顺杆爬的滑头，刚才咱们说到哪儿了？"

赵樽起身，答道："适才说到秦少主母子，并不在囚车里。而且他们体形特殊，一个孩子一个美妇，也不可能混入役夫之中。那样他们在入城时就会被发现，然而他们到底是怎么进来的？"

明月公主没有直接回答，而是问道："赵樽，还记得在行司隶衙门前，衷三兄弟交割了死囚之后，两个弟弟突然发难，举矛欲刺的时候吗？"

赵樽当然记得："对，那两个弟弟或许……想要活动一下筋骨。"

明月公主扶额："活动什么活动！那是衷的两个弟弟看到了情形经过，可是当时不敢说，事后更是吓破了胆。"

"公主，你等等……"赵樽双手扳着自己的脑袋，"感觉答案呼之欲出啊，可就是说不明白。干脆还是公主告诉小人好了，想得头好疼。"

明月公主越发恨铁不成钢："那你长脑子干什么？干什么？"

赵樽笑嘻嘻地答："公主呀，脑子跟脑子能一样吗？猪还有脑子呢，不照样挨刀？"

明月公主长叹一声："你……算了，提醒你一下。智慧就是非无非有，非有非无。秦少主母子如若进城，只能钻进衷押解的囚车里，这样才会逃过军士查验。所以他们的确是冒充死囚，混进城来的。但秦少主母子何等聪慧，知道利用衷三兄弟的军中私谊，只能瞒过极短时间，很快就会被子楚派来的人觉察。因此他们必须要在进城之后，迅速离开囚车，唯有如此才能达到有亦非无，无亦非有，人在囚车又不在囚车的目的，这才显现智慧本义，晓得咯？"

"不是……那个……"赵樽听得快要哭了，"人在囚车里，就是在囚车里。不在囚车里，就是不在囚车里，怎么可能既在囚车里，又不在囚车里呢？"

明月公主怒道："你傻呀，你不会等囚车刚刚进城，就立即从囚车里钻出来，换个事先安排好的人进去？"

"唉！"赵樽跺脚，"难怪衷的两个弟弟冲他比画长矛，他们亲眼看到自己押入城的死囚，突然钻出囚笼，混进人群跑掉。而押送的役夫却钻了进去，负责鱼目混珠。当时那两个可怜弟弟，一定是吓得快要疯掉。"

明月公主出神地看着王宫，缓声道："进城，只是秦少主母子步入危险的第一步。他们若想活着见到丈夫或父亲，只有来这里，只有在这个地方。

"于赵政而言，只有他的奶奶，才不会杀了他，向另一个儿媳邀功。但其他人，都有着这样做的理由。这咸阳城中，每个人都有杀他的动机。

"天下皆说可杀，你看这秦少主把自己混得。"

辞别两位母后出宫时，子楚吩咐了一声："命相邦到寝龙宫来见寡人。"

所谓寝龙宫，是停厝两任秦国君王的灵堂。大半个王宫腾出来，院子里搭起灵棚，作为国家的继任者，子楚须得在这里斋戒一年，只食清水和最粗糙的食物。还要按规仪每日三次长恸，哭声的节奏一定要把握好，不可不悲，亦不可过于悲伤。不悲伤是为不孝，太悲伤则伤害身体，影响到治理国政，更是大大的不孝。

子楚感觉心很累。

有时候，他宁肯这里躺着的是他自己。

疲倦噬骨之际，吕不韦衣冠不整，匆匆来到："主上，小臣来迟，万死之罪。"

子楚问道："相邦，邯郸那边，到底是怎么个情形？"

吕不韦一怔："主上有此一问，是赵氏母子归来了吗？抑或是有了消息？"

子楚如实道来："他们此时已经入宫，正在服侍两位太后。"

吕不韦咧嘴乐了："恭喜主上，能飞出那铁桶似的邯郸城，主上是第一人，他们是第二个。"

子楚理了理袖袍，道出心中疑惑："邯郸倒也罢了，寡人只是想问问相邦，这咸阳城又是怎么回事？"

吕不韦叹息一声："主上是否还记得，六年前，我们是如何进入这咸阳城的？"

子楚皱眉，露出不悦之色："……寡人已是至尊，还要再提那些丢人现眼的事吗？"

吕不韦不赞同地摇摇头："说出去固然是丢人，但唯小臣与主上心知，那是非凡的智慧。"

子楚缓慢地点头："也有道理，但你不说这事倒也罢了，说出来寡人就气不打一处来。六年前对手步步设伏，狙杀手段不尽其数。寡人为了混入这咸阳城，不得不让茅焦那王八蛋把寡人易装为妇人，这也就罢了，一路上他还上下其手，对寡人大肆淫污……如今茅焦已经躲了寡人六年，他还能躲多久？"

"……主上，咱们现在不是在说茅焦的事，咱们说什么来着？主上，你看我这脑子……对了，小臣的意思是说，主上当年进入这咸阳城，如此窘迫尴尬，只是因为我们行走在权力的路上。权力有权力的规律与规则。这规则近乎是一成不变的，甚至可以说是固化成文的。

"权力的规则就是，贵胄血统只是权力的授权。而授权赋予我们的实际权力，尚不足百分之十。至少还有百分之九十的权力，要靠我们狼一般的意志、虎一般的雄心、狐狸一样的机诈，以及狗一样的顺从隐忍才能换来。主上啊，权力岂有天授之说？那是靠着无尽的智慧、机算、权谋，一点一滴打拼出来的啊！

"权力之路，从无半点侥幸。

"步步是血，声声是泪。

"唯有一拳一脚打出来，一刀一剑拼出来。

"当年主上走过的路，如今的少主与赵氏，也要一步不少地走过来，少走一步都不行。权力之路，正如一个孩子的成长，父母自己是孩子时，会拉得屎尿满地皆是，而当轮到孩子，自然也要有这么一个过程。无论父母的地位多高、权势多大，有一样东西是永远无法帮助孩子逃过去的，那就是成长，那就是行走自己的人生之路。"

说到这里，吕不韦来了情绪，手舞足蹈，纵情高呼："主上啊，什么叫权力？权力是一匹美丽的野马，谁驯化了它，它就是谁的。主上啊，这里是什么地方？这里是秦国咸阳。咸阳正是一匹野马，如今驯马人自邯郸而来，这匹性子暴烈的野马，岂会那般顺从？当然是要迎头先给一个下马威，这有什么不对吗？"

子楚被吕不韦的亢奋弄糊涂了，"相邦，你到底在说些什么？"

吕不韦急忙收敛："主上，小臣正在请人代笔写部书，书名叫《吕氏春秋》。有所思，有所念，所以适才才会失态，请主上降罪责罚。"

"这大孝的日子，如何罚你啊。"子楚叹息道，"相邦，寡人唤你来，是担心……担心如果这座咸阳城，对政儿母子表示出过强的敌意，这会不会影响到赵氏与寡人的夫妻情义，还有政儿与寡人的父子亲情？"

吕不韦失笑："多虑了，主上多虑了。政儿母子何等通情达礼，岂会把自然规理怪罪于君父？更何况，主上于这咸阳城中六年，经历了几多屈辱？受尽了多少磨难？若这些都未曾影响到主上的心性，又如何会影响到他们？"

子楚吃力地坐下："相邦，咱们说的不是一码事。寡人是在说政儿母子入秦，对政局造成的冲击与变化。你却只知一味地唱高调。呃……今天这次谈话，让寡人感觉很累，很累。"

悠长的筇笛声响过三次，秦国朝臣俱着黑衣，伏拜于地："臣下奉迎两位太后。"

华阳太后在左，夏太后居右。两个被赋予帝国最高权力的人，各执长孙的一只手，后面跟着拘谨低头的赵氏，徐徐转出。

扫一眼伏拜的臣属，华阳太后开口了："穆穆先祖，敬明其德。敬慎威仪，维民之则。允文允武，昭假烈祖。靡有不孝，自求伊祜。先者，天不佑我大秦，两代帝君仙去。国失其主，何其痛哀？更可怜的是我的儿媳、长孙，俱自飘零在赵，徒有归乡之念，恨无两翼在身。然幸苍天垂怜，神灵庇佑，昨夜花开庭堂，一轮明月在天。我的儿媳长孙，涉行千里，步步危艰，终在本宫姐妹的苦苦思念之中，回到了我西秦家园。是以今日于宗庙之上，先祖灵前，让我的儿媳、长孙为先祖敬奉炷香，以谢苍天之佑，以还神灵之愿，以敬臣属之忠，以报国人之望。"

言罢，华阳太后牵着赵政的手，夏太后牵着赵氏的手，引指他们向前。敬奉过灵香之后，他们就正式认祖归宗，赵政将恢复本名嬴政，赵氏也将获得夫人的诰封。

按照规程礼范，秦王子楚，小步前趋，准备带着夫人和儿子完成仪礼。

可是他刚一抬腿，后面有个人扯住了他。

敢触碰君王之身，那是大不敬之罪，何况大咧咧地拉扯他？是以子楚大怒，回头一看，顿时更怒。

后面是张涎笑的丑脸，正是齐人茅焦。

子楚轻斥道："去廷尉处自领刑罚，自打邯郸归来，寡人找你找了六年了。"

"大王……"茅焦丑丑地笑着，"大王既然见到我，就应该知道大事不妙。"

子楚怒极："仪程重典，你胡言乱语，这是死罪知不知道？真以为寡人不会杀你？"

茅焦视死如归："正因为小臣已经死定了，所以他们才推我出来。大王，你的夫人和孩子，今日怕是有大麻烦了。"

子楚气炸，一把掐住茅焦的脖子："你在胡说些什么？"

茅焦被掐得透不过气，仍然挣扎着说："大王想掐死小臣，小臣不敢反对。但是大王你好歹让小臣把坏消息说出来啊。"

子楚向后看去，只见往日里紧随身后亦步亦趋的随从，此时一个个惊慌失措，正忙不迭地退后躲远。子楚忽感后脊发凉，手上不由一松："到底是什么坏消息，让他们推你来送死？"

茅焦吃力地揉着颈部："大王，昨夜城中，发生了两起凶杀命案……大王先别急，听臣下跟你慢慢道来。昨夜一个死的是奉常大人叔孙壶，叔孙大人表面上斯文儒雅，朝堂上说话如唱歌，实则暴戾非常，性喜挞伐奴隶。昨夜他酒喝多了，非要斫下一个奴隶的脚。那个奴隶苦苦哀求无果，情急之下夺过了叔孙大人手中的刀，一刀扎死了叔孙大人。"

"这……"子楚转动眼珠，一时间无法理清茅焦所述的事情要点。

趁此机会，茅焦语速飞快地说下去："大王，第二起命案，死的是巫祝支离滑。支离大人来自安定朝那县，很远很远的所在，所以把阖家都带到了咸阳。他有个弟弟，名叫支离疏。臣听说支离疏貌丑如鬼，污秽不堪。然而支离疏人虽然长得丑，但是想得美。他看上了公子缪府中的四公主，就强迫哥哥假宣神灵之意，让公子缪将四公主许配给他。支离滑知道这根本不可能，就斥责了弟弟一番。不想支离疏怀恨在心，就趁昨夜支离滑入宫，登车不备之际，突然从背后一斧头击碎了哥哥的后脑。"

说罢，茅焦如释重负地松了口气："主上，就这两件事，说完小臣走了。"

"你给寡人站住。"子楚揪住茅焦，"刚才你说什么？你说奉常叔孙壶和巫祝支离滑都死了？而且偏偏都死在昨夜？"

茅焦点头："对。"

子楚终于抓住重点："你……你莫非是要告诉寡人，压根没人教过寡人的夫人和儿子祭神之时的规仪与巫舞，对吧？"

茅焦再点头："对。"

子楚吼道："你是说……他们两个只能这样上去了……"

茅焦硬着头皮再点头："对。"

"你……"子楚差点疯掉，再次掐住茅焦的脖子，"你，你，你这该死的，马上给寡人想出办法来，绝不可让他们两个在这神圣的场合失礼，那会贻笑列国朝堂，彻底葬送他们的前程。你必须要想到法子，不然寡人就杀了你。"

茅焦长叹一声，劝道："主上杀臣容易，但要说想个办法解决问题，臣建议主上还是省省吧。"

子楚愣住："那……那我们只能干站在这里，看着他们在众目睽睽之下，在宗庙社堂之上出丑？"

茅焦摇摇头："还有第二个办法。"

子楚大喜："什么办法？"

茅焦一本正经地建议道："主上也可以选择闭上眼睛不看。"

子楚怒火中烧："滚出去！"

赵政在前，赵氏落后儿子半步之远。

两人俱一身黑衣，各执香炷三支，低首俯身，缓缓趋步向前。

按仪程，母子二人应该在趋出一十二步后，向左跳三跳，向右跳三跳。这些本应该由奉常大人叔孙壶告诉他们，并让他们演练至纯熟方可。只是叔孙壶大人已经被奴隶一刀扎死，根本没人跟母子二人说起这事。所以母子二人并没有左右三跳，而是继续奉香趋步。

再前行，本应该是巫祝大人上前载歌载舞，唱支灵气森森的歌子。可是巫祝支离滑，昨夜已经被弟弟一斧破开了后脑勺，他也不可能出来歌舞。但是巫祝大人的十二个弟子，六个小男巫和六个小女巫，仍然机械地舞着鬼步，挥动手中的灵幡出来，并绕着母子二人旋转。由于失去了现场的核心人物，他们的灵舞机械而僵硬，透露出浓烈的恐慌情绪。

赵氏母子二人，先是静寂不动，慢慢地，诸人注意到，他们一直在微微摆动身体，幅度先是极小，然后逐渐加大。慢慢地，他们与十二名巫者一同舞动起来，一支凄凉的歌子，就在这时候悄然响起："济济多士，克广德心。桓桓于征，狄彼东南。烝烝皇皇，不吴不扬。不告于讻，在泮献功。"

听到这首歌子，华阳太后瞳孔倏然放大，不由自主地站起来，向前走了两步。

那是楚地歌子，是华阳夫人梦中萦绕的乡音。

短歌罢，她看到赵氏母子二人，已到了神灵牌位之前。而赵氏的身体，配合着巫者的节律，转向了厅堂臣属。

只听她振声说道："大秦女子赵氏，奉我先祖之簋，木之春，火之夏，金之秋，水之冬，于此敬奉南山大梓。昔者我祖文公二十七年，伐南山大梓，以为神灵，丰大特。是此岁岁朝拜，年年祭祀，以佑我朝万世寿昌。"

语罢，十二巫者再次短舞，赵政转过身来，朗声道："大秦小子政，奉我先祖之觥。冬不减，夏不增，停不流，静无风。昔者我祖千余万年，生于湫，见于渊，有神灵大沈厥渊，出于湫水。有神灵亚驼，现于渊水。是以草木丰盛，地望正合，世世铭记，代代供奉，以祀祚兴。"

赵氏母子祭毕，臣属官吏竟然齐齐发出巨大的唏嘘声。

无怪乎所有人一起失态，盖因同朝为官，大家都不止一次参加了此类盛典。每一次，所有人都恭恭敬敬地站在神灵面前。然而恭敬归恭敬，大家对于灵位上的几个神祇，都不太了解。按理说这应该是由巫祝向大家解释清楚的，但每一次巫祝解释过后，大家反而更糊涂了。越是糊涂，越是没人敢问，神灵可不是跟你开玩笑的，你问得不对，万一激怒神灵怎么办？

是以巫祝一族垄断了朝政与天庭对话的特权，巫祝说让君主跪下，君主须得跪下。巫祝说让君主趴下，君主须得趴下，连半点反抗的念头都不敢有。说到底，就是从君王到朝臣，都摸不透这几尊神灵是什么来头，因此陷入了无知的恐惧。

万不承想，赵氏母子出场，借归宗之际，竟然将秦人尊奉的神灵来历，给大家一次性解释清楚了。

秦人供奉的神灵有三位，两位是水神，出自湫渊之地，那是秦人族裔兴起之地。还有一位神祇是巫咸，是蜀地与楚人供奉的十巫之一。而在解说中，赵氏申明巫咸是药神，具有滋润苍生的母性情怀，这与华阳太后在宫中的位置丝丝入扣，令老太后狂喜交加。

赵氏母子礼毕，徐徐退回。

华阳太后一把抱住赵氏："媳妇，今晚让人把我们姐妹旁边的宫室腾出来，你以后就和我们住在一起，怕只怕你会因此受些委屈。"

赵氏落泪："母后大人，孩儿能得机会尽此孝心，赎补这许多年来对母后的疏离之苦，这都是神灵庇佑，喜极欲泣，岂会有委屈之说？"

夏太后则哭着把长孙抱在怀里："孙儿，以后你就是嬴政了，我大秦无可争议的嫡长，让奶奶好好疼疼你。"

子楚亢奋地不停搓手："原来我们秦人祭奉的神灵，是这么个来历。突然间弄清楚，感觉好像不那么恐惧了。"

他转过身："茅焦呢？"

身后的随从禀道："主上，茅焦刚才跑了……"

子楚咬牙道："又跑了？让寡人逮到，要他好看！"

等到两位太后的激动情绪平复，嬴政向父亲走过来跪下："父王，儿子让你失望了。"

"那倒没有。"子楚扶起儿子，"我们秦人祭祀的这些神灵，除了巫祝之外，没有人知晓。你们母子从何得知？"

嬴政道："君父见问，岂敢有瞒？儿子在邯郸时，曾受教于孔子的六世嫡孙、儒门高士孔穿先生，是他告知儿子的。"

"那就对了。"子楚以拳击掌，"儒家这些混混，正经事弄不明白，但说到给谁磕头，他们门儿清。礼是儒家的吃饭法宝，政儿你学有所成，当知为父之苦心。"

嬴政点头："政儿明白。"

"嗯，"子楚拍了拍嬴政的肩膀，"稍后你送你母亲和太后回宫，再来见过公子诸臣，须知日后你在咸阳面对的困难，未必比邯郸更好对付。"

嬴政躬身："儿子知道轻重，不敢掉以轻心。"

嬴政随父亲子楚步入灵堂旁边的一间简陋议事厅。

丧仪有制，必须要简陋到不能再简陋。房间里除了十几名公子朝臣跪坐的草垫之外，再无一物。

嬴政坐于父亲下首，正对着王公朝臣居首者，以及那一道如看怪物一样的眼神。

标准的乡农打扮，光头，赤脚，身上披件破破烂烂的襞衣。满脸的风霜，手脚上的茧子厚到锥子扎不透。这就是秦人最崇仰的贤公子子傒。公子老了，但身体依然强健如少年。

子傒是子楚的叔叔，也是前任秦安国君争夺君位最强大的敌手。安国君赢了，却只做了三天秦王就死了。子傒输掉了王位，可是仍然活着。最可怕的是，他的势力仍在，而且比此前更强大。

子傒的对面，是子楚赖以仰仗的新贵吕不韦。但在子傒的威势面前，吕不韦这个国相，明显有点儿气短，如受气的小媳妇一般，头都不敢抬起。

子傒下首，是子楚的几个弟弟，公子洹、公子泺、公子盉、公子液，以及一个年龄十一二岁的小女孩，她是子楚的妹妹，公主姚。姚瞪着一双乌溜溜的眼睛，气恼地打量着嬴政。这就是传说中的秦国本土势力，他们对于华阳太后一手遮天极为不满。对在华阳楚系支持下获得权力的子楚，也充满毫不掩饰的敌意。

吕不韦那边，依次而下是楚系昌平君，以及昌平君的弟弟昌文君，再加上十几个叫不上名堂的小官吏。

只是扫视一眼，嬴政心里就说不出的绝望。

父亲子楚这边的势力实在是太弱了！难怪父亲不住口地称呼自己为寡人，估计子楚心中也有不祥的预感，觉得自己做秦王的日子不会太长久，所以赶紧过过秦王的瘾，免得哪天祸起萧墙，就再也没机会炫耀了。

"哈哈哈——"仿佛窥破了子楚父子的内心，贤公子子傒，放声大笑起来。

声如洪钟，中气十足，震得檐顶瓦片几欲作响。

子傒率先开口："太子被困在邯郸多年，终于回归故国。这对我们大秦而言，绝对是个好消息，盖因国家的兴旺昌隆，取决于君王的春秋鼎盛。适才见太子祭祀神灵，也歌得，也舞得，小小年纪有此作为，实乃我秦人之福呀。"

子楚装作听不出对方的讥讽，笑吟吟地道："寡人也是这样想的。政儿生在邯郸，回到咸阳尚不及三天，宫里两位太后思孙心切……"

子傒毫不客气地打断子楚的话："太子，你既从邯郸归来，在赵国时，可曾听到过什么好玩的故事吗？"

突然提出这么个问题，无非是让嬴政主动拒绝父亲的保护。对方的剑已经刺上来，嬴政自然不能逃避："大人所问，莫非是赵国左师触龙说服威后的旧事？"

子傒假装懵懂："触龙说服赵太后？这样也行？说来听听。"

吕不韦心急，张嘴想要说话，子傒却一瞪眼睛："这里是大秦议事之堂，不是升斗计量的两尺柜台，客随主便的规矩不懂吗？藏短隐拙的道理用得着教吗？"

吕不韦气得脸皮涨到青紫，可若是直接与强势的子傒对抗，莫要说他，连秦王子楚都要掂量掂量。

在位仅仅三天的安国君，活着时还可以压制子傒的势力，说到底安国君终究是子傒的兄长。可安国君死得有点儿快，留下来的这个烂摊子，都是小子傒一辈的子侄辈，根本无力与之抗衡。

九岁的嬴政，只能睁着眼往人家设的套里钻："回大人的话，左师触龙说服赵威后这件事，发生在小子①出生前六年，那一年我大秦雄师猛将，与赵人会猎于许。赵人兵溃如山倒，连失三座城池，遂向齐国请求救援。但齐人要挟说，一定要赵威后最小的儿子长安君做人质，否则不会发兵相助。赵威后心疼幼子，不肯答应。是以赵左师触龙求见太后，先聊了些家常，说道：'做父母的，最疼不过的是自己儿子。但对儿子最好的爱护，是让他面对困难，勇敢成长。怕就怕王孙公子，生于深宫之中，长于妇人之手，不懂民生疾苦，不明是非道理。如果留长安君在太后身边，那他永远也长不大，永远只是个孩子。除非让他去齐国做人质，经历千难万险，经过千锤百炼，才能成长为顶天立地的男子汉。'"

子傒听完后，俯身于子楚脚下，恭恭敬敬地磕了个响头，说："老臣恭领太子圣教。"

子洹、子渌几位公子，也同时站起来，对嬴政冷笑一声，一起出去了。

子楚的脸色青一阵白一阵，说不出的难看。

吕不韦气愤地嘀咕了一句："目无君上，无法无天！真的以为这大秦天下，

---

① 小子，自称谦词。

就是他们自己家的？"

子楚摆摆手，意思是忍了吧。

然后子楚转向嬴政："政儿，跟他们去吧。"

灵堂之内，白幡翻卷。

子傒立于两代君王棺前，一动不动，显得心事重重。

嬴政走过来："大人。"

子傒叹息一声："我知道，太子对于老臣刚才慢辱君上之举，心里有气。"

嬴政忙否认道："不会的，大人多心了。"

子傒失笑："怎么可能不会？忧怨积愤，人之常情。我活这么大岁数了，岂会不明白这么简单的道理？"

转过身来，他看着嬴政，说道："老夫何尝不知道，依我刚才之言行，推出去杀头一点儿也不冤。我之所以这么做，不是欺君上势力孤弱，而是老夫心里急呀。"

突然间他一把拉住嬴政的手，把嬴政带到窗前："孩子，你看那八百里秦川，你看那函谷关外，无尽的锦绣河山！你看这黄河绵延不断九曲十八弯，你看长江浩浩荡荡奔涌到天边。孩子呀，昔我秦人先祖，不过是周天子的御者，被周天子分封于此，守护边陲疆土。中原纷乱，逐土分疆，何曾与我秦人有过关系？齐国曾经强大过，楚国曾经强大过，晋国更是曾经强大过，那古老的历史啊，晋国把我们秦国按在地上肆意殴打，我们秦人曾无数次地在暗夜里哭泣，卑微地抱头求饶。我们秦国，曾无数次被压迫到灭国的边缘，然而时过境迁，风水流转，那昔年强大无匹的国家，终至风吹云散，沦为白蛆一样蠕动的存在，任人踏践。

"孩子，你可知道这是为什么吗？是舒适，是颓迷，是对软玉温香红尘富贵无尽的追求。

"是啊，人生在世，短短几个春秋，又何必非要苦着自己？可是孩子呀，这世界是公正的，你享过的福，都要以无尽的屈辱为代价。你承受过的苦难，必有无穷的福祉来回报。

"孩子呀，你可以回到君父身边，回到后宫，回到太后与母亲的身边。在这人世间，再也没有人比他们更疼爱你，他们怕你冻着，怕你饿到，怕你累了，怕你苦着。他们会怕你无聊，带你玩许多快乐的游戏；他们会怕你寂寞，把最美丽的处子送到你床边。你所渴慕的一切，都会得到满足，毕竟举一国之力，满足一个少年的原始欲望，又算什么难事？

"你可以做出这样的选择,这是你的权利。

"可是孩子呀,你可曾听到无数甲士霍霍的磨刀声?你可曾听到四大公子无日无夜的密谋声?你可曾听到剑士与刺客午夜的奔行声?你可曾听到六国君王,矢志复仇雪耻的誓言声?孩子呀,现在是我大秦最强盛的时候,恰恰也是最危险的时候。我听说昔年武安君苏秦门下,再现于各国朝堂。一旦合纵之士再起,六国聚而合谋,其军队势将突破函谷关天险,届时秦川震动,山河日危,我秦人先祖不少于千年的积荫,顷刻间便会毁于一旦。我们的性命,就如狂风吹倒的大树之上的巢中鸟卵,再难保全。

"到那时候,于六国锋利的剑刃下,谁来救我们?

"谁来救我们?"

子傒仰天长啸,老泪纵横:"谁来救我们?"

"是你吗,孩子?"他转回身来,平静地看着嬴政。

子傒老大一把年纪,情绪变化非常快,适才还仰天长啸、壮怀激烈,转瞬间便冰消瓦解、气象景和。大起大落得太快,让嬴政反应不过来。

他好奇地端详着嬴政:"昨夜,君夫人到了我的铁匠炉,与我倾谈了几乎一整夜。听她说起,你几乎说服赵王加封你母亲为长陵夫人,甚至要给你封爵。但赵王却在最后一刻改变了主意,你知道这是为什么吗?"

"赵国加封的事……"嬴政好不尴尬,"父命见召,归乡心切,这不是我应该考虑的。"

子傒忽然换了个话题:"你自赵国来,当知君夫人。"

嬴政仔细回想:"……呃,曾在宫中见过一面。"

子傒眯着眼睛,缓声道:"君夫人,从未见过一个人的智慧,可以如此不凡。只可惜她是一介女流,身子骨又是如此羸弱,说朝不保夕也不为过。她终将是把我大秦逼入死地的女人啊,赵王对她言听计从。只可惜她生得太晚,到今年才十二岁,若她早生十年,当年的长平血战,一定会有个完全不同的结果。遥想当年,赵王临阵换帅,以纸上谈兵的赵括换下严防死守的廉颇,才导致了四十五万赵卒为我秦人坑杀。如果当时君夫人已经长大,赵国也不会遭此重创。若缺少了非凡的智算,就只能坐视军战之事。作战之时,变化只在瞬间,昔四十五万赵卒对阵三十万秦兵,双方的优势与劣势都在疾速变化之中,不到最后时刻,谁也不敢轻言胜败。为军为政,关键就是能否于瞬息万变之中,捕捉到那一线飘忽不定的战机。这种战争的艺术,运用之妙,存乎一心。复盘当年的旧战事,自始至终,都找不到我大秦取胜的理由。可以说当年的战事,三十万秦兵始终是在覆亡线上挣扎，甚至有将领因为绝望而自杀。只是一些极偶然的因素相互耦合，导致了人心与战情的瞬息翻转。都说我秦人残忍嗜血，将四十五万赵卒悉数坑杀。如果你处身于那宏大的战场上，以少对多、以弱对强，内心里充盈的只有无边的恐惧。你只能机械地举起长矛，连声嘶吼着，不停地刺向敌人，你根本不知道自己在干什么，根本不知道都发生了些什么。你只能向对手刺出一矛又一矛，一矛又一矛，直到你手中的长矛被人强行夺下，那人告诉你，你刚才刺死的，是四十五万赵卒中的最后一名，你赢了。那时节你只知道跌坐于地，号啕大哭。你根本不知道自己是怎么赢的，更不知道你已把天下人吓破胆，指责你坑杀四十五万赵卒，毫无人性、残忍血腥。可只有你自己才知道，兵家胜事，犹未可期。岂如那些白面书生摇唇鼓舌所言，一切都是简简单单、明明白白？"

子偊双手握住嬴政的双肩，凝视着嬴政的双眼："昔者黄帝与蚩尤战于涿水，忽然间惊雷大作、闪电四起，只见涿水翻覆，如煮开的沸汤。须臾，水中浮现一物，无首无尾，无眼无鼻，无嘴无耳，只是一个肥嘟嘟的肉球，下面长了四条腿。你可知此为何物？"

嬴政毫不犹豫地回道："此物乃宇宙之源，天地之由，名混沌。"

子偊又问："什么叫混沌？"

嬴政跪下："无始无终，无因无果，无阴无阳，无过往也无未来。混沌乃战争的艺术，是治国的智慧。政儿受教了。"

子偊并不看跪在他脚下的嬴政，只是出神地望着遥远的骊山："昨夜我和君夫人探讨了一夜，到底应该拿你怎么办呢？她竭尽心智，动用了赵国的全部资源，也未能阻止你们母子踏向权力之路，你们的意志是如此坚定，你们的脚步是如此执着，你们的愿望是如此炽热，你们的行动是如此果决，难道就没有什么可以阻止你们的吗？"

突然间他俯身在嬴政的耳边说："秦国若想雄踞列国，须得尽收最优质的智力资源。"

嬴政没能理解子偊话中的意思："什么？"

子偊意味深长地看着嬴政，幽幽道："让君夫人给我大秦太子，生个儿子。"

嬴政发出一声惊恐的尖叫："大人，我才九岁！"

子偊笑道："那又如何？"

嬴政吓得快要疯掉："我我我……我的意思是说，君夫人的身体犹如风中残烛，怕是撑不到我成年的时候。"

子偊收起笑容，正色道："所以你得抓紧。"

嬴政回到议事堂，看到厅堂里多了几名武将，蒙骜、樊於期、王龁与杨端和俱在其中，几个人头碰头凑在一起，正在商量各军将士的辎重与粮草输运事宜。

一个满脸愁容的老臣子，半坐半跽，将身体探向子楚，抱怨道："主上，事情就是这么个事情，堪称焦头烂额呀，老臣实在是头大如巴斗。自打各地设亭立县，国政管理越来越烦琐细碎，原有的卿相议事，根本就顾不过来。再好的脑子，也难免挂一漏万。是以这个三公府的建筑，早在两任先王在位时，就已经提上议事日程。不过主上，这事很奇怪，第一任匠作干得好好的，可是他老婆在外面偷人，因为想和奸夫天长日久，居然把匠作推到井里淹死了，还说丈夫失踪，大吵大闹朝主上要人。第二任匠作倒是没出问题，但负责为工程支度钱银的少府治……"

子楚是经过风浪之人，如何不知道对方正在给自己下套？眼看这套越下越深，只能拿眼睛去找吕不韦。

吕不韦硬着头皮凑过来："宾须大人，适才你说到前任匠作，被老婆推下井的事。这事本座也知道，那女人眉清目秀，弱不禁风，怎么看都不像个恶毒妇人，最后到底弄明白没有？她的丈夫到底是不是她杀的？"

那大夫名宾须无，是资格极老的臣子，对吕不韦这些外乡人素无好感，闻言斥道："当然弄清楚了，不是她杀的，难道是你杀的？"

"不是……"吕不韦讪笑道，"本座的意思是说，那女人最后伏法了吗？"

"伏什么法！"宾须无气哼哼地道，"这不是先君继位，大赦天下吗？那女人死罪得免，早就回家和奸夫天长地久了。反倒是仁者慈心的先君，却只在位三天。合着我们大秦几任君主励精图治，就为了给那女人和奸夫凑个铺盖？"

"说得也是。"吕不韦赞许地颔首，"还有……"

"还有什么！"宾须无斥道，"国相大人，你长点儿心好不好？你是大秦国相，不是街头巷尾的三姑六婆，老是问些家长里短，不嫌累吗？"

说罢，宾须无转向子楚："主上，咱们别听那些闲人东拉西扯，没听孔子说过吗？为政以德，治政唯正，如星拱北斗，为世间愚苦之人指明方向。孔子还说，君子之德风，小人之德草，草随风必偃。是以那三公府督造之事，先是因匠作这桩案子，被耽搁了好长日子。好不容易再次开始，少府那边又出了麻烦，负责给三公府工程度支银钱的司隶，在承欢楼喝多了酒，打死了楚国来的一个使者。案发之后他逃之夭夭，然后又是满城出动，三江四海地去抓他。人最后倒是找到了，可是他却被一个不法的富家私掳了去做奴隶，舌头给割了，牙齿给拔了,到底是怎么回事,那就谁也弄不清楚了。"

"好了好了,寡人都知道了。"子楚愉快地说,"咱们现在说下一个议题。"

"别呀主上,"宾须无拦住子楚,"这三公府督造之事,我不管跟哪位大人说,都躲我远远的。别人躲也就躲了,说到底他们不过是臣子而已,食君之禄,躲麻烦事,抢先头功,做太平官,那是混饭吃的应有之义。可是主上,别人躲得,你可躲不得啊,那是主上明年登位,面对的头一桩事啊。"

子楚难堪地扭过头:"寡人没躲,寡人就坐在这儿呢,寡人还能往哪儿躲?"

宾须无抓住时机,追问道:"那主上快点儿拿个主意呀,小臣这边都火烧眉毛了。"

子楚无奈扶额:"宾须无,你到底让寡人拿什么主意?"

宾须无眉毛一挑,梗着脖子道:"当然是派个能压得住场子的公子出来,负责督造三公府呀。若没个王家血统镇着,我一个孤老头子,说话谁听呀?"

"是呀,是呀,派谁去督造三公府呢……"子楚的目光转向几个弟弟,公子洇、公子泺、公子盉、公子液以及妹妹公主姺:"姺儿,你知道寡人最疼你了,给寡人推荐个人选吧。"

十二岁的公主姺,扑哧一声笑了:"主上哥哥,我知道你心疼政太子,生恐有失。可是问问在座诸人,谁不心疼他?我虽然只比他年长三岁,但我是他的姑姑,比任何人都疼他。

"可是主上哥哥,对政太子最好的疼爱,就是给他接受锤炼的机会。是让他成长,让他强大。有些事,他必须去做;有些坑,他必须要跳。这就是成长,难道不是吗?"

第十章　相爱相杀
我们活在情感中

　　吱呀呀，宾须无费力地推开门，太长时间未见阳光的霉腐气味扑面而来："太子，你来看。"

　　嬴政下马："宾须大人，你要我看什么？"

　　宾须无指向屋里："看看这片采邑，这就是少府划拨给三公府的费用。说到底咱们也不能怪人家少府，这不是失火了吗？太子，你可是亲眼看到少府衙司那冲天的火光。据说是天气太冷，三个夜间巡值的士兵，找了些木材点燃取暖。可是一阵风起，卷起几点火星飘向了少府衙司。那少府堆满了记录各郡县户口物产地形的竹简档牍。哎呀，我那大沈厥湫，匠作在督造这些竹牍时，那叫一个用心，那叫一个尽职尽责。一枚枚简页被削得薄如蝉翼，那可谓天然的引火之物呀。是以那几点火星顺风拂来，少府院中收藏的所有竹制文牍，立即化作冲天火光，全都烧光了。"

　　嬴政抬起手捂住鼻子，皱着眉头问："然后呢？"

　　宾须无唉声叹气："哪儿还有什么然后？有关国家各地的情形资料全都烧光，现在咱们全都是摸象的瞎子，什么也弄不清楚了。所以咱们的三公府，要想在主上继位时如期完工，就只能凭感觉凭印象，指定一个民收颇盈的采邑。"

　　嬴政挑眉："所以你就指定了这个金郡，挑选了这个银县？"

　　宾须无颔首："是的。"

　　嬴政重新看向屋内："可这些东西，到底是什么？"

　　"这个这个，说来话长。"宾须无讪笑道，"这是两年前，咸阳查抄了几家布商，抄出来的那些没人要的苦布堆放到了这里。这个，这个，当时的处置，有点儿拿这里当垃圾堆积场了，哈哈，哈哈哈。"

嬴政拿手捻了捻那苦布："挺结实的呀。"

宾须无摆摆手："不算是太结实，也就是颜色还正，都是黑色。这种布三年前也曾在咸阳流行过，可时尚这东西，就如同破茶壶，没嘴（准）。只不过一夜之间，新式的蹹布一进来，这些布就一钱不值了。太子，老臣的意思是说，如果咱们想要把这些布卖掉，换了银钱兴建三公府的话，咱们不仅不能收人家钱，还得倒找人家钱。这钱是搬运费，感谢人家替咱们把垃圾挪个地方。"

嬴政诧异："你的意思是说，银县的库府里，就只有这些东西？"

宾须无叹气，苦着脸说："如果只有这些，还不算问题。问题是不止这些，不止这些呀。"

顺着宾须无所指的方向，嬴政举目眺望，视野中是一望无际的荒凉原野，赤褐色的岩石星罗密布，间或夹杂着一小块灰白色的盐碱地。偶见一株生命力最顽强的骆驼刺，根部嵌入石缝，因为没有足够的土壤汲取养分，病恹恹的一副垂死的模样。

极远的天尽头，有当地乡人走过，佝偻着腰身，手中牵着的孩子，脑袋大得吓人。

一个字：穷！

穷到令人彻底绝望。

宾须无兴致勃勃地凑过来："太子呀，小臣来了之后，仔细地调查过的。这里以前一共有七百余户人家，但近几年来，有二百多家出现过饿死人的情形，至少有七十家全家饿死。有三百多家弃产逃亡，听说半数的人在途中被掳为奴隶，或是自己卖身为奴。还有一些人家子侄有出息，沙场上战死或是立功，能迁走的就全都迁走了。"

嬴政回过头来看他："那这片采邑，还有子民吗？"

宾须无轻声叹气："不能说一个也没有吧。但也只不过是七十多户的垂老孤弱，年轻人也有几个，只是智力不足，生下来就是个傻子。"

嬴政又问："既然如此，何以这里会被称为金郡银县？"

宾须无抚髯失笑："老夫事后才弄明白，这里以前有个体面人家，家有两子，长子名金，次子名银，是以以此命名。"

嬴政颔首："原来如此，我想知道这户人家后来怎么样了。"

"应该搬走了吧？"宾须无猜测道，"如果没有搬走，那也应该穷死了。

总之呢，太子，咱们得在这采邑，收到两万镒的金子，用以支付三公府的建筑开支。这个困难，不能说太大，总之就是处理个日常事务。对吧，太子？"

从金郡银县返回咸阳城，要走多半日的路。到达城门时，天已经快黑了。嬴政勉强赶在城门落闩之前进了城。

他先去寝龙宫给两代先王敬香叩头，并参见父王。

看着儿子风尘仆仆的模样，子楚有些心酸："政儿，有两个大夫上疏，称国孝期间，太子应该遵循大礼，足不出户，恭守于先祖的灵位之前，以示虔敬之心。如今太子归孝日迟，已是失了孝心。又不以孝礼为念，营营役役，净干些杂七杂八没名堂的烂事，所以后位及太子之尊，须当再议缓行。"

嬴政拿手搓了一下脸："父亲，此奏疏所言，俱在情理。"

子楚放下奏疏，四下望望，见周边无人，遂小声道："政儿，寡人有句话，一直想说给你们母子。你听后或有不快，但事涉国政，寡人却不能不说。"

嬴政躬身："君父之命，孩儿无所不遵。"

子楚回想起这六年发生的一桩桩事，感叹道："政儿，六年前寡人逃离邯郸，以为你们母子断无生路可言，所以回到这咸阳城后，就依与君夫人之约，娶了宓公主，生下了你弟弟成蟜。六年来你们母子悄无声息，所有人都以为你们已经不在人世了，所以都奉成蟜为太子。此番国孝期间，国中正酝酿惊天阴谋，八方风雨，四面合围，要力阻你弟弟登上太子之位。原本寡人与吕不韦，已拟定了应对之策。不料想意外消息传来，你们母子犹在人世，而且成为了龙居关门弟子。是以寡人之心，既喜不自胜，又有苦难言。"

说到这里，子楚舔了舔嘴唇，抱怨道："得知你们母子的生讯后，寡人立即与吕不韦于密室之中，推演了你们母子的生存策略。

"上策是借龙居的影响力，游说赵王，获得赵国的全力支持。最好是让赵国出动几十万兵马，护送你回秦。届时你无论是想成为太子，还是继寡人之位，都由你。

"中策是勾连秦赵两国，借秦国之力，压制赵国，迫使赵国加封你们母子。再借赵国之力，给寡人这边施加压力，让寡人也不得不加封你们。到时候你同时拥有两国爵位封地，进可以攻，退可以守，纵然混得再差，也不亚于赵之平原君、魏之信陵君、齐之孟尝君，及楚之春申君。

"下策就是不顾一切地回国。你若回来，就会让赵王失去人质，必然激怒于他，此一不智；你回来，更可怕的是会激怒君夫人，她命运孤苦，与宓公主同体连心，为了保护宓公主与成蟜，她什么都干得出来，此二不智；你回来，就会把国中本土势力越来越强的敌意与攻击，全转移到你身上，反而让弟弟成蟜登位太子，变得顺理成章，此三不智。"

说到这里，子楚激动地站起来："儿子呀，你和你母亲在那龙居，到底都学了些什么？难道连分析局势都不懂了吗？人间千条道，世上万条理，你们偏偏挑选了最不应该挑选的，你告诉寡人，你，或你母亲，心里到底是怎么想的？"

嬴政慢慢站起来，迎上父亲的目光。

他的眼睛里，燃烧着熊熊怒火："主上，我必须回来，别无选择。"

子楚无法理解："到底为什么？"

嬴政苦笑："因为，六年前在邯郸大北城的朱家巷，我那至亲至爱的父亲，笑吟吟地离开家的时候，我曾对他说：'父亲，你一定要回来。如果你不回来，我就出门去找你。'"

子楚惊得说不出话来："你……你你……"

不待他说，嬴政继续说道："所以我来了，以践行六年前我对父亲许下的诺言。我走过漫长的路，踏着无尽的鲜血，从邯郸到楚国，再从楚国到秦国，只为回来。母亲与龙居在赵国设下的三十二处暗桩，悉被君夫人侦破拔除。为了我回来，千人赴死，步步是血。为了我回来，无数家庭支离破碎，徒余孤儿寡母。我在暗夜里行走，听着破家的孤儿恸哭，可是我不为所动，人世间没有任何力量能够阻挡我。雪寒，没有我的心寒；风冷，没有我的心冷；霜苦，没有我的心苦；刀伤，没有我的心伤。我必须回来，履行我的诺言，找到我的父亲。

"我只是想回来。

"我只是想寻找父亲。

"策略图谋，与我何干？"

说完这番话，嬴政伏跪，向父亲叩首。

随后起身，大步离去。

呆呆地看着儿子的背影，子楚大张着嘴，不知所措。

好半晌，他醒过神来，追上几步："你你你……你竟敢跟寡人如此说话！翻了天了你！"

吕不韦闪身出来，急忙搀扶住子楚："主上消消气，消消气，太子他……他这就是到了叛逆年龄，对，是叛逆。实则对君父不敢不敬。"

子楚悻悻地道："谁不叛逆？寡人还想叛逆呢！可生在王家，哪儿有叛逆的资格？他都九岁了还不明事理，无怪群臣对他都看不上眼。自作孽，不可活。不是寡人瞧瘪了他。这太子之位，他没戏了！"

从寝龙宫出来，嬴政带着啰里啰唆的宾须无，来到了城门的平民市巷。

宾须无诧异地问："太子，你来这里干什么？千金之子，坐不垂堂。这里居住的都是些脱籍奴。虽说他们都是靠着军功替自己赎身了，可骨子里的劣性终究难驯，奸淫盗杀，无日不绝呀。"

嬴政没理他的疑问，而是直接吩咐道："你给我打听一户人家，这家有个老母，三个儿子，名字分别是衷、惊和黑夫。"

宾须无苦口婆心地说："打听这些奴隶干什么？老臣劝太子快点儿离开吧，如果被人知道了，那可是悔之不及的事情。"

嬴政皱眉："我父王的叔叔子傒，不也与黔首相互往来吗？为何就没人议论他？"

宾须无失笑："这不能比，子傒是贤公子，做什么都是有道理的。同样的事情，他做了是亲民慈和，不负苍生；你做了就是逾礼越节，无人君之望。"

嬴政也笑了："谢过大人建言。实告大人，我要找那户人家，是两宫太后吩咐的。他们以前是给宫里送楚鱼的，可一连多日没踪影，两宫太后吩咐我过问一下。"

宾须无再次失笑："太子你又错了，国丧期间，从宫里到民间，一律不许食鱼与肉。所以两宫太后怎么可能吃鱼？两宫太后思念先王，身体日渐消瘦，如何会视殡葬大礼为无物？所以这话应该这么说，因两宫太后思念先君之心过于悲恸，感动了苍天，遂有几尾楚鱼，自行跳入太后的鼎镬里，此乃天意，体两宫太后思念之情，不敢有违。"

嬴政附和道："对，对，对，我正是这个意思……所以我们得找到那户人家，不然的话，那楚鱼也不会自动跳到太后的嘴边，是不是？"

说话间，两人穿过一条狭窄的弄巷，来到一个院子前。

宾须无指着面前的院子："就是这里了，那三兄弟事母至孝，作战勇猛，与人和善。这附近人家，都知道他们。"

"如此甚好。"嬴政叩门，"有人在家吗？"

无人应答，但风中传来凄凄呜呜的声音，听起来极是吓人。嬴政与宾须无面面相觑。犹豫了半晌，推门进去。那奇怪的动静，是从正屋里传出来的。

走到屋门前探头望，见屋中榻上，躺着一个老妇人，正自痛苦地呻吟："儿呀，你们去了哪里，临走不说给娘做好饭，娘快要饿死了。连口水都没有，你们不能这样对待娘啊。"

嬴政见了，吓了一跳："宾须大人，快给老人家端碗水来。"

宾须无更是吓了一跳："太子千金之躯，她就是个脱籍奴……"

嬴政瞪了他一眼："闭嘴！"

宾须无无奈只得妥协："好，好，好，我老人家算是看明白了，什么国之明主，这又一个妥妥的贤公子，跟在黔首屁股后面跑来跑去，拎不清大小轻重。"

口中嘟囔着，宾须无满腹委屈地端来碗水，再目瞪口呆地看着嬴政动作娴熟地烧火升灶，替老妇人做了碗热汤面。

看着嬴政坐在床边，给老妇人喂饭，宾须无再也按捺不住好奇："太子，你这是跟谁学的？"

"昔者在龙居时，每日里都是烧灶做饭，侍奉师尊娘亲。"

"龙居？那是个什么地方？"宾须无满脸茫然。

"……"

服侍老妇人睡下，嬴政退出房间："打听一下，三兄弟到底去哪儿了？"

宾须无跟在嬴政后面："打听过了，消息也不是那么准确，好像是三兄弟犯了官司，都被下狱了。"

嬴政沉了脸："我们必须要找到他们，否则无法跟太后交代。"

"监狱这种事，最好去问廷尉的吏属。"宾须无建议道。

"那你快去……那个妇人是谁？"

"妇人……"宾须无仔细一看，只见行街之上，有个极引人注目的妇人，眉眼端庄，气色祥和，身着国丧期间服孝的黑衣，那衣裳显然经过她细心裁剪，修长合度，玲珑浮凸。总之是个极美的妇人，略带几分羞涩的甜蜜，与一男子挽着手，沿着路边行走。

"哈哈哈，"宾须无乐了，"太子呀，你才九岁，小小年纪，怎么这么有眼力呢？"

嬴政挑了挑眉毛："大人此言何意？"

宾须无唏嘘道："太子呀，我们在这里焦头烂额，为的什么啊？就是为了三公府啊。可推本溯源，三公府的麻烦，就是这个美貌妇人惹出来的。"

一个妇人惹出这么大的事？嬴政不敢相信："不会吧，这妇人看似天真无邪，怎么会跟国事扯上关系？"

宾须无遂将事情的来龙去脉娓娓道来："实告太子，这妇人不是别人，她的丈夫就是朝中的匠作，专门负责工程营建。三公府的事宜，就是由她丈夫负责的。奈何这妇人不安于室，丈夫辛苦养家，她在墙外开花。瞒着丈夫有了奸夫，为图谋与奸夫长久，竟然下了狠手，趁夜将丈夫推落入井。事发后被吏尉查缉，下了死狱，等待秋后处决。岂料君上归天，新君嗣位，大赦天下，这妇人就没事人一样回家了。喏，你看她和奸夫两情绸缪的模样，十足的一往情深。总之，正是因为这个妇人，才让太子与老臣如此奔波忙碌，实在是令人困惑，神灵如此安排，究竟何意呀？"

嬴政笑道："大人你看，那妇人的腰肢，盈盈一握，纤如细柳，好生柔美。"

宾须无越来越看不懂嬴政："老臣放肆，可不可以问太子一个，呃，非问不可的问题？"

"大人有话请说。"

宾须无严肃道："太子虽多年在赵国为质，但好歹也是主上血宗，延请名师是不可少的。老臣真的想知道，太子的师尊，究竟是哪位？"

"大人为何要问这个问题？"

宾须无直言："太子年方九岁，一般这个年龄的孩子，还在撒尿和泥。就算是朦胧情开，略知男女之事，也只是看妇人的脸美不美。而太子已经学会看妇人的腰了，私密榻欢，尽在妇人腰肢，这是成年男子才知道的秘密。太子小小年纪就对男女情事洞若观火，是以老臣困惑，有此一问。"

嬴政不答，只是入神地看着那妇人走远，才说道："我的老师有三位，公孙龙、邹衍、孔穿先生。"

宾须无心中疑惑更甚："倒是古怪，太子说出来的，竟然是名家、儒家、阴阳家，三大宗门之首。还想请问太子，这三位宗师级的人物，都教了你些什么？"

嬴政眼中闪过一抹戏谑，浅笑道："三位师尊，曾问了我一个问题：'谁能摘下老虎颈上的铃铛？'"

宾须无不解，自然追问："吃人的老虎，谁能摘下它颈上的铃铛呢……太子是怎么回答的？"

嬴政回答道："只要找到那个给老虎系上铃铛的人，就能把铃铛解下来。"

宾须无皱起了眉头："回答得倒是四平八稳，可这……跟咱们面对的问题，有何关系？"

嬴政指着那妇人："解铃还须系铃人。我们所面对的麻烦，是匠作妻子惹出来的，那就让她来解决好了。非她不可！"

宾须无隐隐约约感觉到自己好像被太子耍了："不是……你这……为何每次

与太子对话，老臣都感觉自己的脑子，有点儿不够用呢？"

临至中午时分，宾须无带着一名挎刀的将佐，气喘吁吁地跑来："太子，人倒是替你找到了，不过……我看太子还是收手吧。"

那挎刀军官走过来："小人巫马伤，在廷尉大人座下司值隶狱，政公子有何吩咐？"

只是一句话，对方就表明了立场。

他称嬴政为公子，而不称太子。

那么，他或是只认嬴政的弟弟成蟜为太子，或是连子楚这个秦王都不认。若是前者，那意味着麻烦；若是后者，则意味着大麻烦。

嬴政劈面一句话："巫马伤，你一年饷金多少？"

"饷金……"巫马伤故意称嬴政为公子，不称太子，就是想激怒嬴政。这样做之前他精心思虑过，嬴政虽是长子，但长到九岁才来到咸阳。而秦王的二世子成蟜，生在咸阳长在咸阳，秦人都以成蟜为正宗，对嬴政充满敌意。所以，即使他激怒嬴政，嬴政也拿他无可奈何。相反，他的举动传到成蟜及其支持者耳中，说不定那就是攀龙附凤的好时机。所以他做足了准备，应对来自嬴政的愤怒。

可他无论如何也想不到，嬴政居然会问出来这么个怪问题。

一时间，巫马伤的脑子有点儿转不过来，只能呆立在那里，茫然地望着嬴政。

就听嬴政说道："巫马伤，我这里有笔泼天富贵，需要狱中的衷三兄弟协助，才能获得。我出自贵家，纵然退万步，仍是公子，不差这点富贵。但这笔泼天富贵，于你而言可能是一生中的唯一机会，不知你意下如何？"

巫马伤机械地问："什么样的富贵？总不会是让我去闯刀山火海吧？"

嬴政摇摇头："不动一刀一兵，不见半点血光。不见君父之责，不见朝臣嫉恨。天下人人称赞，父母妻儿安心。长则一两个月，短则一二十天，就可见分晓。你若无此心，我也不勉强。"

巫马伤十分激动："公……太子，需要小人做什么？"

嬴政吩咐道："第一步，先给我把衷三兄弟带来。"

巫马伤站在那里，愣愣地看着嬴政，终于说了句："小人，谨遵太子之命。"

巫马伤大步离开，宾须无猛冲到嬴政身边，震骇地看着巫马伤的背影："太子，你这玩得大了，撒谎眼睛都不眨一下，看你下一步如何收场。"

嬴政回过头看向宾须无："你怎知我所言的泼天富贵，不是真的？"

宾须无失笑："可是，太子所言泼天富贵，究竟在哪里？"

嬴政放低声音，神神秘秘地说："适才那纤腰盈握的妇人告诉了我们，那泼天的富贵，尽在金郡银县库府中，尽在那堆如小山的苫布中。"

"大沈厥湫啊，"宾须无仰天长叹，"我大秦要亡啊，摊上这么个疯太子，脑子缺弦神经兮兮，此事必将贻笑天下！"

巫马伤带着衷三兄弟走过来："太子，人带来了。"

衷三兄弟上前跪倒："太子，殿下救我等性命，听闻还曾为家母奉汤，此恩此德，无以为报，唯有肝脑涂地。"

嬴政坐在路边的一块石头上，身边是冷眼旁观的宾须无。只听嬴政问道："夜间值巡烤火，因火星飘拂，烧毁了少府竹简文牍的，就是你们三个？"

三人懊恼垂首："是。"

嬴政追问："如何证明火是你们引燃的，而不是别的原因？"

宾须无急忙扑过来："逾越了，太子这个问题可是逾越了啊。缉查要案，刑律之事，自有司职。太子，你把人带出来了，就已经逾越了。咱们大秦，也曾有位太子这么干过，你猜猜他后来怎么样了？他的老师代他受刑，被商鞅割了鼻子①！这事要是主上问起来，好多人都要为此担责。纵然太子尊贵，可还有个宗正，是专职惩治违法公族的。所以眼下之事最要紧的是别声张，千万别声张。这躲都躲不及的事，还要去插手刑案，我说太子呀，是谁给你的底气呢？"

嬴政怒道："两宫太后给我的，够了吗？"

宾须无低叹："算老臣刚才什么也没说。"

嬴政余怒未消，转向衷三兄弟："你们三人，以后就给我办事。但有句话，我要说在前面。纵使你三人吃过多少苦、立过多少功，我都不会给你们表功求爵。因为我们往后的路，太难了。会有无数的人，付出他们无法想象的代价。我不想让你们死，我要你们好好活着，侍奉在年迈的老母身边。听明白了没有？"

三人面面相觑："小人……明白。"

嬴政入宫，给两位奶奶问礼。

"哎哟，我的大孙子。"华阳太后与夏太后乐得合不拢嘴，"媳妇你不要忙活了，那点事小馨她们自会办妥，过来看看你的儿子。"

---

① 秦太子嬴驷年约十四的时候，反对商鞅变法的人利用他年轻气盛的性格特点，挑唆他杀人，结果他真杀了很多人。因不可能对太子动刑，商鞅便按法令处理了他的两个老师公孙贾和嬴虔。公孙贾脸上刺字，嬴虔被割了鼻子。嬴虔也是秦孝公的哥哥。

赵氏穿着一身不合体的孝衣，从屏风后面走了出来："政儿，你穿的这是什么？"

嬴政跪下："儿子见过母亲。日间于寝龙宫与父王议事，儿子见父王身材消瘦，要遵礼斋戒，还要在悲恸之余不停地处理国事。儿子无能，不能帮父亲分忧，只能于宫外垂泪。幸好遇到宾须无大人，他告诉儿子说，有一种已经过时的苦布，最适宜用来缝制孝衣的。这种衣服材质不会磨损父王的身体，而且能让父王处理事务时，移坐方便。是以儿子让宾须大人拿来几件，请母后过目，这布料是否真如宾须大人所说的那般好。若如此，还请两位奶奶吩咐父王，让父王穿上这身孝衣，以聊表儿子对父王的衷爱之心。"

两宫太后凑过来，仔细瞧了瞧嬴政拿来的苦布孝衣，相互嘀咕道："这苦布衣，前些年倒是流行过。这两年没了踪影。听孙儿如此说法，那王后你得好好瞧瞧，那个谁……那个谁……那个谁来着？"

嬴政提醒道："宾须大人。"

华阳太后摇头："宾须无是出了名的老糊涂，他办事的能力没有多大，但把事情搞砸的能力可不小。他在朝堂上撑这么多年，就是凑个人数。若是确如政儿所说，这老家伙倒是立了一功。"

赵氏目视嬴政，母子心意相通："政儿所言不假。这苦布孝衣，确实比主上现在穿的要简便，但又绝不失其庄重。待妾身依主上的身材稍做裁剪，再请两位母亲费心，叮嘱主上千万要顾及身子，以国事为重。"

正说着，忽听到一个孩童清脆的声音："奶奶，蟜儿来了。"

两宫太后大喜："是蟜儿吗？快进来，快进来，让奶奶瞧瞧。"

就见一个五六岁的孩子，雪白粉嫩，如白玉雕琢般完美，从外边跑进来，给两宫太后磕头。孩子的身后，跟着一个极美的少妇，她在向两宫太后行礼之时，眼神掠过赵氏和嬴政。

那眼神中，略带几分不安，如荒野小鹿突然遇到野狼时露出的眼神。

赵氏正要说话，那孩子已经飞奔到嬴政面前："哥哥，你是我的哥哥吗？"

看着这孩子，嬴政的心，霎时盈满一片暖意："如果你是蟜儿，那我就是你的哥哥。"

成蟜迫不及待地答道："我是蟜儿，政哥哥可愿意带我玩？"

"愿意，政哥哥愿意。"嬴政蹲下身，把孩子抱起来。

这孩子，就是子楚的二儿子成蟜，赵国宓公主所生。虽然嬴政只比成蟜大三岁，但两人际遇完全不同。成蟜生在宫中，长在宫中，从未经过风雨冷寒。而嬴政却经历了几番血劫，更有过从赵国南向逃亡，绕经楚国回返西秦的经历。所以从外表上看，嬴政似是个成年男子，心理年龄比成蟜大出不知多少。

那边宓公主向赵氏执礼："宓儿见过姐姐。姐姐已经入宫多日，宓儿却未曾拜见，原以为主上会安排我们姐妹见面，却疏略了国孝之时……"

赵氏急忙把宓公主搀起："妹妹万万不可如此，贵胄王族，千金之尊。姐姐我何其惶恐，敢受妹妹大礼？原本是应该我带着政儿，觐见妹妹与成蟜公子的。"

华阳太后向夏太后眨眨眼："妹子，看这光景，想起什么来了？"

夏太后是个实在人，直肠子，回道："倒是和咱们姐妹初见时的场景一般。"

华阳太后悄声说道："那咱们不快点儿去那边看荷花，还等什么？"

两宫太后知趣地避开，给两个儿媳妇腾出谈判空间，让她们选择最适合自己的位置与利益。

两宫太后走后，赵氏与宓公主静静对视，如两个行将决死的剑士。

突然之间宓公主垂泪，跪倒："不敢请姐姐恕过妹妹之罪。"

赵氏大恐："妹妹这是何故？妹妹是赵氏宗族最宠爱的掌上明珠，城何止百座？地何止千里？甲何止万乘？姐姐我只是个寻常人家的女儿，缺识少教，不谙礼数。昔日在邯郸，妹妹是玉叶金枝，庙堂之尊，姐姐只是个大北城朱家巷的洒扫婢佣。现今在这咸阳宫，妹妹孝顺太后，怜惜嫔娥，又生下聪明伶俐的王子成蟜，尽得主上宠欢。姐姐只是个不受欢迎的异乡人，无论是姐姐我在宫中，还是政儿在朝中，都是步步维艰，死生一线。如此光景，姐姐怎敢受妹妹此拜？"

宓公主垂下泪来："姐姐，我知道你心里怨我，怨我抢走了你视之为天的夫君，怨我抢走你儿子的父亲。姐姐真的有理由怨我，真的该怨我。姐姐今日的情形，都是因为我，按理说妹妹没资格说这些话，但是我想请姐姐相信我，这并不是我的本意，我不想这样做，这根本不是我想要的生活！"

赵氏扶起宓公主："我相信妹妹，真的相信。"

停顿了片刻，宓公主说道："姐姐，你不知道妹妹的心中，是何等尊仰你。携子远行，历尽艰辛，妻子寻夫，儿子寻父。这感天动地的感情，何等忠贞？姐姐可知道，当我听闻姐姐来到时，心里是何等的狂喜，何等的期待。我期待见到姐姐，期待见到那个柔韧而坚强的奇女子，期待见到那个任何折辱与苦难都无法压倒的巾帼奇英。可是姐姐……"

赵氏点头："姐姐知道，都知道。"

宓公主的声音突然加大:"不,姐姐你不知道。姐姐可能以为,你入宫多日,我却始终不来觐见,违礼背规,不遵长序,是因为妹妹骄横任性,又或是下面的人多番阻拦,不是的姐姐,不是这样的。我不能来见姐姐,都是因为他!"

赵氏不解,安静了片刻,迟疑道:"……他?"

宓公主擦了擦眼泪:"对,就是他。就是我们的那个男人,那个被称为秦王的男人。是他,他根本不想让我们姐妹见面。往好听了说,他是担心我们姐妹不和,怕带来冲突。但实际上,我知道他的心思,他根本不希望你们母子回来,巴不得你们母子都死在外边。他就是这样无情无义,就是这样冷漠的一个人。若不是这样的残忍而冷血,他也不可能击败觊觎王位的众多兄弟……"

赵氏一把掩住宓公主的嘴:"妹妹,你疯了,这种话怎么能随便说?"

宓公主气哼哼地挣脱开:"姐姐,妹妹敢说这样的话,终归是因为我不喜欢他。至少在这段感情中,我没有体会到幸福或是快乐。只是王家之女,从无自由之说。我的妹妹君夫人与哥哥赵王,把我迷晕,装进箱子里当礼物送给子楚,只因他们担心获得权力的子楚,会报复邯郸城对他的虐待与伤害,所以用我的身体与幸福,还有那一夜又一夜的泪水,缓解子楚那雷霆般的震怒。我也只能接受这样的命运,人前欢笑,榻上承欢,但我的心在流血,那血一夜一夜地流,从无止息。姐姐呀,我置身于这人间地狱,承受着永无休止的苦难,我只是说一声我不喜欢,这难道还不行吗?"

赵氏抱住宓公主:"别说了,妹妹你不要再说了。姐姐的眼泪,早在邯郸城时就已流干,妹妹你别用无泪之恸,再次把姐姐的心撕碎。"

蜷缩于赵氏的怀中,宓公主浑身颤抖着:"姐姐,这座可怕的王宫,就是个斗鸡场,我们姐妹是两只斗鸡,我们的骨血也是斗鸡。我们和他们,必须要遵循帝国的制度、规则,相互啄得血肉横飞。最后决出那个最冷酷、最残忍、最强大的来,由他来接收全部的战利品。可人活着已经够艰难的了,为什么还要把这种艰难推到极致?推到人心崩裂,挤压出最后的恶来?为什么?为什么我们就不能表现得聪明一点?不能相互容忍,相安无事?"

抬起头,宓公主那张垂泪的脸,看着赵氏:"姐姐,相信我,我从无任何欲求,只希望平平安安。我甚至希望成蟜能快乐成长,不要卷入嗣位之争。我不想争夺什么王后,也不希望成蟜做太子。我不想跟任何人争,我只希望这残酷的世界,不要破坏我们的安宁。"

赵氏捧起宓公主的俏脸,泪水汹涌地流淌:"妹妹请相信我,我也是这样想的。"

门外，传来成蟜欢快的笑声。

嬴政把成蟜扛在肩膀上，正在绕一株老树奔跑。

赵氏不再说话。

宓公主也不再说话。

两人只是手挽着手，并肩立在门前，静静地看着两个孩子快乐地嬉戏。

真希望这样的日子能够长长久久。

真的希望。

毕恭毕敬地从身着新式苎布孝衣的子楚身边退开后，朝臣大夫们松了口气，开始活动因跪得太久而僵硬的筋骨。

这时嬴政牵着成蟜的手，步入灵堂。

所有人的目光都看过来，带有诧异与困惑。

但没有人看嬴政。大夫朝臣，都是嗅觉最为敏感的政治动物。嬴政与父亲的冲突，虽然只是发生在极狭小的空间，但朝中每一个人都已经得到了消息。在他们眼中，嬴政已经是个死人了，不值得多看一眼。

所有人的目光，都集中在成蟜身上。

这就是大秦的储君，未来的太子，所以他穿着与秦王制式相近的苎布孝衣。而嬴政，却仍然穿着那袭极不合体的旧孝衣。

这是一个再也明确不过的政治信号，预示着嬴政母子出局，而宓公主与成蟜赢得了一切。

十几名公开支持成蟜的大夫无视嬴政的存在，径直到成蟜面前行跪礼："太子殿下，今儿个可不许跪太久，太后会心疼的。"

嬴政脸上毫无表情，领着成蟜到灵前行每日的跪礼。

朝臣们继续走动、议论，忽然间现场一片静寂。

公子箻，他是子楚的第十一个弟弟，素来特立独行。他既不参与本土派的势力倾轧，也不对子楚继位这件事表态。他只喜欢醇酒美人，只想恣意享受人生。谁来主掌朝政他都没意见，只要不妨碍他开心快活。

但今天，他也身穿一袭与秦王子楚、太子成蟜制式相近的苎布孝衣。

突然有一名素来耿直的臣子冲出来："子箻大人，国有国法，宗有宗规。纵使王子犯法，也须交宗正明罪。"

公子箻莫名："……你在说什么？"

耿直大臣大声质问道："子箻大人何以僭越体制，擅穿君王、太子的制式孝衣？"

公子箪脸色沉了几分："你看清楚，我穿的这是公侯制式，只是孝衣料子，遵古礼采用了与君王同样的布料。"

"哦哦，"群臣眼睛睁得大开，"原来这苦布孝衣，是按等级设计的。"

公子箪又道："此孝衣，何止本公子穿得？咸阳城中许多人都在穿。你们还记得宾须老不死说过的前任匠作的妻子吗？那个为和奸夫久长，把丈夫推入井的女人。本公子听说她是城里第一个穿这种孝衣的人，纤腰盈握，勾引得无数男人火烧火燎。哼，这种奸诈的女人，总有办法弄到最好的东西。"

"哦，原来是这样。"

"这种孝衣人人都可以穿。"

"大王在穿，公子箪在穿，咸阳城最会勾引男人的女人也在穿。"

"可为啥自己没得穿？"

群臣再悄然回头，看正在行跪礼的嬴政和成蟜，每个人的心里都突然泛起一股子冷气。

事情正在起变化，局面越来越明朗。

必须马上弄到符合自己官职的苦布孝衣，必须马上穿到身上。

否则的话，自己就会因为和嬴政的衣料相同被划到失势者的阵营。

去哪里能弄到这种苦布孝衣？

谁有消息？

惶恐的群臣，纷纷议论起来。

"宾须大人，宾须大人等一等，本官这里有金锭……"

"宾须无你个老不死的，给老子站住！"

一群大夫朝臣，在街道上堵截宾须无，揪断了他的绦带，踩掉了他的鞋子，打飞了他的帽子。老大一把年纪的宾须无狼狈不堪，幸得衷、惊、黑夫三兄弟，带着几名士兵隔开众臣，他这才带着哭音，冲出了重围。

冲到无人之处，宾须无捂住胸口，疯狂地喘息："要死了，要死了，这是在搞什么，怎么可以这么搞……"

一支马鞭突兀地戳到他的鼻头："宾须无，你往哪里逃？"

宾须无定睛一看，顿时哭了："姚公主，你就饶了老夫吧。"

公主姚只有十二岁，比嬴政才大三岁。但她天资聪颖，七岁时上朝堂建言，令满朝皆惊，是以深得两任主君的宠溺。十岁就获准开衙建府，是秦廷中不可小觑的强大势力。此时她满脸怒火,以马鞭指着宾须无:"宾须老狗,你都老成这模样了,怎么突然开出新花来?说,是谁给你出的这损主意?"

宾须无抗议道:"公主,请你好好想想。老夫我好歹也是三朝元老,几任主上都对老臣宠爱有加。如今国孝之日,老夫还不能表表忠心吗?"

公主姚摇头:"我还不了解你?饭吃不到鼻孔里,都已经超出了你的智力。还有那个巫马伤,跟你一样都是没脑子的人。幕后之人到底是谁?是主上本尊,还是宫里的宓夫人?哼,别看那女人装得白月清风、人畜无害的,我早知道她不是盏省油的灯!"

宾须无现在只想赶紧逃走:"公主还有事吗?没事的话,老夫先走了。"

公主姚喝道:"你迈出一步试试,看我不打断你的腿?"

宾须无苦笑:"公主就别难为老臣了。如果公主一定要追问这幕后之人是谁,且容老臣慢慢说来。"

公主姚收回鞭子:"你说!"

宾须无道:"昔者,先昭王在世,范侯范睢当权。有一年,范侯失去了自己的封地,昭王问他:'你难过吗?'范侯答:'臣不难过。'昭王诧异:'怎么会?'范侯解释说:'梁国有个人,叫东门吴,他的儿子死了,可他一点儿也不伤心。别人问他为什么不伤心,东门吴答,他以前并没有儿子,也没有为此伤心过。现在他有了儿子又失去,岂不是跟没有儿子时一样吗?为什么要伤心呢?主上,臣也是如此呀,以前臣并没有封地,没有为此难过。现在臣有了封地又失去,岂不是跟臣下没有封地时一样吗?为什么要难过呢?'

"昭王听了,回来对蒙骜说:'寡人怎么觉得范侯这人不实在呢?寡人连丢只破鞋子,都会耿耿于怀不开心。他丢失了封地,这么大的事居然说不难过,你信吗?'

"于是蒙骜去见范侯,说:'我要自杀。'范侯惊问:'为什么呀?'蒙骜说:'你的封地丢失了,这是我作为将领的失误,我感觉自己没脸再活了,所以要自杀。'

"范侯猛地醒悟过来,向蒙骜伏拜,说:'谨领教诲。'此后范侯再见昭王,就表示出自己对失去封地的难过之情。"

讲到这里,宾须无问:"公主猜猜看,后来情形怎么样了?"

公主姚答道:"那应该是……以后无论范侯说什么,先昭王都不会再信。一句话,范睢出局了,失势了。"

宾须无点点头:"对。"

公主姺皱眉，追问道："所以呢？"

"所以公主你看看，在这起事件上，每个人都展现出绝顶的智慧。范侯讲了个富含人生哲理的故事，这个故事永远不会被人遗忘。可这么好的故事，却没起到正向的作用，反而引起主上的猜疑。还有蒙骜，他是真心诚意想帮助范侯范睢，结果却适得其反，加快了范侯失宠。正所谓人算不如天算，天算不如不算。老臣要说的，就是这么个意思。"

公主姺被宾须无的话弄糊涂了："你说的这些……跟眼下的事有什么关系？"

宾须无解释道："公主不是认为老臣庸碌无能，就是个混日子的太平官吗？但老臣是想用这个故事告诉公主，一个如老臣这样的人，什么本事都没有却屹立三朝，三朝主上都视老臣为心腹，为什么呢？不是老臣只会拍主上马屁，而是老臣是有智慧、有脑子的。只是老臣的运气坏透了，每一次但有建言，都会遇到如范侯、蒙骜那档子事，明明是惊世的奇策，可是环境一变，却成了臭到不能再臭的臭棋。老臣倒霉了一辈子，但主上怜我愚忠，从未抛弃老臣。这一次，老臣随便为主上分了点忧，干了点事，嘿，偏偏这次时运反转了。老臣的苦心没有因为环境的影响变成臭棋，而是体现出惊人的效用。是以公主大惑不解，以为老臣背后另有高人，其实就是公主想多了。说到底，强将手下无弱兵，明君座下无庸臣。即使是咱大秦国的一枚酒囊饭袋，那也不是白给的。"

公主姺撇撇嘴："说得挺像真的，我要信了你这老不死的才怪。"

突然间她厉喝一声："我的孝衣呢？"

"在这里。"宾须无急忙举起一件苦布孝衣，"是老臣吩咐裁缝比量着公主的身材，量身订制的。"

公主姺板着脸，脱下旧孝衣，换上苦布新制。自己歪着看着，越看越喜欢。抬腿就要飞走，去向权贵公子们炫耀，可是宾须无一只手恰好拦在前面："公主，两镒金锭。"

公主姺被这个价格吓了一跳："宾须老狗，你穷疯了？抢钱啊。"

"嘘！"宾须无竖起一根手指，"千万不要让别人听到，免得他们笑话公主。"

"你……"公主姺招手，从家奴手中接过来三锭金子，丢在宾须无脚下，"去死吧，见利忘义、卖主求荣的小人！"

公主车仗走远了，宾须无兀自拿着金锭困惑："见利忘义这能理解，这就是我。可卖主求荣从何说起？"

未及三日，咸阳城中，所有人都穿上了符合自己等级的苦布孝衣。

宾须无与一身鲜明甲衣、带几个军士巡逻的衷三兄弟打过招呼后，走进库府。

巫马伤迎上来："宾须大人，所有的苦布，全都制成成衣卖光了。"

现在这里，堆放的全都是大块的金锭。

宾须无打量着那小山一样高的金锭："嗯，大概有三万镒，不到四万镒。用来盖个三公府，绰绰有余。"

巫马伤唤来几个人，介绍道："宾须大人，这是舍弟巫马忧、巫马苦，那边帮着裁孝衣的，是舍妹巫马愁。这些日子人手不够用，小人自作主张，把家里的兄弟姊妹全找来了。"

宾须无见这架势不妙，赶紧低声劝道："太子对你的承诺，全部兑现了。不过你也要悠着点儿，你到底捞了多少？居然把全家都带来了。"

巫马伤大怒："宾须老狗，你可以侮辱我本人，侮辱我父母，侮辱我的祖宗，但决不许你侮辱我的智商。"

"……我怎么侮辱你的智商了？"

巫马伤冷哼一声："我到底有多傻，非要现在下手捞？太子有此智慧，以后我们跟着太子，那是修八百辈子才修到的福泽，几世子孙享用不尽。你以为我会搞砸这来之不易的机会吗？"

宾须无却一点儿也高兴不起来："唉，话是没错。可太子做成这件事，反倒让他离太子之位越来越远，离贤公子的位置，越来越近了。纵是把这桩功劳归于老夫，那也是无济于事啊！"

按宗礼祭过香后，秦王子楚转身，冷冰冰地看着排列成队的大夫臣属。

宾须无的位置一下子向前挪了十几位，显得极不协调。而子楚那带着愤怒的眼神，就落在他身上。

宾须无抬抬眉毛，又垂下了。

过了半响，他又偷偷抬眉，发现子楚仍然盯着他，而且脸上的怒气越来越盛。

宾须无的身体开始颤抖。

终于，众人听到子楚的声音："没事的话，散了吧。"

"等等。"子傒适时站了出来。蓑衣竹笠，赤着脚板，两条多毛的大腿，带着湿漉漉的水渍，似乎他老人家刚刚打渔归来。只听他那中气十足、洪钟一般的声音响起："虽是国丧期间，举国休养生息，但也不能坐视宵小之属祸乱朝堂。"

子楚明显有点儿尴尬："叔叔此言，何意啊？"

子傒不理会秦王，转向宾须无："宾须老狗，你可知罪？"

宾须无挺直了腰板："老臣不知。老臣规规矩矩，老老实实，为国为君，为民为天，为君分忧，为国尽忠，什么罪也没有。"

"你……"子傒大怒，"大胆，你竟敢跟老夫如此说话？"

宾须无反问道："那老臣该怎么说？难不成还要管你叫君上不成？"

"你，你，你……"子傒气得险些没背过气去。

无怪乎子傒气到说不出话，早在上一任秦王安国君，只做了三天秦王就死了后，子傒的地位就在秦人心目中迅速提升，他在秦宗室中素有贤名，久孚人望。而子楚虽得到两宫太后的支持，奈何在朝中毫无影响，只能依靠吕不韦这样的几个外界人士，勉强支持。

子傒的秦土势力迅速强大，压倒性地将子楚吊打，这是子傒气势嚣张的因由之一。

其二，宾须无是有名的蹒跚愚臣，平日里胆小怕事，谁都瞧不起他。此前子傒势力还没这么大时，就敢将宾须无践踏在脚下肆意凌辱，宾须无绝对不敢反抗。而现在，子傒在宾须无面前说话更有底气了，可万万料想不到，宾须无居然敢当面顶撞，而且还理直气壮。

尴尬之际，公子洭、公子泺两人齐齐站出来："大胆宾须老狗，你那个三公府，督造得怎么样了？"

宾须无躬身："谢两位公子过问，两位公子为老臣指定的采邑，金郡银县库府，现有不到四万镒的金锭可供调用，老臣已经吩咐下去了，正在延请工匠，择日祭过大沈厥湫，即刻开工。"

"你胡说！"公子洭气得脸皮涨紫，"金郡银县的库府，空空如也，只有一大堆不值三文两文的苦布，一锭金银也没有。你是公衙商用，把苦布裁制成了孝衣，以高到吓死人的价格卖掉。本公子身上这件孝衣，那个叫巫马伤的狗奴才，他竟然勒索了我五镒金锭。"

五镒金锭呀，公子洭委屈得要哭了，来回给大家看他的苦衣。

"哗！"群臣齐声震惊，"巫马伤大手笔，狮子开口，是个人物。"

"嘘，"宾须无竖起手指，"两位公子千万别乱讲话，小心传出去让人笑话。让人知道你给老夫用来营建三公府的采邑，空空如也，一无所有，你猜大家会怎么看你？"

"你……"公子洇气得浑身发抖。

忽然之间,秦王子楚露出王者的威严,他哼了一声:"两位先王灵前,市井匹夫般吵闹,你们视我大秦朝堂为何物?"

子傒等人第一次感受到了被压制的力量,无奈揖礼:"莽撞失礼,请主上降责。"

子楚挥挥手:"寡人不究,退下吧。宾须无,你留下。"

宾须无站在原地,如老鼠一般抖个不停。

秦王子楚,如一只猫,围着他一圈圈转。

子楚忽地停下来:"借寡人换了苫布制式的孝衣,趁机把库府中最不值钱的苫布炒成天价,换了三万余镒金锭用以营建三公府。这套手法,寡人感觉好熟悉呀。"

秦王突然转身:"是谁的主意?"

宾须无猛地打了个寒战:"回主上,是老臣的主意。"

"胡说!"秦王斥道,"就算扒了你的皮,寡人也不相信你会有这脑子。这是嬴政他们娘俩的鬼主意,是也不是?若是别人想出来的点子,那是一桩奇功。偏偏他们娘俩就不行,因为他们居于主君之位,上帝荡荡,唯德尚飨。上帝板板,唯德是载。主君唯德,御风而行,但有实功,反而减损主君之德。所以他们娘俩不择手段,为抢夺成蟜的太子之位,就把这桩功劳推到你的头上,是也不是?"

宾须无脸皮抽搐:"老臣生平不敢欺瞒主上……呃,没有那样的事。"

子楚冷声哼道:"没有才怪!若不是看你刚才装疯卖傻,力挫子傒势力,给寡人出了一口恶气,单凭你一再欺君之事,就该治你几次死罪。"

宾须无静默半晌,道:"主上一再相迫,看来老臣不说实话,是真的不行了。"

子楚厉声喝道:"说!"

宾须无恭敬答道:"实告主上,把苫布炒出高价,换成金锭,建三公府,这是主上给老臣的命令。"

子楚猛地瞪向宾须无:"……又胡说!哪儿有这种事?"

宾须无咬咬牙,迎上子楚的目光:"怎么没有?莫非主上忘了那日,就在这里,主上吩咐老臣说'为政以德,治政以正,如星拱北斗,为世间愚苦之人指明方向',主上莫非忘了吗?"

子楚想了想,道:"又来乱讲,这句话明明是你对寡人说的。"

宾须无继续说道:"还有这句'君子之德风,小人之德草,草随风必偃',这应该是主上说的吧?"

子楚大怒："你当寡人傻吗？这也是你当时引孔子的话。"

宾须无辩解道："然而主上当时并未否决，这岂不就是主上说的？"

子楚竟无言以对："你，你，你……你这滑头，在这儿等着寡人呢。"

宾须无叫道："是的。主上之德风，老臣之德草；主上穿苦衣，老臣卖苦草；主上建公府，老臣把腿跑；主上忧国事，老臣起得早。老臣领会了主上的指示精神，贯彻实施，让空空如也的库府，一夜之间堆满金锭；让毫无头绪的三公府，终于得以营建。这是多么好的事情啊，老臣就不明白了，为什么每个人都怒气冲冲，对老臣穷追猛打呢？"

子楚郁闷地看着宾须无："你听好了，回去告诉你的主子嬴政一句话，让他给寡人收敛着点儿。若如此急功冒进，必然是悔之不及！滚！"

"这是干什么呢？主上你说这是干什么呢？"宾须无一边谢君，一边嘟囔着退下。

赵樽手拿两支楚地风味的冰水渍甘蔗，兴冲冲地从街角转出来。

一排赵国剑士，无声无息地拦在前面。

赵樽停下，面无表情。

又一排赵国剑士，出现在赵樽身后。

赵樽冷笑："尔等远在邯郸都有家眷，就这么急着让你们的家人听到来自这咸阳城传过去的噩耗？"

坐在马车上的君夫人出现，苍白的脸颊，黑洞洞的眼窝，冷冰冰的声音："再说一句我听听？"

赵樽的脸色一变再变，不敢回应。

君夫人厉斥："跪下，你这长平战场上的逃奴，敢弑主犯上吗？"

赵樽跪下了："小人不敢。"

"不敢才怪！"君夫人俯下身，用无力的小拳头击打赵樽的脑袋，"早在邯郸之时，就感觉什么地方不对，总有人报说我在别的地方。几天前，我才突然醒过神来，是有一辆车，车上也有个女子，跟在我们前后不时出没，所以才会被人弄混。你侍奉的那个女人是谁？为何屡次三番坏我的事？"

赵樽紧抿着嘴，一声不吭。

君夫人阴狠道："不说是吧？给我撬开他的嘴！"

"放开他。"明月公主从后面走出来。她穿着一袭五颜六色的彩衣，头上梳了两个环形抓髻，手中拿着串冰糖葫芦："赵樽虽是死士，但在长平血场，已经死过十几次了，何曾亏欠你赵国？"

君夫人先是震惊，而后恍然大悟："原来是你，那就难怪了。"

她一挥手，吩咐剑士们："给公主叩头。信陵君窃符救赵，虽然名过其实，徒劳无益，但君上高义，薄于云天，凡我赵国子民，都欠信陵君家人一份情义。明月公主，就是我赵国的恩人。若逢公主有求，我赵人皆有赴死之义。"

明月公主笑了："那么赵大叔他没事了，是不是？"

君夫人抬手，赵樽一声不吭地站起来，回到明月公主身边，把冰渍甘蔗呈上。

明月公主咬着甘蔗，乌溜溜的大眼睛与君夫人黑洞洞的眼窝相对视："君夫人，你也不是蛮不讲理的人，为何要追杀嬴政母子？"

君夫人漫不经心地看着她："你父亲窃符救赵，获罪于魏王，结果魏王将你族裔彻底铲平。公主是血海中唯一逃生的人，自己的悲惨身世，岂不就是答案吗？"

明月公主追问："夫人是担心嬴政母子势力坐大？"

君夫人失笑："小丫头，你年龄虽小，可应该知道那嬴政是何来历。他受教于龙居，是名家、儒家、阴阳家三大学宗聚合，苦心栽培出来的混世魔王。他今年才九岁，只手空拳，却合秦、赵两国之力无法阻截他。一旦他踏上秦国这架无敌战车，天下之人连同你我，还有生路可言吗？"

明月公主摇头："说到家仇国恨，我和夫人感同身受。天下之人，谁也没有我们两个身世惨。夫人苦心孤诣，却无力阻止嬴政母子的脚步，从邯郸到咸阳，一次又一次地遭受打击，相信夫人终生再也走不出这暗黑无际的心理阴影。我全家俱被魏王杀害，伏卧于尸堆血泊，我才逃过劫难。至今午夜梦回，仍能听到族亲濒死前的呼喊，与黑暗中掠过的雪亮刃锋的冷寒。但是夫人啊，一个人处于孤弱之时，决定他生存能力的，来自他自身的智力因素。可一旦他获得秦国这样的战争机器，个人的智力影响就变得微乎其微。真正让天下人，让夫人恐惧的，是秦国这架无敌战车，而非嬴政本人。"

君夫人挑眉："公主所言不错，但天下之事，非成于力，而成之于势。何谓势？不过就是无数如嬴政这样的智力非凡之士的能力聚合。所以要蛇打七寸，牛系鼻环。只要抓住事物的关键点，就存在着扭转局势的可能性，正所谓事在人为，这就是我要告诫公主的。"

明月公主笑了："夫人啊，自打邯郸以来，我就一路跟踪嬴政。我跟踪他，并无明确目的，只是好奇，如观察一只老鼠，是如何在猫咪的围捕中想尽办法逃命的。可就在前日，我偷听到嬴政给大夫宾须无讲了个故事。而后宾须无又把这个故事，讲给公主姺听。可是我知道，宾须无根本没有听懂，而由于他的讲述有失偏颇，连累到公主姺须得花很长时间才能醒悟过来。但那个故事，如果说世间真的有一个人能听懂，那就是夫人你呀。"

君夫人怔怔地看着明月公主："你是说那个范侯范雎失宠于秦昭王的故事？"

明月公主缓慢地点了点头："对。"

君夫人沉默了。

明月公主继续说道："夫人啊，昔者于这咸阳城中，楚人的势力是何等强劲，芈太后一手遮天，谁人不惧？可是范雎入秦，以一己之力独挑楚系，说动秦昭王，废黜芈太后，楚系的华阳君、泾阳君与高陵君被流放封国。在那时，范雎如日中天，要风得风，要雨得雨。那时节何曾少了人中伤他？然而，事物在上升的过程中，一切的遏止因素，经由系统本身的运行耦合，最终都化成了正面的支持力量。诸如范雎，在他得势时，任何人的非议，不但没有扳倒他，反而强化了他的势力，让他更加坚不可摧。可忽如一夜寒风来，范雎步入下坡路，这时候不知有多少人想再把他推回原来的位置，重臣蒙骜只是支持他的力量之一。可是夫人啊，当事物进入消亡阶段，一切支持因素，经由系统本身的运行耦合，最终也都化成了负面的消解力量。所以蒙骜对范雎的支持，反而加快了他的失宠。

"天地的规律，就是这样，当其上升，一切反对力量，最终都被系统解析为支持力。而当事物下降，一切支持力量，都被系统解析为消解力。所以天下之势，不在于秦强，而在于六国太弱。不是秦国强大了，才肆意欺凌六国，而是六国进入了消亡期，就算这世间没有秦国，也无法阻遏东方六国消亡的进程。"

说完之后，明月公主开始嘎嘣嘎嘣地咬嚼冰渍甘蔗。

君夫人默默地看着她，半晌才道："公主，如今这世上，只你和父亲信陵君相依为命。不敢相问公主，若这世上有人伤害你父亲，你会怎么做？"

明月公主果断地回答道："杀了他，此事别无选择。"

君夫人颔首："谢过公主，这就是我现在的选择。世间道理，都是对的。但我们不是活在道理中。"

我们是活在感情中。

有感而生，为情而死。

这才是我们。

第十一章　鬼谷门下
惊艳人间的天下神兵

一个鹰勾鼻子的黄衣人骑在马上环顾四周，身后跟随着数百名持棍操械的家奴府丁。

这个人曾出现在咸阳城门，拦截过衷三兄弟押入城的囚车，他正是秦王子楚的亲信内侍，嫪毐大人。

现在他又来了。

他所在的位置，是咸阳巧家巷。这里是咸阳的中心地带，居住的都是手工艺人，无论是战场还是后方，他们都是秦国最强大的力量。所以这一带也最为富庶，家家户户养着私马，备有私车。巷弄口玩耍的孩子，身上都穿着新衣，脸上带着毫无忧虑的笑容。

黄衣人的目光掠过巷口的孩子们，落在一个人身上。

那是个中年人，敦实实的一张脸，敦实实的身体。一望可知，这是那种有本事、没脾气的男人，是家里的顶梁柱，在邻里之间也享有声望与名誉。此时，他一边登车，一边和邻人打招呼。

"穆师傅，又去哪里呀？"

"主上有命，建三公府，嗣主上正式登位时启用。"

"哎哟，那可是个大工程，听说工程投入接近三万镒金子。做完了这个工程，穆家嫂子惦念的那座宅子，就算是到手了。"

"不要说得这么轻松，"穆师傅赔笑，"工程步步维艰，一不留神连命都得搭进去，赚钱哪儿是那么容易的事……做什么？"

已经登上车的穆师傅,被几只手揪了下来。

他诧异地转回身:"诸位是什么人?为什么拦着小人的路?"

那几个人问:"拦下穆师傅,是因为我们兄弟想知道,师傅这是要去哪里?"

"当然是三公府……哎哟!"穆师傅话未说完,已被打倒在地。

那群人冲上来,举起棍棒,不由分说就招呼到穆师傅的身上,当场把穆师傅打得头破血流。忽见马背上的嫪毐抬手,众人停下来,现场静寂,只听到穆师傅痛苦的呻吟声。

嫪毐策马过来:"穆师傅,你刚才说要去哪里?"

穆师傅忍着痛答道:"我说是三公府……哎哟,哎哟,别打了,打死人了。"

噼里啪啦又是一顿打,然后诸人停手。

嫪毐再问:"穆师傅,你适才说要去哪里?"

穆师傅小心翼翼地说:"三公……不是不是,小人哪里也不去,小人回家行吗?"

嫪毐笑了:"你看这样多好。这国孝期间,世道不靖,赵国来的剑士,燕国来的刺客,满大街乱窜。穆师傅何必蹚这股子浑水呢?"

说罢,嫪毐的侍从丢下两镒金子:"拿回去,滚!"

嫪毐心满意足地拧拧自己的鼻头:"下一个。"

被划为三公府的那片地上,立着几根歪歪的板柱,放眼所见,唯见一片荒凉的空地,不见一个人影。

衷、惊和黑夫三兄弟,带着十几个跑来投奔他们的士兵,百无聊赖地蹲在一边聊天。巫马伤身后跟着两个弟弟,来来回回地踱步:"奇怪,好生奇怪。"

宾须无不耐地问道:"到底是怎么回事?怎么不见一个匠人来?"

巫马伤也十分茫然:"小人哪里知道?倒是昨天来了十几个役夫,没有手艺,只是搬石挖泥的粗工。钱也没说少给他们,可吃过午饭,这些人全都不来了。"

"你就没派个人问问,他们到底为什么不来了?"

巫马伤的弟弟巫马忧道:"宾须大人,小的去问过了。那十几个粗工,中午吃饭的时候,被人给打了,打得一个个的头破血流啊。"

宾须无失笑:"打了怕什么,这不是有衷他们几个吗?还可以报官呀,咸阳城可是有律法的,禁止私下相械。哪怕是王孙公子,打了人一样要割鼻子的。"

一个士兵接道:"宾须大人,你说的都是商鞅时代的老黄历了。当年太子犯法,商鞅也不敢真的碰,只是象征性地割了太子老师的鼻子。可后来怎么样呢?坐法自毙了!被太子势力大举报复,逃无可逃,终被五马分尸。所以这人世间啊，权势就是道理，讲理就是讲势，无权无势之人，才老是惦记着讲理呢。"

宾须无急了："哎，我说你这个人，不好好当你的兵，怎么这么多废话呢？你叫什么名字？"

士兵道："小人名缭，无姓，魏都大梁人氏。"

宾须无皱起眉头："你一个魏国人，就别在这里添乱了。这就已经够乱的了。到底是谁呀，他凭什么打跑咱们的工匠？"

巫马兄弟把宾须无拉到一边："大人，打伤咱们工匠的，是嫪毐大人。"

"嫪毐？"

"嫪毐！"巫马兄弟低声道，"主上的近侍嫪毐，带了几百人，封锁了咱们工地。但凡敢有匠人进来，第一次打伤，但给伤者银两，让其养好伤。第二次还敢来，直接打残，而且没有银子拿了。第三次还敢来，那就直接打死。"

宾须无一屁股坐在地下："那完了。嫪毐是陪成蟜公子一起玩大的，明确表态支持成蟜为太子，而且他深得主上宠信。吕不韦说的话，主上不一定听。嫪毐说的话，主上却一定会听。现在他公开站出来与咱们为难，就再也不会有人站在咱们这边。死定了。"

嬴政来到三公府工地，环顾四周："这片地够宽敞，可以用来跑马。"

宾须无、巫马伤等人立于嬴政身后，一声不吭。

嬴政迎着太阳望向宾须无："宾须大人，你会想到法子的，对吧？"

宾须无脸皮抽搐："太子呀，这次老臣是真的没法子了，真的没了。"

"怎么会？宾须大人才智过人，这点小小的麻烦，如何能难住宾须大人？"嬴政不以为意地转向衷三兄弟："衷，你们老母亲还好吧？"

三兄弟急忙跪倒："感谢太子垂询，老母的身体近日愈发康健了，一再叮嘱我们，为太子竭心效命，肝脑涂地。"

嬴政正待说话，忽然间，衷三兄弟身后，一个士兵扑上前来："太子殿下，小人缭，此番前来欲献书于太子。"

"献书？什么书？"始料未及的事情，嬴政诧异地看着士兵。

宾须无扭头一看，顿时怒了："太子别听这人瞎说，他是魏国大梁的一个逃兵，有个屁书要献。"

士兵缭抗议道："宾须大人，不可如此羞辱小人，小人也是有师宗的。"

看士兵缭认真的模样，嬴政乐了："你有师宗？请问师宗何人？"

士兵缭如实答道："小人师于迷花山下，黑云洞中，鬼谷子师尊座下。"

宾须无叹息一声:"看看这孩子,说瞎话眼睛都不带眨一下的。鬼谷子是什么年月的人?百年之前,鬼谷子门下有四个弟子:苏秦、张仪、孙膑、庞涓。是以天下人皆知,苏秦合纵,张仪连横,纵横策士,搅动周天。而孙膑、庞涓兄弟二人,庞涓先行下山,仕于魏国。但他忌恨师弟孙膑的兵学,遂把孙膑骗到魏国,设计陷害,挖去了孙膑的膝盖,命孙膑替他写出兵法。但孙膑何等心智,被他逃出魏国,而后于齐国举兵,围魏救赵,击杀庞涓于马陵道上。这华美的历史,已经成了久远的传奇。当年的风云人物,俱已化尘飞去。连鬼谷子的四大弟子都已老死,你却告诉我,你是鬼谷子门下传人。可别告诉我鬼谷子喝了洗脚水,吞了马后屁,得以延寿益年,长生不老了。"

士兵缭怒道:"宾须老狗,辱我师门,你必须要向我磕头道歉。"

"少来。"宾须无对嬴政道,"太子殿下,快点儿把这个疯孩子赶走吧,咱们说正事要紧。"

嬴政笑着,问士兵缭:"你想让宾须大人道歉,这有何难?何不先解释清楚鬼谷子不死之谜,也好让大家长点儿见识。"

士兵缭有点儿沮丧:"闻名不似见面,见面让人失望。我听闻太子受教于名家、儒家、阴阳家三大学宗,如何会问出这么有失学术水准的问题?谁告诉你鬼谷子是一个人?就不能是个学宗门派的称呼吗?正如儒学传承至今,一代又一代的学人奉儒称尊。谁都知道儒为学宗之名,而非人的名字,为何鬼谷子就必须是个人?"

嬴政被问呆了,半晌立起,向士兵缭躬身:"谨受教,是嬴政轻狂,不识先生。"

士兵缭感叹道:"知耻后学,识拙而谦,太子虽然资质不足,但还是可以抢救一下的。这是小人积一生之修习,写下的兵法,请太子赋予小人这个荣誉,收下这部兵书。"

嬴政没接:"接书这事咱们不急,你先给我说解一下你的学业。"

士兵缭躬身道:"蒙太子垂问,然而这个时候,不是应该给小人赐坐上茶吗?"

宾须无急了:"这人可真麻烦,给他当头浇桶冰水,他就老实了。"

士兵缭摆摆手,讪笑道:"浇冰水免了,且听小人道来。"

士兵缭展开一本竹书:"小人一生所学,尽在此书之中。小人假托梁惠王之名,以问答的方式全面展示并演绎了小人的军事思想。为什么小人要假托梁惠王,而不假托其他什么王呢?那是因为孟子的缘故。昔者孟子著书,往死里抹黑梁惠王，'望之不似人君''寡人好色'，诸如此类都是孟子故意给梁惠王找不痛快。一客不烦二主，咱们也要把梁惠王抹到黑透，这才是扎实务实的学人精神。此书计五卷三十一篇，第一卷中包括了天官、兵谈、制谈、战略与攻权五篇。但听其名，就知道每篇重点讲述一个要点。此书开篇，梁惠王问缭子曰……"

宾须无打岔："缭子是谁？"

士兵缭笑道："当然就是小人啦。"

宾须无冷笑："孔丘称子，万世宗师。老聃称子，道宗承传。你是什么东西，也有资格称'子'？"

士兵缭怒极："我是你老子，你是我儿子，行了吧？"

"我打死你！"宾须无脱鞋就往上冲。巫马兄弟忙不迭地架住他："大人，大人，太子面前不可失礼，且听这无礼之徒说下去，看看他说出什么花样来。"

士兵缭继续读他的书："梁惠王问缭子曰：'黄帝刑德，可以百胜，有之乎？'缭子对曰：'刑以伐之，德以守之，非所谓《天官》时日阴阳向背也。黄帝者，人事而已矣。'"

士兵缭紧接着解释道："这段话的前半部分是说，梁惠王问小人：'黄帝依靠刑杀和德政，可以百战百胜，真有这回事吗？'小人回答他说：'刑是讲靠武力讨伐敌人的，德是讲行仁政治理国家的，并不是讲天象、时日、阴阳向背那些东西。黄帝所凭借的，就是人的作用罢了。'小人的军战思想，就是这么个意思。"

士兵缭继续说道："接下来，咱们开始军事实践。这里有座城，从东、南进攻，攻不下来，从西、北进攻，攻不下来，为什么呢？人家城池防守到位呗。你看人家那城墙，修得老高，你看人家那护城河，挖得多深。你看人家那兵器，那城里的粮草……"

嬴政说话了："好了，缭子先生，你的军战思想，与我师门相异，也与孔穿老师教我的儒家、邹衍老师教我的阴阳家，有所不同。"

士兵缭大叫道："那不是废话吗？孔穿、邹衍，还有公孙龙，都是靠说的。嘴巴比天大，天天说大话。但说到实践，还要看我们鬼谷子门下。"

嬴政问道："既然如此，缭子先生当为实践大师？"

士兵缭挺胸抬头："是的。"

嬴政颔首："那咱们现在实践一下，这里有个工地，银子早已备齐。可这里的四面八方，被凶徒团团围困，若有匠人敢进来，就会惨遭毒打，所以此地无人敢入，工程因之搁浅。先生既是军战实践专家，当为本公子解决这个问题。"

士兵缭收起竹书，站了起来："太子大人可能有所误会，小人是写书的，不管你这些狗皮倒灶的烂事。既然太子还惦念着开工挖土，不以国家社稷为念，只想当个替人擦屁股的贤公子，小人就不打扰了，暂去别的地方，另行找人献书好了。"

嬴政拦在对方面前："先生莫要弃我而去，我是诚心烦请先生指教。"

士兵缭态度强硬："太子诚心求教，小人诚心要走。看咱们俩谁能拗得过谁。"

嬴政躬身颔首："再次恳求先生。"

士兵缭坚持："很高兴地再次拒绝。"

嬴政后退两步："给我拿下这个无礼之徒！"

在场的，只有衷、惊、黑夫三兄弟听从嬴政的命令，但三个人就够了。

三人扑过去，将士兵缭翻倒，强行架起来。

嬴政吩咐道："给我吊起来打，直到这货肯说出办法为止。"

衷三兄弟果然将士兵缭吊在根桩柱上，用木棍抽打起来。

听到士兵缭的惨叫声，宾须无、巫马兄弟等人，都感觉气氛怪怪的，却又不知从何说起。

过了一会儿，宾须无开口了："太子，老夫托大问一句，这个狂徒缭开罪太子，严惩是必须的。但太子却另辟蹊径，异想天开，居然想从这个人身上找到问题的解决办法，这会不会有点儿缘木求鱼、南辕北辙了呢？"

嬴政笑道："宾须大人多虑了，缭先生乃军战大家，腹有兵甲百万，智如湫渊无边。眼前这点小事，根本就难不住他的。"

巫马伤顶撞道："若他真有办法解决，为何不肯说出来呢？"

嬴政笑道："这世间，有美好的声誉，也有极坏的谤名。军战之事生死一线，压在人性的最敏感之处。所以越是伟大的军战思想，越是容易引发世人的隐忧，越是容易担负上不好的名声。比如武安君白起，他为我们秦人打赢了长平之战，坑杀赵卒四十五万人，不单单赵人痛恨，就连我们秦人自己，对他也没好印象。只因杀伐炽烈，会激发人性中的本能厌恶。所以缭子先生虽然洞悉军战思想，但更知道人性。他知道办法却不肯说，就是希望我们听了他的思想，自行领悟出办法。那么，他的手上就不会沾有污秽，良心上就没有负担，就可以继孔子、孟子之后，成为又一代学人宗师。至少他可以这样安慰自己。"

宾须无恍然大悟："他是想自己做好人，让咱们去做恶人。"

巫马兄弟也急了:"这不是说笑话吗?他既然有心侍奉太子,岂有好名声自己包揽,恶名声推给君上的道理?此乃不忠,实该严惩。"

嬴政解释道:"孔孟老庄,我们的大师已经够用了,现在最缺的是实战者。这就是我不肯成全他的原因,毕竟我们手头上可用的人太少,纵是无情,终属无奈。"

正说着,衷奔拉着脑壳过来:"太子,他死活说不出来,棍子都打断两根了。看来他是真的不知道。"

"不知道才怪!"嬴政笑道,"打不管用,那就换个招术。缭子先生血气方刚,吃软不吃硬,给我上美人计。"

"美人计……"巫马兄弟笑了,"太子啊,你看咱们这两头蒜,哪里有什么美人?"

嬴政盯着他说道:"你们不是有个妹妹巫马愁吗?"

巫马兄弟慌了手脚:"不是太子,咱们不能这样……"

嬴政打断兄弟二人的话:"你二人且听我说,难道你们不希望自己的妹妹,以后有个放心可托之人吗?缭子先生深谙兵法,又会写书,如此大才,如蛟龙在渊,如明月在天,纵无时运,也非泛泛。若遇机遇,必然飞龙在天,利见大人。这样的人才,是天生的好妹夫,你们真的愿意错过吗?"

"不是……"巫马兄弟非常别扭,"太子,不是我们抗命,实在是……太子你听,他叫得那惨样,能有什么出息?"

嬴政大笑道:"他惨,是因为遇到了我。若他遇到的是别人,就该轮到别人惨叫了。"

"真的吗?"两人半信半疑,犹豫片刻,终于决定把宝押在嬴政身上。

巫马愁来了,她奉命过去安抚士兵缭,很细心地拿了块棉帕,替士兵缭揩试身上的伤,脸上的血。士兵缭呆呆地看着她,那呆滞的眼神,慢慢充满了期望与温情。

又过一会儿,巫马伤飞跑过来:"太子殿下,果然被你说中了,士兵缭真的知道如何解决眼下的困境。他招了。"

"还有呢?"

"呃,他还想继续招。"

"不行。"嬴政吩咐道,"这次该轮到本公子招了。"

嫪毐上马,环顾左右:"人呢?人都哪儿去了?"

他的马后只跟着一个拄着杖的府丁，满脸尴尬地看着他。

嫪毐急了："怎么回事？你说话呀。"

"内侍大人，"那府丁哭丧着脸道，"没有人手了，咱们阖府的奴丁，全都被人家打残了。"

"是谁干的？什么时候？"嫪毐大吃了一惊，"这么大的事，我怎么没听到动静？"

府丁哭道："大人没听到动静，那是事出有因。别说大人您了，连我们这些挨打的倒霉蛋，都是事后好久才醒过神来，最初根本不知道发生了些什么。"

嫪毐大声喝道："我不要听你在这儿给我诉苦，我要知道发生了什么。"

府丁支支吾吾："说不上来，单说小人这条腿吧，是那日小人负责防守三公府西路，大人的命令是官可以进，吏可以出，路人咱们不拦，闲人咱们不管，公子王孙更是随意，不得阻拦，更不许被贵人发现。我们只负责盯着三类人：一是建筑工匠，泥工瓦工一类；二是役夫，挖土和泥一类；第三类是给三公府工地运货的，无论运什么都不允许，只要这三类人出现，那就上前开打。第一次手下留情，还要给人家养伤的费用。第二次打伤，那就不给钱了。第三次还敢来，那就只管下死手，打死打残，都不能怪我们。这是嫪毐大人您的吩咐吧？"

"是本官吩咐的。怎么了？本官吩咐你干点儿活，还有金子拿，你不乐意吗？"

府丁哭道："这不是乐意不乐意的事，是说那天小人负责把守三公府西边路口。当时我们有七八个兄弟，刚刚打伤了两个想进入三公府卖食物的商贩，砸了他们的摊子。然后我们兄弟顾盼自雄，感觉天下很无敌的样子。可是大人，当时不知为什么，我们心里总是感觉怪怪的，好像有什么事不对头。可到底哪儿不对头，却又说不出来。就这样过了一会儿，不对头的感觉更强烈了。到这时，才有人明白是怎么回事，有两个兄弟不见了。大家急忙分头去找，这一散开，就中了人家的招了。小人找到一条巷子，惊讶地发现，一个兄弟浑身是血倒伏于地。小人正待问是怎么回事，突然间眼前一黑，有人在后面用个布口袋，冷不丁地罩在小人头上，然后小人突感脊背疼，肋骨疼，尾巴骨疼，最后一下是大腿骨嘎嘣一声，然后小人就什么也不知道了。"

嫪毐沉默片刻："就是说，你们被人袭击了？那为什么不立即报官？"

府丁哭诉道："大人啊，就算是报官，也得先有人把我们抬出来吧？"

嫪毐想了想："也对。"

府丁继续说道："大人啊，不过短短三日，我们设在三公府一带的各路埋伏，统统被人家拔除，一百多名兄弟，都跟小人一样，拖着血淋淋的断腿，一边哭一边艰难地在地上爬行。后来我们央求过路的行人,把我们送到治病的郎中那里。可去了一家,门关着,再找下一个郎中,人家不在家。后来,我们才知道,如今咸阳城中,所有的郎中都被三公府请走了,听说是在空地上支起了锅,都在给工匠役夫们熬防暑汤。可熬个汤药,哪儿用得着这么多郎中?人家这招叫抽刀断水,举杯浇愁。"

嫪毐失笑道:"什么抽刀断水,那叫釜底抽薪。"

府丁没心情跟着笑:"请问大人,这有区别吗?"

嫪毐面露尴尬:"嘿,你个奴才还敢质问起我来了……查清楚是谁干的没有?"

府丁一脸愁苦:"不好查呀大人,人家还拖着条断腿呢。但小人有个军伍兄弟,他听说我腿断了就来探望,告诉小人说,小人这条腿,折于缭子之手。"

"缭子……什么叫缭子?"

府丁把自己了解的情况一一道来:"缭子是个人,小人听说,缭子负责策划,宾须无负责掏金子走账,巫马家的兄弟负责项目管理。士兵衷、惊、黑夫三兄弟负责去军中找些有武艺在身、性格稳、口风紧的人来。这些人来到后,全都换作黔首服饰,每七人一组,悄悄混入街头,只要见到咱们的人,就趁其落单不备,突然拖入巷子打断腿。每打残咱们一个人,宾须无支付一镒金子。如果打错了,打了无关的人,这算是重大工作失误,需要扣掉两镒金子。还有,如果行动时事机不密,被人看到,这算是工作能力不足,要扣掉半镒金子。"

嫪毐大骇:"这个缭子是何方神圣,怎么之前从未听闻?"

"这个小人打听过了。听闻此人出自鬼谷子门下,是梁惠王派他来,给宾须无那伙人助拳的。"

越说越离谱,嫪毐的眉头皱得更紧了些:"又来胡说,梁惠王死了一百多年了,怎么可能搅和这浑水?"

"小人所言,俱有实凭。"府丁从怀中掏出一支竹简:"小人这里有证据的,不信大人你看。"

"这是什么?"嫪毐接过竹简,念道,"梁惠王问缭子曰:'黄帝刑德,可以百胜,有之乎?'缭子对曰:'刑以伐之,德以守之……'这什么意思呀?"

府丁道:"听那军中兄弟讲,缭子先生这话的意思是:你若对我好,我管你娘叫大嫂;你若对我凶,你爹哭着找郎中。善对善来恶对恶,一报还一报。世间有公道,谁也别想逃。"

嫪毐越发烦躁:"这都什么乱七八糟的!"

脱下那身黄衣，嫪毐换下苦布孝衣，来到了灵堂。

他走到子楚身边，环视左右。

左右侍从，纷纷退开。

子楚说话了，声极低："寡人吩咐你的事，查得怎么样了？"

嫪毐娓娓道来："回主上，小臣前后派了三路人，到了邯郸的大北城朱家巷。可十多年过去了，朱家巷的居民多数搬走，新搬进来的人无从问起。后来他们在西城找到户人家，是八年前搬离朱家巷的。"

子楚颇不耐烦："寡人要听结论。"

顿了顿，嫪毐如实答道："没有结论。"

子楚怒道："你……"

嫪毐紧接着道："主上，这种事，没有结论，就是结论。"

子楚的脸色变了："是不是吕不韦干的？"

嫪毐的声音又低了些："小臣派在吕不韦身边的人，搜集到了吕不韦的每句话，甚至包括梦话。但从未闻及关于此事的只言片语。"

子楚冷哼一声："哼，口风挺紧的是吧？再紧也没用。你看嬴政那一手，把一钱不值的苦布卖出天价，这是十足的吕不韦的风格。哼，这种本事，这种能力，不是能轻易学来的，是天生的，是骨子里的，是血统上自然带来的。嬴政到底是谁的儿子？这还有疑问吗？"

嫪毐躬身正色道："小臣什么也没听到。而且小臣知道，主上再也不会说起这事，在朝中不会说，在宫中不会说，对任何人都不会说。"

子楚悻悻地抹了把脸："你是宓公主最为看重的心腹，有些事，并不需要寡人吩咐。唯有成蟜那边，你给寡人多费点心思，别让心怀叵测之人太过于接近。"

嫪毐恭敬地答应下来："小臣尽力，但只能做到尽力。"

"嗯，"子楚说道，"去吧。"

嫪毐退出，走到门口。

院子里，成蟜骑在嬴政的肩头，用手拍打嬴政的头，嬴政正在院子里缓跑。

嫪毐一声不吭，静静地看着。他的目光中，充满了怜爱与暖意。

忽然间成蟜看到了嫪毐，立即欢快地叫了起来："我要骑大马，要骑大马。"

嬴政急忙蹲下，放下成蟜，然后四肢落地，等成蟜骑到自己背上。

成蟜却向嫪毐跑了过来："我要骑这匹马。"

嫪毐急忙趴下，让成蟜骑到身上，等成蟜拍打着他，喊一声驾，慢慢地爬行起来。爬了一会儿，他低声问："殿下，这些日子开心吗？"

"开心。"成蟜是真的开心，"和政哥哥在一起，让政哥哥带我玩，好开心。"

嫪毐小心翼翼地道："太子近日可曾有读书？"

成蟜闷闷地说道："读书太气闷了，成蟜喜欢玩耍。"

嫪毐突然间落下泪来："太子呀，你长点心眼吧，快点儿长长心眼吧。大敌已至，就在你母子二人身边。人家隐忍而来，谋定后动，矢志要夺走你的王位，夺走你的社稷江山，要夺走你们母子二人的性命。为了这一天，人家准备了何止十年八年？可是你却这么善良，这么天真，这么单纯，你以为这世界到处都是阳光，却不知人心是多么黑暗。你视仇敌为至亲，却不知一切都是人家苦心孤诣的谋算。"

成蟜狐疑，看着嫪毐："嫪毐，你嘟囔什么呢？"

想了想，嫪毐还是没能把最坏的结果都摆在他面前："小臣没嘟囔什么。小臣只是在说，为了太子无忧无虑的笑容，为了太子那源自内心的赤诚与仁善，小臣誓死周旋到底。粉身碎骨，在所不惜！"

"朝局乱了。"公主姚披发赤足，白衣胜雪，替兄长公子盉浇上盏溧茶，说道，"乱到了不可收拾的地步。"

"乱又如何？"公子盉一饮而尽，"任什么人坐到君位，也须得考虑公族利益，否则后果殊难预料。"

"哥哥，你把事情想得太简单了。"公主姚叹息摇头。

兄妹二人，系一母所生，公子盉比妹妹年长八岁，但心智上却差出极远。公主姚七岁时就以辩才折六国使者于朝堂。而公子盉今年二十岁了，还拎不清大小轻重。说他没心眼，他却比谁都精明，知道自己智力不如人，事事唯亲妹妹马首是瞻。只要妹妹吩咐的事，无论什么他都会做。但如果妹妹不在身边，哪怕是屁股着火了，他都不会动一下。

只听公主姚道："秦之朝政，自我们爷爷那辈儿起，就清晰透明，不过是本土宗女生下来的子嗣，这属本土系。此后诸公子迎娶六国公主，就会转变为齐系、燕系、魏系或楚系。多年来楚系一头独大，连我们长兄子楚获得权力，都是楚系运作的结果。子楚于咸阳经营六年，虽然始终被本土系压制，但其君位仍是无可动摇的。然而赵氏母子归来，一下子就全乱了。如今，朝中又分成了政太子系与成蟜太子系。"

说到这里，公主姺抬头："哥哥猜猜看，政太子系与成蟜太子系，哪一个会占到上风？"

"当然是成蟜系。"公子盉道，"成蟜生在咸阳，长在咸阳，秦人是认其为宗的。成蟜系最主要的支持者是嫪毐，嫪毐乃子楚身边无可争议的亲信。现在连吕不韦都在子楚面前递不上话，但嫪毐始终拥有无可争议的话语权。"

公主姺摇头："哥哥，你错了，你看到的只是表面。现在情形是，政太子系已经取得绝对优势，如果再不殊死一搏，成蟜不要说问鼎太子之位，能否活命都成了问题。"

公子盉并不赞同妹妹的说法："妹妹所言，莫非依据就是政太子是嫡亲长子吗？若如此，那就不必忧虑了。我听说子楚暗中命令嫪毐，派人潜入邯郸，打听赵氏生下嬴政时的细节详情。可是妹妹哟，赵氏生嬴政，唯一的目击人就是子楚他自己呀。他还要派人去打听，他想打听什么？嬴政究竟是谁的儿子，他心里没数吗？明明是自己亲生的，他非要唱这出恶心戏，为的是什么呀？他就是想让人知道，嬴政是没资格册封太子，更没资格承袭君位的。"

往前凑了凑，公子盉继续说道："子楚这样做，那是相当歹毒，也是超凡的君主智慧。他太清楚了，君王无情，后宫无义。既然不让长子继位，那就是开罪于对方。而为了权力，儿子杀父并不罕见。既然已经开战，那就一锤子打死对方，绝对不给对方喘息还手之机。这就是咱们的长兄呀，这就是咱们的君王呀。妹妹，我们生在王家，长在王室，此类事情看得还少吗？"

公主姺却道："哥哥，说你想得简单，就是想得简单。子楚为君，固是无情无义，但要除掉赵氏母子，遣一个力士杀手就足够了，又何须自污其名，让天下人嘲笑自己呢？"

公子盉呆住："莫非妹妹的意思，那嬴政果然是……吕不韦的儿子？"

公主姺大怒，操起茶盏砸在哥哥身上："哥哥，你长长心好吗？多大人了还说这混账话？"

公子盉被砸了一身一脸的水，但他一点儿也不生气。妹妹从小到大，天天这么揍他。他已经习惯了。只是此时他确实困惑："妹妹，你先别生气，这国家大事……你也知道哥哥脑子不够用，你讲给哥哥听，不就行了吗？"

公主姺瞪他一眼："我说了你也不懂，待我叫个人来给你说说。"

公子盉问道："谁呀？"

公主姺轻拍了两下手掌，屏风后转出个绝美女子，高髻宫妆，气韵清冷：

"小女子韩冷儿，见过公子。"

"她……"公子盍吃惊得大叫起来，"她不是承欢楼的头牌吗？怎么会……"

公主姎低叹一声："哥哥又乱说，冷儿是韩国公主，为逃生来到咸阳。还记得前些年，韩国卖掉包括公主在内的十二名美女，并用卖得的钱贿赂我们秦国吗？冷儿就是那位被卖掉的公主。她来到秦国，却阴差阳错失落承欢楼，只好等待知己来解救，可这秦国的男子全都瞎了眼，没奈何，只好我去把她带出来了。"

韩冷儿向公主姎磕头："公主救命之恩，冷儿没齿难忘。"

公主姎扶起韩冷儿："姐姐何须如此？你也是公族世家，不必如此拘谨。"

冷儿谢过。抬头，一双眼睛转向公子盍。

公子盍困惑地搔头："适才妹妹说你逃生来到这里，莫非你家遭了劫难？"

冷儿恭敬地颔首："对。"

公子盍追问道："什么劫难？"

冷儿一字一顿地说道："国破家亡，生灵涂炭。"

"……这从何说起，韩国现在不是好好的吗？"

"公子看到的，只是表象。事实上，韩国步入亡破，已经很久很久了。"

公子盍大为震惊："有多久？"

"百余年前，以邹地人孟轲为首，聚天下学门于齐国临淄，是以开稷下学宫。学宫中有七人，俱为各学宗首，人称稷下七豪。据闻稷下七豪所言，天下七国，纷争日久，已进入扫尾收官阶段。是以推出一个计划，觅一个无双传人，打通南北隔阂，破除封疆禁界，以打扫六国，一统天下。这个计划不疾不徐地推动了百余年，最终在邯郸画上句号。是以集儒家孔穿、阴阳家邹衍、名家公孙龙，由此三人把这个计划推入到执行阶段。"

"这个……"公子盍神情惘然，"莫非你说的诸学宗传人，就是政太子？"

冷儿未答，转而问道："以公子之见，主君子楚是何许动物？"

公子盍差点没笑起来："姑娘此言差矣，应该问子楚是何许人也。"

冷儿看向公子盍："我没有问错，我问的就是子楚是何许动物。"

"动物……"公子盍感觉这个问题好难，"他就是个两条腿的人啊。"

冷儿冷声道："错，他是只典型的权力动物。"

公子盍呆了呆："你这么说也对。"

冷儿又问："权力动物，对什么最敏感？"

这个问题一样难，公子盍无奈道："这个……姑娘别再问了，直接告诉我好吗?"

冷儿接着往下问:"权力动物,对同类动物最敏感,对权力危机最敏感。"

公子盂长长地"嗯"了一声,点头道:"有道理。"

冷儿继续说道:"所以嬴政入秦,初,父亲子楚会与他抱头痛哭。哭过之后,子楚就会嗅到强烈的恐怖气息,会感受到雷暴般迅猛袭来的危机。值此,他会发现,来的不是他儿子,而是一个强大的敌手,所以子楚本能地防范与攻击。他所做的一切,看似不可理解,其实只是自保。如今宫中楚系、秦系,朝中政太子系、成蟜太子系,这些都是表象,在这大秦帝国,风雨如晦的前夜,展开搏命厮杀的,只有两个人,君上子楚与他的儿子嬴政。"

父子相战,死生一线。

胜败未期,鹿死谁手?

子楚率大夫朝臣,循礼祭过灵香,徐徐退下。

诸臣鱼贯而入,进入旁边的小议事厅。

这间议事厅,实际是秦国最高的权力中枢。但由于孝仪程制,所以一切从简。

子楚跽坐下来,在他面前,仍然是一成不变的阵营。子傒率领的秦系本土势力居左,吕不韦为首的子楚核心体系居右。一切依如往日,只是感觉哪里不对。

哪里不对呢?

子楚纳闷,看了半晌,恍然大悟。

子傒阵容这边,公子湅,还有两个大夫,明显身上带伤,有个大臣似乎腿都断了。而吕不韦这边,好像更惨点,带伤的臣子居然有四个。

子楚好不惊讶:"你们打架了?"

"没……"诸臣公子,齐齐摇头,"没有打架。"

"没打架这是……"子楚扬起头,"杨端和何在?"

"主上,臣在这里。"杨端和从门外探出头来。

子楚怒极:"你们这些带兵的,怎么都躲起来了?莫非是小觑我大秦君上威仪吗?"

"不敢,不敢。"子楚这么说话,军方诸将,不敢辩驳,只得硬着头皮,一个个从门外进来。看到他们,子楚的震骇已到极点:"你们也都受伤了?蒙骜,你那条胳膊是怎么回事?满朝文武,伤的伤残的残,这到底是怎么回事?寡人还是不是这大秦君王?君父见问,谁给你们避而不答的底气?"

忽有一人自门外昂然而入："主上，你的问题没人敢回答的，要不让小臣来说？"

子楚抬头，险些气死："茅焦，你个该死的，你那臭嘴张开就没好事，寡人不要听。"

茅焦这次倒是没强求："主上不听，那小臣退下了。"

子楚却急了："你给寡人转回来，到底是怎么回事？"

茅焦躬身道："回主上，此乃无牙军所为。"

"无牙军？"子楚想了想，"你是说早年间武安君白起的私人部队？"

"是的。"

子楚想了半晌："白起是我大秦名将，先昭王时为我大秦效力三十余年，长平战役是他的封剑之作。然而此后他居功自傲，与丞相范雎屡起冲突，更曾对君上不敬，最终赐死于高邮。这都是十年前的旧事了，怎么他那支私人部队还在？"

"主上记忆力不错，这么久的事还说得明明白白。正如主上所知，白起死后，他的私属嫡系武装无牙军三万人，就此流落无依，但逢有战事，他们自己就会自行开赴战场，而且很讲规矩，能够配合友邻部队作战，不抢功不争利，只是抢些银钱什么的。战事过后，他们就自己找个荒山野岭，开荒耕种，自己养活自己。但这支部队不隶属于任何人，甚至不在秦国军事编制之内。可是他们不扰民，不惹官，虽非良民，终非山匪，算是义务为我大秦服务吧。可前些日子，咸阳城里发生了件蹊跷事，一下子让人注意到了无牙军。"

"哦？"子楚问道，"发生了什么蹊跷事？何以寡人不知？"

茅焦理了理袖口："主上不知，那是属臣没脸告诉主上。就这么说吧，咸阳城里，突然来了一伙形踪不定的人，皆黔首素衣，出没无常。把主上内侍嫪毐府中的一百多名家丁府奴，统统打断了一条腿，这到底是为什么？嫪毐大人不吭声，旁人自然不敢问起。但此事让人一下子想到了无牙军。据说这就是典型的无牙军的行事风格，于是朝中各方势力，皆起了心念，大概是想替主上收伏无牙军吧？这些日子以来，城门口乌乌泱泱，公子王孙，名臣宿将，纷纷出城赶往无牙军，一个个都感觉无牙军会买自己的账。可最后的结果，就是主上看到的这情形。"

"胡闹，胡闹！"子楚气得全身发抖，拿掌一拍地面，冲子傒骂道："叔叔，那无牙军个个都是武安君白起千挑万选，战斗力何等凶悍！寡人听闻，即便无牙军中烧灶做饭的伙夫，也有如燕之刺客嚣野鱼、赵之死士周伯鱼、赵樽，大秦力士公冶春、公冶秋那般的身手。收伏这些人，岂是轻而易举之事？这些人无知莽撞倒也罢了，叔叔你老大一把年纪了，怎么也拎不清此事的轻重呢？"

子傒活了一辈子，这是头一遭挨骂，偏偏却没勇气还嘴，只能弱弱地辩解："呃，又不是老夫让他们去的，干吗骂老夫呀。"

吕不韦忽道："主上，无牙军不奉君命，凶悍嚣野，不能再留了。"

蒙骜突然插进来："不可，万万不可，吕相国你初来乍到，不懂的事千万别乱说。那无牙军何曾不奉君命？先昭王时，曾两次以兵符相召，无牙军都闻令而行，不见有丝毫慢君之意，是以先昭王无法降罪。"

吕不韦不服："既然他们听凭君命驱策，那就不是个问题。明面上改革军制，分化瓦解，再暗地里干脆干掉，怎么会让这伙人逍遥法外呢？"

子傒嘿嘿一笑："吕相国是不是以为这大秦天下，就你一个人聪明？实话告诉你，先昭王时，你说的明招暗算，软招硬来，全都用过。"

蒙骜沮丧地道："是这样，先昭王时，是把解散无牙军的事，交给臣下的。臣派了人持符命至无牙军，宣布改制军令。岂料使者到达无牙军驻扎地点，却找不到人影，无牙军逃了。此后就是寻找他们，也不难找。无非是哪个山坳坳里，或是荒无人烟的所在。找到之后，使者再赶过去，但使者行至途中，犹如泥牛入海，无声无迹地消失了。明摆着是被无牙军暗杀了，但你又没证据，无法因此问罪。就这样折腾三年，先昭王怒了，亲传王命，调动无牙军。

"第一次派出的使者，好端端地走在路上，扈从随乘都在，单单就是使者去趟茅厕，人就没有了。第二次王令再行，使者身边时刻都有十几个贴身随护，这才到达无牙军，宣布王命。

"无牙军接命，谢过主恩，果然即刻起行。"

蒙骜说到这里，转向名将杨端和："小杨，下面的事情你最清楚，你来说。"

杨端和好不尴尬，脸皮抽搐半晌，才道："是这样的，当时我奉先昭王之命，伏师于龙须山谷，无牙军迤逦而入，统共不过三万来人，队伍也没多长。我看到他们全军进入埋伏圈后，立发军令，万箭齐发，沙石飞弩俱下，须臾间将无牙军悉数埋葬。"

吕不韦听不明白，左右看看："这不是无牙军已经埋了吗？那咱们现在说什么呢？"

杨端和长叹一声："无牙军是被埋了，现在你去龙须山谷，当年的沙石箭矢犹在。只是过不几天，无牙军又冒出来了，挑个僻远地方安营扎寨，让先昭王好生诧异。"

蒙骜把话接过来:"得知第一次密杀计划失败,那已是快两年后的事了。先昭王气火攻心,又传了一道王命,这次是传命于樊於期将军和王龁将军。明摆着主上不再信任我们了,要不让这两位将军说说?"

樊於期走过来:"主上垂询,小将岂敢不答?只是这事真的没什么好说的。那是三年前的事情了,我和王龁将军,奉先昭王之命,先行挑选了个人口稀少的小镇,将居民迁走。而后把所有的房屋铺上易燃的茅草。当夜,无牙军奉君命而至,驻扎于镇中。到了午夜,我率军士从南到西,王龁将军率部从北到东,将小镇团团围住,一声令下,众士兵火箭齐发,倾刻间把个小镇烧作白地。"

吕不韦已然能够猜到结果:"小镇烧了,可无牙军又活了,对吧?"

樊於期脸色沉了几分:"废话不是?如果无牙军真的烧光了,还轮得着你伤脑筋?"

吕不韦尴尬地问道:"他们的将佐是谁?总有家人吧?"

蒙骜接道:"白起生前,无牙军是有将佐的,名姓俱在。白起死后,无牙军中,将佐就换了两个人,一个叫大沈厥湫,一个叫亚驼。无牙军中三万士兵,悉听其号令。"

子楚呆了呆:"这两名将佐,岂不是咱们秦人供奉的两尊水神吗?"

蒙骜也忽然想起来了:"主上明慧,我说这两个名字怎么这么熟呢。"

压抑的气氛中,黠臣茅焦身形不动,脚下却悄然向后滑动。

他心里清楚,秦王子楚对他的感情很奇怪,是那种极炽烈的,又爱又恨。

子楚爱他、宠他,他可以在子楚面前说吕不韦都不敢说的话,说任何人都不敢说的话,子楚不会计较。

但子楚又按捺不住一种疯狂的欲望,想挖个坑,把茅焦推进去埋了。

无牙军之事,就是个现成的坑。

所以茅焦必须快点儿逃。

眼看他就要滑出房门,忽见秦王子楚抬眼:"给寡人捉住那个乌鸦嘴。"

茅焦心胆欲裂,掉头狂逃,却早被一群内侍扑上,七手八脚地按倒在地。

如条死狗一般,茅焦被强拖到子楚面前。

子楚笑吟吟地道:"茅卿啊,吕相的门客之中,人都说最有脑子的是李斯。但依寡人看来,你才是那个最有脑子的。李斯就有个文案的功夫,他连给你提鞋都不配。"

茅焦跪伏在地:"小臣无能,不敢领君父谬赞。"

子楚断喝:"你有什么不敢做的?马上拾掇拾掇出发,给寡人把无牙军带来。寡人要看到他们伏命认罪！"

吕不韦建议道："主上，要不换个人吧，茅焦他就是个搞笑高手。主上非让他干正事，只怕他去了回不来。"

子楚喝道："若不回来，以抗君父之命问罪。滚！"

茅焦在吕不韦的门客中，挑选了九名嫌命长的亡命徒。

临行之前，又来了两人，有一人来自公子箪的府上，另有一人来自公主姺的府邸。此二人均称：秦人最重军功，若立不世军功，非但可以解脱奴籍，而且可以有加官封爵的可能。所以他们二人愿意冒险。万一茅焦游说成功，也有自己的一份功劳。

总计一十二人。

临行之前，茅焦对他们说："你们听好了，我们这一次，堪称是有死无生。无牙军早就起了叛逆之心，只是孤军难立，一支军队无法掀起风浪而已。但他们久成弃民，早已不服王化，所以我们此行，无牙军很可能会在途中悄然杀掉我。我死了，奉王命的使者没了，你们也只能做鸟兽散。无牙军未曾接到王命，自然无可怪罪。所以这次尔等的唯一任务，就是死死地盯紧了我，哪怕吃饭，哪怕睡觉，哪怕上个茅厕，你们也要和我在一起，万万不可让我落单，晓得咯？"

众亡命徒齐声答道："晓得。"

茅焦大声道："晓得，咱们就可以出发了。"

此行一十二人，十人乘马，茅焦坐车，还有一名亡命徒怀揣短刃，权充御者。于驿路上簸行了半日，车入山路，越来越难走。看看天将黑，忽瞥见西南方向有袅袅炊烟升起，众人精神一振，循路而去。

前方果然有个山村，距离还很远，就听到乡人粗暴的斥骂声和女人的尖叫声。是极接地气的声音，听起来亲切无比。

甫入村子，一扇敞开的院门，打骂声是从院子里传出来的。众人探头看时，就见当院一个粗手粗脚的乡夫，正揪住一个女人的发髻在地上拖动："奸夫藏在哪里？你把奸夫藏在哪里了？"女人发出呜呜咽咽的哭叫声，但听动静，好像不太委屈。

茅焦在门前停下，两个随从昂然进院，乡夫吓了一跳，斥骂女人道："好啊，厉害了你，居然叫来这么多的奸夫，老子怕了你们才怪。"说罢抡起锄头，就要与众人拼命。几名随从急忙散开："喂，喂，喂，你乱讲话可是要承担责任的，我们是主上差派的使者，谁稀罕和你家婆娘乱来？"

"不是……"乡夫这才意识到这些人果真是有来头,个个衣着光鲜,骑马坐车,随便哪个人腰间的剑鞘,大概都抵得乡农一年的劳作。那乡夫气沮,却叫道:"各位官爷,你们给小人评评理,小人名叫蓑狗,一生老实耕作,从不曾拖欠赋粮。这贱人是小人的妻室,自恃有几分姿色,不安于室,勾引奸夫入门。适才我不过在田里挖几枚荭薯,她就把奸夫招进门来,小人紧赶慢赶回来,却是奇怪,这婆娘不知道把奸夫藏哪儿了,小人满屋子找都找不到。"

"找不到就算了。"茅焦扫了那女人一眼,正见那女人水汪汪的桃花眼抛过来。茅焦急忙把头扭开,心说难怪这女人不安于室,如此标致,搁在咸阳城承欢楼也是名角。他嘴上怒声道:"我负王命在身,尔等休要哭啼聒噪,赶紧给本官烧来热汤泡泡脚,腾出间大屋子给我们住。"

乡夫把女人一脚踢开,立即跑前跑后张罗。他把正房让出来,很大的土炕,茅焦等十二人躺上去仍然宽绰。然后乡人给茅焦烧了开水,跪在地上侍奉茅焦洗脚。这工夫,那女人不时在门口探头探脑,都被乡夫骂了出去。

洗漱吃饭后,疲乏的感觉涌上来,众人平躺在炕上,很快进入了梦乡。

睡到半夜,茅焦突然睁开眼。

眼前一片黑暗,模模糊糊能分辨出窗棂透射进来的月光。那月光极尽冷寒,带着说不尽的阴异气息。

死一样的寂静黑暗之中,有个可怕的声音:"呜呦,呜呦呦呦呦……"那声音似人而非人,非人又非鬼。茅焦这辈子还从未听闻过如此可怕的动静。

那绝对不是人类的声音,应该是阴曹地府之中,邪恶的阴灵正在推开隔绝着阴阳两界的大门。那是阳界的空气渗透入阴界,同时阴界的怖寒正在浸透到阳界的声音。茅焦的心脏几乎停止跳动,身体陷入麻痹状态,一动也动不得。

过了一会儿,那可怕的声音渐渐消散。茅焦的身体终于从僵硬麻痹的状态中,渐渐恢复了知觉。

他喘息了一声,然后听到身边的随从,同时发出一声唏嘘。

那可怕的声音,大家都听到了。

正想说句话壮壮胆,突然间一声尖厉的异啸猝起,那声音近在耳边,仿佛一个青面獠牙的恶鬼,正冲着他们厉声尖吼。

惊骇之下,茅焦惨叫起来。

"啊,啊,啊!"众人一起惨叫起来。

一十二人同声惨叫,夜半三更,鬼哭狼嚎,那是比鬼叫更恐怖的动静。但更恐怖的是,众人越是惨叫,那妖鬼之声就越是凄厉。

惊恐中,忽听吱呀一声,房门开了。

就见那乡夫手执火把,当门而立:"各位官爷缘何鬼叫?可是那婆娘的奸夫进来了?"

"奸夫屁啊奸夫!"茅焦与众人躺在炕上,拼命惨叫,"赶紧把我等搀扶起来,你家里闹鬼……"

"闹鬼?"乡夫竖起手指,抵在唇边,"各位官爷暂止号叫。"

众人真的停止了惨叫,所有人都想爬起来逃走,奈何全身瘫软,根本动弹不得。

寂静之中,鬼嘶之声再起:"嗷呜呦呦呦呦呦……"众人再次颤抖起来,因为太过害怕,泪水止不住地狂涌。

突然间,乡夫一个纵步:"原来奸夫躲在这里!"

只见乡夫冲到屋子一角,指着一只瓮缸,大喝道:"好你个奸夫!欺负人欺负到家里了?你给我出来!"

直到这时,茅焦等一十二名敢死之士,才发现那恐怖的呜呦声,就是从这只瓮缸中发出的。

此瓮缸高不过半人,但极粗极胖。瓮上盖着木盖,木盖上压着块大石头。当地乡农,家家户户都有这种瓮缸,用以贮存过冬的腌菜。

乡夫将火把随手插在一边,搬起压在瓮缸上的石头,打开盖子。只见瓮中有个男人,跪在里边,正自呜呦呦叫。

盖子打开,那男人长松一口气:"哎哟,我的大沈厥湫,可闷死我了。"

乡夫则一把揪住他的发髻:"无耻奸夫!你竟敢偷我老婆,打死你!打死你!"

这时候乡夫的老婆扒在门口,劝道:"夫君,你不要打人家的脸,打伤了咱家可没金子赔人家。"

"你还说!"乡夫怒吼,"自打我娶你过门,何曾委屈过你半分?你竟然瞒着我把奸夫藏在家中……"吼叫声中,乡夫一手揪住瓮中男子的发髻,另一手强拖着妻子,到当院骂骂咧咧地殴打起来。

这时候众人才明白发生了什么。

原来那女人,果如丈夫所说,在家里藏了野男人,偏偏她丈夫就是找不到。原来那聪明女人把奸夫藏到了这口瓮缸里。可怜那奸夫,在瓮里跪了半夜,应该是实在太难受,大半夜的长嗥,央求放他出来。可他的声音被封闭的瓮缸扭曲,半夜时分听起来,真的比妖鬼的哀鸣更可怕。

总之是虚惊一场。

茅焦咻咻地喘息半晌,吩咐道:"今夜先不要睡了。每人把裤子上吓到失禁的屎尿,自己洗干净。捎带着把我的也洗洗。"

次日众人离开,那婆娘半倚在门框上,冲着茅焦抛媚眼:"大人,你好雄壮威风,可否愿意带奴家一起离开?奴家实在不想被这蠢夫耽误了青春。"

"别,别,别,你就住在这儿挺好的。"茅焦吓得魂飞魄散,忙不迭地拒绝。

这婆娘太不省心,若容她入室,自己定然活不过十天。

众人逃命般匆忙上马,感觉身体都有点儿打飘。

好沮丧。

垂头丧气地继续前行,大家在马上强打精神,尽量让自己进入到警戒状态,以防范可能发生的危机。

好在这一日也无事,天将暮,众人顺着炊烟找到一户人家。落车前,大家小心翼翼,先派了两个人过去,看看这户人家的婆娘,是不是也在藏奸夫?

幸好这户人家,只有个光棍农夫,一个人住着好大的院落,根本就没婆娘。

众人长松一口气,涌入院子,出示自己的王使身份,喝令那农夫替大家烧水做饭。

吃过饭后,大家先行检查屋子里的坛坛罐罐,直到确信房间里确无奸夫藏匿,这才疲惫不堪地围着茅焦,躺下睡了。

睡到半夜,突听一声凄恻怪号,自远而近,疾速飙来。

那怪声,如鬼,如妖,如魔,如煞,初起之时分明是在遥远的山际,仿佛一支利箭,屋中人清晰地感受到那妖物袭来的速度极是迅猛,只听哐的一声,那恐怖之物已经重重撞击在房门上。

是山妖!众人脑子里同时想到这种恐怖的生物,房门又遭受了几下重重的撞击。

此时,茅焦的牙齿咯咯咯地打着架,挣扎着吐出字来:"我等……有王命……在身,何惧……妖鬼!"

哐哐,哐哐哐,脆弱的门板,又被外边的妖物重重撞击。

妖物破门而入的场景,似乎无可避免了。

危急时刻,随从中两名尚未吓得身体僵透、还有活动能力的,咬牙握剑下了地,凑到窗棂前向外看了看。

看过之后,两人说了声:"大沈厥湫,娘亲祖宗。"同时口吐白沫,脸色惨白，昏厥在地。

两个胆最大的都吓昏了过去。其余人等，别无选择，当即齐齐惨吟一声，昏到不能再昏。

茅焦泪如雨下，哭道："主上呀，臣知道你不喜欢臣。可臣下好歹曾把你从邯郸城中平安护送到咸阳。臣纵然无功劳，也有苦劳吧？臣今夜死于妖鬼之手，但决不怪你。怪你有什么用？你心眼又不够用！"

说完这番话，茅焦忽然间来了勇气。死就死，怕什么？

他持剑跳下炕，鞋子也不穿，赤脚踢开房门："妖物休得猖獗，我来了！"

外边明月当空，照得庭院犹如白昼。迎门之处，有一可怕妖鬼，巨大的脑壳，小小的身子，四条腿，还有条尾巴，正自发出极恐怖的吼声，向茅焦径直闯来。

来得好，茅焦凛然不惧，侧身闪让，身法如行云流水，一剑击向妖头。

剑击到妖物头上，就听当的一声，极是悦耳，余韵悠长。

妖物一击不中，再次向茅焦扑来。

茅焦侧身闪时，正撞入一人怀中。

正是此家主人乡农。

只听乡农道："这只死狗，又把脑袋钻进菜坛子里了。烦请大人帮小人抱住坛子，容我把狗揪出来。"

"狗？哪儿来的什么狗？"茅焦懵懂之际，就见那乡农一把捉住妖物巨大的头部，交付给茅焦。茅焦有种极不真实的感觉，机械地抱住妖怪大头，又见乡农绕到妖物身后，弯腰抱住妖物后腿，用力一揪。茅焦一个屁股蹲坐在地上，然后他发现自己的怀中，抱着一只干菜坛。

"汪汪汪！汪汪汪！"乡农把一条黑狗扔在地上，任其吠叫着跑开。

值此茅焦恍然大悟，此并非妖怪，而是主人家里养的一条狗，把脑袋钻进了腌菜坛子里，挣脱不出来，所以跌跌撞撞。

提剑回来，茅焦吩咐道："不要再睡了。起来洗干净裤子上的屎尿。捎带着也把我的洗了。"

第三日，众人继续赶路。

每个人都精疲力尽，没人保护茅焦，更无人防范林中草中是否有刺客埋伏。

爱怎么样怎么样吧，早死早超生。

真的受够了。

就这样浑浑噩噩,一路行来。忽然间所有人眼睛同时一亮。

前方黄土山坳之上,有一排齐整的窑洞,还有一圈黄泥垒成的半人高的围墙,显然这里居住着一支体系化的群落。泥墙无门,但出入口处立着一面玄质大麾,一顶破破烂烂的黑色战旗,旗上的一个"白"字,随风猎猎舞动。

没错了,这里就是无牙军,当年武安君白起最凶残的私系武装。

白起已死十年,但他们仍奉武安君为主。

众人打起精神,策马驱车,向军营大旗方向奔去。小半个时辰过后,就见四名军士,各执长矛,立于军营入口的左右。左边的两个军士,脸上戴着大沈厥湫的面具,右边的两个军士,则戴着水神亚驼的面具。四张面具脸,冷冰冰地看着诸人,不动,也不吭声。

茅焦轻咳一声,一名随从策马向前:"我是主上派来的使者,奉符令王书,特来无牙军,请与本座通报。"

四名军士无动于衷,但有一人执起挂在前胸的羊角,吹了两声。

少顷,就见沿军营那堵矮墙处,一个汉子不紧不慢地走过来:"诸位从哪里来?缘何来到这个地方?"

终于见到个不戴面具的人,众随从勇气大增,高声道:"我们奉主上符令,来无牙军宣诏的特使,你是何人?可是无牙军中将佐?"

汉子摇头:"小人只是个生猪贩子,王书符令什么的,小人不懂,更非军中将佐。"

"那你在这里干什么?"茅焦怒道。

"小人来卖猪啊。"汉子欢快地说,"这无牙军有三万人众,每日里牛就要吃十几头,羊十余只,猪百余口,小人就是靠着为无牙军提供牲畜,养活家口的。"

"哼,一伙目无君上的弃军,每天要吃这么多的牛羊,生活不错啊。"茅焦问道,"那无牙军中的将佐何在?"

汉子笑道:"这里没什么将佐,至少小人从未听闻。"

"胡说!"众随从怒了,"若无将佐指挥,无牙军何以未成一盘散沙?军中若无统帅佐领发号,如何统一行动?"

汉子茫然摇头:"这个小人不懂。"

茅焦气道:"你既然卖猪给无牙军,总得知道他们要多少头猪吧?你与无牙军交易的信息从何获知?"

"哦,是这个啊。"汉子指了指旁边,"你们看,这里有个榜牌。无牙军会把他们所需求的菜粮军辎,全都写在这里。我们各行的商贩揭榜以后,把菜粮军辎送到军营门前,自会在门前看到酬报银金。无牙军这般交易方式非止一年,尽人皆知,诸位既是奉主上之命的王使,缘何还要问起?"

"你这……"茅焦烦躁地望着营门,"就是说,不见将佐,亦无军令,无人可入这扇门?"

汉子笑吟吟地道:"对。"

知道无牙军中断不会有佐领出来跪迎了,茅焦把心一横,举起手中的符令:"我受主上派遣,来无牙军宣布王令,拦阻吾者,大不逆。"

他昂然驱车而入。

十一名随从亦步亦趋。

果然无人敢阻拦。

虽然如此,但众人入营之后,感觉浑身不自在。没人搭理,也没人理会。来来往往的军士倒是不少,但人人皆戴面具。或是大沈厥湫,或是水神亚驼。那感觉就仿佛进入一座鬼城,往来俱是无烟火气息的死灵。

几名随从厉喝:"无牙军将佐何在?若不奉令,视为凶逆。"

无人回应。

往来军士视他们如无物,照样各忙各的。

"你!"茅焦怒了,拦下一个路过的戴面具士兵,"王使在前,不以真实面目示人,你是真的想造反吗?左右,给我扯落他的面具。"

几名随从正要上前,却见一群军士忽然涌至,将那名士兵抢走,须臾人群散尽。由于所有人都戴面具,根本无法辨认哪个是刚才那个士兵。

无牙军士兵仍在营中走动,但从此与茅焦等人隔开远远的距离。几个随从怒了,气势汹汹地去追赶,想抓个士兵扯下面具。但那些士兵逃得好快,随从们尾随士兵追进一个窑洞,却再也不见出来。

又有两个随从去追,也不再回来。

茅焦环顾左右,发现身边只剩下六个随从了,顿时一凛,急道:"不要分散,以防被人各个击破。"

六名随从拔剑在手,护卫着茅焦,小心翼翼地走进那间窑洞,探头看时,只见窑洞还有个后门。门外则是一个偌大的空地,空地之前,是一个高台。

茅焦仰脸看了看高台,说道:"这就是他们的将佐发号之地,谁给我上去,命令军士集合。我等奉王命而来,谅他们不敢抗拒。"

一名随从跑上台子,忽然发出一声号叫,随后就无声无息了。

茅焦气炸："大胆！竟敢捕掳王使？"

他率仅余的五名随从冲上高台，却见上面空空荡荡，适才上来的随从已无影无踪。

茅焦急了，厉声嘶吼道："无牙军中诸人，听我一言，尔等这种行为，已与叛逆无异。若你们还是大秦的军队，还尊君父之命，那就立即给我集合，听我宣读大王之命。"

喊声未止，突听巨大的震击响起，就见三万戴着面具的无牙军，从各个方向跑步进入台前空地。这些人看似混乱不堪，但当他们跑到台下之后，就自然而然地形成了整齐的队列。当全军齐至，所有士兵齐齐顿足，而后立定。

巨大的足音霎时间消失，带给茅焦心中无尽的焦虑，与巨大的虚幻感。

呆呆地望着台下军士良久，茅焦才突然醒过神来。

他推了身边的随从一下。

那随从上前，高叫道："无牙军将士听令，虽然尔等飘零在外，但大王恩德，如日月之光，无所不至。秦川草木，皆受滋润。是以大王派了使者茅焦先生，来此传布军令，以彰我大秦无尚威德。"

喊过之后，随从退后两步。

茅焦走上前来，环顾四方，振声道："我是齐人茅焦。我生在齐国的莱阳海滨，那里的梨子特别甜美多汁。那里的姑娘，特别美貌多情。我少年时喜欢上一个姑娘，遂上前表白，姑娘没有答应，也未拒绝，却吩咐我去她家田里干活。我为了赢得姑娘欢心，苦干了几天，累得半死不活。忽一日，我见到那姑娘正与一男子搂抱。当时我极为嫉妒震惊，喝问那男子是谁，姑娘答道：'那是我丈夫。'当时我极其悲愤，问道：'你既然已有丈夫，家里的农活为什么不让他干？'妹子答道：'我怕我丈夫累到。'此事严重伤害了我的心灵，此后我愤然游剑，走遍天下，于邯郸城头，幸逢主上，从此舍命追随，时到今日。我所立的功勋，与无牙军将士的鲜血相比，实在不堪一提。然而主上为何差派我来这里？原因很简单，你们都是土生土长的三秦子弟，八百里秦川，养育了你们一群忠君爱国的热血男儿。主上差派我来，目的就是要告诉尔等，我一个齐人，偶有忤犯主君，主君都一律赦免，如此宽宏德广的主君，又怎么会与三秦子弟相计较？

"如今军士们立于此地，主上知道你们的委屈，尽知你们的冤情。所以才不忍加之于国法，付之于狱吏，任你们流离于国中十余载。"

说到这里，茅焦举起一卷竹简，大声道："你们可知这是什么？这是近十年来，各地郡县呈报的罪案。看看这个，这里有四名盗匪，自称无牙军中人，夜入民居，杀死了一户人家七口。再看看这个，这是一伙盗匪，屡次犯案，他们也自称是无牙军中人。还有这个，这是一个遍捕无获的淫贼，不知多少良家女子，遭此贼淫污。这个贼也自称是无牙军中人。"

高举竹简，茅焦嘶声喊道："十年来，一桩桩，一件件，类似的案子累积起来，已经超过数千起。数千起血案中，罪犯全都把罪名推给了无牙军。

"主上很清楚，无牙军虽然不奉王命，但素以秦川子弟而自豪，说洁身自好也不为过。十年来，无牙军中无一名士兵流失，更没有四处流窜犯案。这是那些宵小之人干了坏事之后，为搅乱官吏侦察视线，故意栽赃尔等。

"可人家为什么要栽赃你无牙军，不栽赃门牙军？不栽赃后槽牙军呢？

"从前，郑国有户人家，妻子对丈夫极忠贞。这户人家的隔壁，住了个品行恶劣的男子，曾与多名女子私通。那位忠贞的妻子，时常到隔壁去串门，多次与那个声名狼藉的男子关起门来在屋子里闲聊叙话。无牙军的将士们，请你们告诉我，这位忠贞的妻子，虽然注重名节，从未与对方有过逾礼之举，可是你们还会相信她吗？"

"会吗？"茅焦再一次大声喊，"会吗？"

然后他停下来，静静地等待，等待军士们齐声回答"不会"，然后他就可以继续把话说下去了。

可不承想，三万无牙军将士，三万水神面具，竟无动于衷，丝毫反应也没有。

茅焦心里有点儿急躁，但此时人在台上，只能继续按照自己的思路往下讲："无牙军的将士们啊，你们素无劣迹，忠君爱国。可当你们失离军籍，其处境就如那位忠贞的妻子，虽无私情，却给了别有用心之人中伤的机会。这一千多罪案就是明证，现今几乎所有的恶人，干了坏事之后，都把罪责推诿到无牙军身上。

"昔者圣人有言：'君子恶于居于人之下，而众恶归焉。'将士们啊，墙倒众人推，破鼓万人槌。瓜田李下，难避疑嫌。昔者文王演周易，说：'二多誉，四多惧。三多功，五多凶。'什么意思？亲近于主上身边的文人，会获得极高的声誉，而远离主上的文士，却难逃谤君之责。亲近于主上身边的将佐，极易立下战功，而疏离于主上的将领，却极易担负上罪责恶名。

"是以主上怜惜尔等忠勇，知道这些案子并非无牙军所为，并不打算追究。可是别人不知道呀。每一天主上都会接到奏折，要求歼灭无牙军。只因为无牙军自行放逐，流离于主上的恩德之外。倘一日世人不明就里，将这无数罪责尽归于你们，届时无牙军将士虽未做过一桩亏心事，却落得个恶名满身，人人皆说可杀，尔等何以自处呀，何以自处呀！"

茅焦泪水纵横，张开双臂，仰天长呼："尔等何以自处呀！"

按他的设计，这时候无牙军中，应该是号啕声起，士兵们应该纷纷跪倒请罪。

但没有。

士兵们一动不动，连姿势都没有变过。

茅焦的激情耗尽，耐性更是早已耗尽。他用最后的力气大喊道："反天了是吧？没人管得了你们了是吧？在外边野惯了是吧？不想再回到正规战斗序列，再听人驱策吆喝了是吧？所以你们打伤了蒙骜派来收编你们的人，打伤了公子傒派来收编你们的人，打伤了吕不韦派来收编你们的人，所以你们刚才在众目睽睽之下，悍然把本座的随从抓走。是不是你们潇洒了十几年，已经尝到了自由的可贵，现在谁也不认了？"

三万面具冰冷冰地对着茅焦，毫无反应。

茅焦厉声喝道："把本座的随从还回来。"

毫无反应。

"还回来！"

毫无反应。

茅焦又喊了几声，仍然毫无反应。

茅焦无奈，只得吩咐随从："走！"

茅焦率仅余的五名随从，疾冲出军营。

他们刚刚醒过神来，无牙军既然无意释放掳走的人，自然也不会允许他们离开。

逃！

逃，逃，逃！

赶紧逃！

急急如丧家之犬，匆匆如漏网之鱼，驱马登车冲出了无牙军的营门。

一边匆忙奔逃，一边仓惶回顾。

还好，未见有人追上来。

但谁知道无牙军会不会埋伏在前方？

一行人惊恐万分，逃都逃得不安生。就在这种说不清楚的惶惑中，忽然看到前方的山路上，有两人牵驴而来。

走近了，看清楚牵驴的是个少年，一个古稀老翁咻咻地喘着粗气，趴伏在驴背上。茅焦扫了一眼，感觉什么地方不对，再细看，慌里慌张地下车，伏拜于地："政太子，这山匪出没之地，太子怎么会在这里？"

那牵驴少年，正是嬴政。

他看着茅焦，说道："先生这就是明知故问了，除了无牙军，我还有其他理由来这里吗？"

"你要收伏无牙军？"茅焦一惊，非同小可，"太子殿下，臣劝你还是理性一点，无牙军那伙子人，神经已经不正常了。"

嬴政笑道："如此说来，茅焦先生的游说失败了？"

茅焦不以为意："臣下失败，太正常不过了。臣下这辈子就是个失败者，从未干成过什么事。不过太子，请容臣下多句嘴，你是如何逛进这条死路来的？"

"先生这话说的，我来，当然是奉了父王亲令。"

茅焦摇头："太子，你既有主上亲令，可否容臣下一看？"

嬴政面不改色："只是口谕，没有书面文字。"

茅焦追问："可是主上亲口对你说的？"

"那倒不是，是父亲身边的一名黄衣内侍，传递给我的君命。"

"黄衣内侍？会不会是嫪毐？"茅焦猜测道，"不是说你是龙居的关门弟子吗？还受教于儒家孔穿，并阴阳家邹衍？"

"对呀。"

茅焦扶额叹息："那你怎么会这么缺心眼，别人说什么，你就信什么？"

嬴政意味深长地看着他："纵使我不信，请茅先生给我一个怀疑的理由。"

茅焦沮丧地道："也对。无论任何人传来王命，我们都不可能再去主上那里核实。万一王命为真，这个核实本身，就会引起主上不快。这种不快扩大，就会是塌天的灾祸。所以太子明明心里起疑，也只能闻令而行。"

"先生聪明。"

"聪明个鬼哟，"茅焦懊恼地道，"太子呀，你是被人家下药陷害了。对了，这骑在驴背上的人，又是哪个？"

嬴政低声笑道："这是我的随从。"

"你的随从……"茅焦道，"太子，多年来臣下一直以为自己脾性极好，为什么见了太子，我有种又想笑，又想骂人的冲动呢？"

嬴政笑道："先生是看他年纪太老了，对不对？"

"这还用说吗？"茅焦道，"你看这老头，七老八十了，你贵为太子替他牵驴，他趴驴背上呼呼大睡。你带这种随从去那鬼气森森的无牙军里，这可真是……"

嬴政笑道："此老乃府库巫马兄弟的父亲，来时仓促，府库那边所有的人，都被我父王安排了差使，腾不出人手陪我来。实在是没办法，老爷子就跟我来了。本以为路上会替我搭把手，不承想甫出咸阳城，老爷子就犯了嗜睡症，从出门睡到现在，竟然一直未醒。"

"狗屁嗜睡症，这老不死的是装睡。"茅焦怒道，"他之所以装睡，和我们现在的情形是一样的。"

"嗯？"嬴政问道，"怎么说？"

茅焦苦口婆心地说道："太子呀，都说咱们大秦，最重军功。实际上，大秦最重的是等级地位。上者尊，下者卑。上者君，下者臣。主辱臣死，主死臣灭门。为臣为卑，若使为君为尊的稍有些不快，便会搭上性命。太子你此次来无牙军，若有闪失，所有随从都有护主不利之责，都要灭门的。这老不死的一路装睡，无非是想逃过太子遇难之后的罪责。他可以装睡，我们可惨了。除非太子现在转身，跟我们一起回去，否则大家都会死在这里。"

嬴政笑了："茅先生，你现在才想起说这话，还来得及吗？"

茅焦急抬头，明显看到树丛中有衣甲掠过。

丛林深处，无数人正死死地盯着他们。

四周杀机极烈，冷气森森。

嬴政突然踏前一步，凑近茅焦耳边，低声道："此时我们有三个选择，下策是我跟你们一起回去，但如此做法，一来有违君父之命，二来未必逃得过林中伏兵的狙杀，所以此策不智；中策是你们阖众与我回返无牙军，但多半可能咱们是有去无回，此策是为不明；上策是我们谈笑分手，我仍赴无牙军，你们佯装无事回程，但在山脚下的村落等我三天。三日后我若不归，估计那时候你们也已经死了。三日后若我回到村落，无论我游说无牙军成败，大家终究是安全了。事态紧急，请先生速择一策。"

"这……"茅焦心下大急，横竖掂量一番，咬牙说道，"臣下择上策，太子继续去游说，万一大沈厥湫显灵，无牙军良心发现呢？我等暂回山脚村落，若三日太子不归，我一定拼死逃回咸阳城，好让太子冤情大白于天下。"

"如此，那么我先走了。"说罢，嬴政牵驴而过，向无牙军驻扎地继续前行。

茅焦带着五名随从，提心吊胆地到了山脚小村落，并未遇到什么危险。

提心吊胆地在村子里躲了三天，仍不见嬴政回来，茅焦召集五人，说："事态严重了，太子已经死了。我等也是死罪难逃。为今之计，诸位只能分头逃亡，我们六个人，总有一个人会逃过去吧？"

正说着，忽然有个随从指着山路道："大人快看。"

茅焦细看，不由得既惊且喜。

只见山路上，政太子骑在马背上，那头驴子还在，与嬴政一同前来的老头儿，仍然睡在驴背上。此外，还有六名持剑人，正是被无牙军掳走的随从，随政太子向这边走来。

茅焦急忙迎上前，就见政太子一指那六人，道："无牙军已奉主令，拔师开往子午河畔。此行路上行军大概要十二日，相关日程，随时会报到丞相座下的卫尉处。这是无牙军自知罪责深重，不敢求免，向大王献上的伏命书。你拿着这个，带上你的人，就可以回去向主上复命了。"

"你这……"看着失而复得的六名随从，茅焦心下困惑莫名。为何自己的游说，于无牙军毫无反响？政太子施了何种魔咒，竟能收伏这支野性难驯的军队？

有心想问，但知道这种问题不能问。

窘迫之际，又听政太子缓声道："茅先生，此功于你，省心省力。省去许多唇舌，也省去许多讥谤。我这样说话你明白吗？"

"明白，明白。"茅焦忙不迭地点头。

他懂得嬴政的意思，如果让人知道，他茅焦游说无牙军不果，嬴政却能赢得无牙军认可，势必引发朝中疑忌嫉恨，说不定还会掀起惊天滔浪。而且，如果让人知道，他们这些臣属等在山下，却让太子只身入无牙军犯险，这是死罪。一旦被追究，就再也说不清了。

但如果，把这事解释成自己游说成功，回来的路上碰到政太子，这就皆大欢喜，万事大吉了。

可是，嬴政到底是如何收伏无牙军的呢？

茅焦终不敢问。

"夫人请了。"公主姈在自己的府门前，迎接君夫人。

一番客套后，公主姈将君夫人带到湖中心的凉亭内。

在这里说话，无人得闻。

只听公主姈道："恭喜夫人，你终于可以回邯郸了。"

君夫人了然于心:"公主既出此言,必是有了准确的消息。"

公主姚问道:"夫人还记得年前无牙军之事吗?"

君夫人感慨道:"公主是说那三万名脱离了军籍的逃兵?子楚终究是心善,事过不究。如果此事发生在我赵国,我必下令悉数诛杀,一个不留。"

公主姚笑道:"夫人这样说话,未免带有私心。无牙军对赵军创伤最重,是赵人的死仇大敌,恨不能食其肉,寝其骨。但是实话告诉夫人,起初主上也是这般决定的,但得知了无牙军被收伏的真实经过之后,才收回了成命。"

君夫人诧异:"无牙军被收伏的真实经过?难不成齐士茅焦,以三寸不烂之舌游说无牙军自行认罪之事,所言不实吗?"

公主姚颔首:"一点儿不错,茅焦背叛了主上,投入到了政太子阵营。事实上,无牙军并非是被收伏,而是改奉政太子之令,以谋大举。眼下咸阳城风雷滚滚,密云不雨,一场前所未有的军事叛乱,已近在眉睫。"

君夫人不敢置信:"可是政太子过了这个年才十岁,这么小的叛乱者,我还未听说过。"

公主姚不禁问道:"夫人不是最为憎恨政太子吗?为何不肯相信这个消息?"

君夫人如实说道:"我在咸阳徘徊不去,就是为了杀掉政太子。但我杀他不为私仇,只是为天下人计。正因此,我可能比别人更冷静些吧。如果可以,我想听听公主的消息来源,以作考量。"

公主姚娓娓道来事情的经过:"前者茅焦之行,带了十二个人。其中九人是从吕不韦的门客中选出来的。但这九个人,至少有一个是嫪毐埋下的暗桩,一名是主上的人伏在吕不韦身边的。另外几人也明显靠不住,或是已经听命于子傒,或干脆听命于魏国或齐国。现在我可以明确地告诉你,吕不韦真正的门客,是不会跟着茅焦去冒险的。凡是与他同行的,都各有其主。只有我和公子箐没有收买线人的习惯,所以事到临头,我们两家是各自派了一个人,硬性要求跟随的。"

"也就是说,茅焦带了一群细作?"

公主姚继续说道:"正是这样。是以茅焦带了无牙军的伏命状归来,主上大加褒奖,但人人都知道这是在做戏。"

君夫人皱眉:"做什么戏?"

"尽诛无牙军,将其首领政太子正法。"

君夫人突然笑了:"子楚是不是把事情想得太容易了?无牙军区区三万人,逃逸十年之久,迟迟未能伏法,明眼人一看就知,这支逃军与军方人士之间存在着千丝万缕的联系,前者几次征剿失利,明显是军方有人透露了消息。此番若不把这个漏洞补上,只恐谋事不成,反酿大患。"

公主姺沉声说:"详细的我不能说,我只能告诉夫人,漏洞已经补上了。"

君夫人沉默半晌:"那好,我等见到政太子的首级,即行归赵。"

第十二章　以弱克强
父子之战一触即发

苍莽无际的汉中平原，一支孤独的队伍正在行军。

斜挑的黑色战旗，残破不堪，被战火燃过的"白"字，仍清晰可见。

所有的军士都戴着大沈厥湫或水神亚驼的面具。

正是无牙军。

一支拒奉王命，却又无可选择、走投无路的孤独军队。

三万人的队伍，已经行走了十余日，大概还差一天的行程，就会抵达子午河。子午河为入蜀之门户。涉子午河西行，就是风景美丽的青川、江油。在那里，他们将接受重新整编，从此归入秦军正式战制序列。

正行之际，这支队伍突然停了下来。

所有的面具人抬头凝望，前方地平线尽头，隐约可见一条起伏的黑线，伴随着地面的颤动，有节奏地跳动着。

一名面具人下马，伏在地面侧耳倾听。

他抬起头来，大声喊道："正前方，有骑兵三万，步兵三万。左右两翼，各有骑兵两万，步兵两万。后方骑兵两万，步兵一万。"

另一名面具人怀疑道："这不可能，我秦军主力，十万人在函谷关，另有二十万人在北疆，余者正在各自驻地耕种。这突然而至的九万骑兵、八万步兵，是从哪儿冒出来的？这么大的军事调动，为何我们未曾得到消息？"

一个面具人丢开辎重，笑道："未获消息，这是正常的。同一个花样玩了十年，就不兴人家那边出来个高人吗？我猜蒙骜将军、杨端和将军他们，多半已经死了。"

第四名面具人道:"多达十七万的军力布置,总该有个来历吧。"

又一名骑马的将官道:"他们是从哪儿来的,已经不重要了。重要的是,他们来了。"

地平线尽头的黑线,越来越鲜明,渐而化成一望无际的黑衣铁骑,四面合围,蹄声惊天,向着三万名无牙军碾压而来。

一名无牙军策马迎上:"我是无牙军,正奉了主上符令,前往岭川集整。尔等是何人统帅?缘何……"言未讫,对方翎箭激飞如雨,询问的无牙军连人带马,俱被射成刺猬。

对方现身,即展开狂烈攻击,无牙军佐领举剑长挥:"武安君座下的儿郎们,太上无情,绝我君嗣。如今又出尔反尔,背信弃义,欲将我无牙军悉数诛杀。现如今我等当拼死一搏,以我们的生命,背义者的鲜血,祭告武安君在天之灵。"

"杀啊!"无牙军显然早就演练过这种绝境之战,三万人执剑操矛,不理后方,无视左右两翼攻击,全军自然结成方队,向着前方迎扑过去。

"杀呀!"黑压压的骑兵接踵而至,剑矛交错之中,爆发出濒死者凄惨的长嗥。

蒙骜、杨端和、桓齮、樊於期等诸将,俱是一张凝重的脸,入门跪倒。

秦王子楚席地跽坐,双袖垂地,神思不属,显得极是孤弱:"几位爱卿,可有要事?"

将领们静默片刻,杨端和率先开口:"主上,听闻无牙军在距子午河不足一日的行程上,突然遭遇伏击。"

子楚震惊,遂问道:"你们觉得这个消息可靠吗?"

蒙骜道:"主上,欲击无牙军,而且要有胜算,少于十五万人马怕是不行。我等俱是带兵之人,知道国中并无这样一支生力军。"

子楚又问:"那无牙军之行,卿等作何评判?"

桓齮道:"其情可谅,其心可诛,其行止与叛逆无异。"

子楚慢慢站起来:"卿等真的这样认为吗?"

诸将沉默,无人敢答话。

子楚抬了抬手,几名黄衣官无声出现,抬着几只箱笼,放下。

箱笼残破不堪,剑斫矛戳,形同散架。裸露出来的竹简文书,有的烧了大半,有的已成残焦。

但箱笼上的字样，犹自可辨：

战无情，刃无锋。君无牙，火无声。

就听子楚道："寡人有孝在身，不宜多涉国务。何况军战之事，寡人一无所知。是以烦请卿等，替寡人处理一下有关无牙军的细务。寡人替先昭王在天之灵，谢过卿等。"

言罢，子楚走了出去。

他走后，四名将领仍然跪伏于地，居然不敢起来。良久，樊於期的眼神瞟向那几只箱笼，低语道："完了，这些都是咱们与无牙军的兄弟往来的书信。最上面那烧了一半的，就是我写给无牙军的，告之主上要对他们实施最后行动的那封。现在书信俱在这里，表明无牙军已悉数全歼。而且主上已经知道，无牙军逍遥十年，两次征剿未收成效，实际上是我们怜及无牙军兄弟们的冤情与忠勇，不忍手足相残，故意放走了他们的缘故。所以主上适才说，要替先昭王在天之灵，谢谢我们。"

"这意思是让我们自裁吗？纵使我等现在自裁，怕也难逃身家之累。只是到底是从何而来的军队，竟然全歼无牙军于无声无息之中？"

"这就是我们的主上啊。安忍不动，深藏不露。你怎么可以低估他？"

"现在还不知道无牙军的主将是谁，所奉尊主又是谁。"公主姣替君夫人浇上一盏溧茶，继续说道，"但现在这些，已经不重要了。重要的是，政太子完了。"

君夫人问："那么在无牙军尚未焚毁的文牍案档中，是否有政太子参与谋逆的实证呢？"

公主姣失笑："怎么会有这些？就算是有，也无人敢呈报。此事最微妙之处，就在于无牙军被歼灭之前，只有政太子与这支叛逆之军有过接触。谋事论证，点到为止，再多一点，就是过犹不及，弄巧成拙。"

君夫人又问："所以政太子不会被明旨问罪，但却终生洗不清嫌疑，再也无缘问鼎权政了？"

公主姣放下茶："正是这样。"

君夫人了然，随后问出自己最关心的问题："那我如何才能得到他的首级？"

公主姚笑道："一个失去信任的公子，而且是血统不明的长公子，境遇恐怕连条野狗都不如，谁又会关心他的死活呢？夫人随时可以挑选个日子，派你身边的剑士割了他的脑袋去，我相信秦国不会因此而问罪于赵国。"

君夫人却皱眉，摇头道："我是与政公子交过手的人，总感觉事情不会如此容易。"

"无牙军这桩案子，断无翻案的可能。也许是君夫人多虑了。"

君夫人叹道："公主啊，到现在为止，那无牙军的主将，所奉尊主，我们竟一无所知。我一生所谋，从未遇到如此诡异的情形。子楚的帝君谋略已无可争议地获得了尊重，我相信如今的秦廷之上，纵是子傒也不敢再高声抗议。政太子涉嫌，两宫太后那边，子楚也有了分庭抗礼的筹码。但是，那不知从何而来的军队，还有无牙军这边的疑云谜团，都让我相信，政太子的敌手似乎正在犯错误，任何低估他的人，恐怕都会付出惨痛的代价。"

公主姚惊讶地看着君夫人："我不相信你的判断，但我相信你的感觉。女人的感觉，是不讲道理的。因为这个世界，从未曾跟任何人讲过道理。"

汉中平原，烈焰焚天。

烈马长嘶，翎箭破空。

三万的无牙军，正与十七万的对手，厮杀成一团。

他们以矛兵排成方队，掷击飞矛，瞬间瓦解了对方凌厉的骑兵攻势。而后方军队则踏着同一节奏，如一只巨大的活体生物，在荒野间迅速平移。

第一排的士兵双手执盾，并不看敌人来势，只管沉声闷喝，大步前行。第二排是剑兵，每踏出一步，便机械地向左砍一剑，收步之际，再机械地向右砍一剑。第三排与第四排是矛兵，配合着前两排士兵的行进挥剑，极富节奏感地戳矛收矛。第五排与第六排则是箭兵，仰天射箭，将敌军攻势瓦解。

如此一来，这支方队就变成了恐怖的杀人机器，一排长剑如疾速的叶片左掠，矛林戳出，长剑叶片再疾速右掠，矛林戳出。这般默契的配合，若非是演练上千百万次，绝无可能这般娴熟。

这样一架杀人机器，是无可抵御的。

如利刃破空，来自正前方骑兵三万、步兵三万的攻击，轻易地被无牙军的方队攻破。

而后方军队则掉头，再回到包围圈中，接应上掉队的兄弟，或是被对方攻散开来的小方队，并合在一起之后，并不回头，径向后方杀去。

自后方合围的秦兵，只有骑兵两万，步兵一万，轻易被无牙军攻破。

破围之后，冲出来的无牙军并不逃逸，而是再次掉头，复杀入包围圈。

就这样双方展开无休无止的绞杀。

战事持续了整整一个上午。

无牙军折损十分之一。

但攻击方的损失，则是个更高的比例，更大的数字。

战事持续下去，厮杀到黄昏。双方燃起冲天火把，进入到彻夜的缠战之中。

攻击方的行伍中，有四名黄衣人。

如果政太子在这里，见到这四名黄衣人，肯定会大吃一惊。

一个叫庞若肆，另两个人名字相同，都叫平竭，第四个人叫令齐。

这四个人曾一同出使赵国，奉迎政太子母子回秦。此时他们四人，于暗夜策马，惊恐地看着凄嘶不绝的血火战场："这是屠杀！无牙军要歼灭我们。"

"山雨欲来呀。"明月公主说。

她坐在阁楼的扶栏上，两只没穿鞋子的脚虚空悬垂。手中捧着只桃子，边吃边快乐地晃动小脚。她的视野下方，是咸阳城醽里坊那条最繁华的长街，街面上最醒目的是承欢楼，公子王孙并富家商贾，往来出入。但听不到风月场所粗野的狎戏之声，唯见那一扇扇朱阁兰窗，窗内的女子或是弹筝，或是吹箫，或是描龙画凤，透着极富韵味的优雅魅惑。

明月公主说："你看这风月之地的男欢女爱，浑不知死亡的大风暴正自远方疾飙而至，很快就会降临到他们的头上。"

"公主啊，你还是个孩子，别总是老气横秋，说大人才会说的话。"赵樽有点儿担忧地说。

明月公主失笑道："赵大叔是怕我老得快吗？你的担忧来得太迟了。

"我老了。从魏王下令诛灭我全家的那一夜，我就长大了。从到达邯郸城的那一刻，我的心，就老了六十岁。来到这大咸阳，我的心，又老了六十岁。当我看到无牙军，我想我就可以死了。

"我看着无牙军呀，就想到我父亲。我看着无牙军呀，就想到至今仍在魏国荒野之地，为捍卫君上荣誉而誓死不降的信陵门客。我看到无牙军呀，就想到了千古义士侯嬴，无双力士朱亥。我看到无牙军呀，就想到了替我父亲在魏王榻旁盗出虎符的千古奇女子如姬。

"仗剑千里，微躯敢言。

"为大梁客，不负君恩。

"这就是千古忠义之士啊，因为他们的存在，让这个时代，变得丰富多彩。"

赵樽叹息了一声："得公主如此赞赏，无牙军三万将士，也该安心于九泉之下了。"

明月公主流着泪笑了："赵大叔你乱说什么？有忠义在，谁能杀得尽信陵门客？有节气在，谁能杀得了侯嬴并朱亥？有侠情在，谁能杀得了如姬？有风骨在，谁能杀得了无牙军？"

"是，是，"赵樽垂泪道，"公主所言，小人懂得，无牙军忠义之魂，千秋不灭……"

"不灭你个头呀，"明月公主怒极，把手中吃一半的桃子掷向赵樽，"你到底能不能听懂我说话？我不是说无牙军忠义之魂，是说他们不可能被歼灭，若我所断不错，应该是无牙军尽歼十七万蜀军，而后如鱼入大海，彻底消失。"

"这个……还真有可能。"赵樽突地站起来，"无牙军是参加了长平之战的生力军，我大赵不知几多冤魂，亡命在这三万煞星之手。想要歼灭他们，而且是悄无声息地全歼，这确实……可是公主，秦王那边的消息怎么说？"

明月公主轻声哼道："据本姑娘所知，秦王可从未说过谁歼灭过谁，人家什么也没说过。"

赵樽越发困惑："那到底……公主啊，你说清楚好吗？"

"其实秦王什么也没说，他只是命人抬来一箱子书信，上面烟熏火燎，剑砍矛戳。然后秦王就找个没人的房间，关上门偷着乐去了。"

"偷着乐……原来如此！"赵樽惊叫起来，"好狡猾的子楚，他其实很清楚，无牙军根本无法悉数灭杀，他派了人秘密从蜀中调来的十七万蜀军，其实不过是给无牙军磨刀用的。"

明月公主伸出手，遥指西方："人们都以为，秦王子楚最强势的对手是来自朝堂上以子傒为首的本土势力。但其实，子楚心里很清楚，子傒系只是表面上的癣疥之忧，他真正的心腹大患，在西边——蜀侯嬴辉。

"嬴辉是子傒的弟弟，比子傒更有野心，也更沉稳。他隐没于世人的视线之外，苦心经营蜀川很久了，训练了大概二十万的军队。

"这支军队让子楚寝食难安，坐卧不宁。是以苦心孤诣，策划了极为凶险的子午河一战。此战，第一能让嬴辉多年的苦心化为乌有；第二能把无牙军隐秘的对抗公开化，以便在日后的剿杀中名正其罪；第三是为了创造时机，制造一个假箱笼,一箱箱的假书信,震慑军中诸将。

"蒙骜等人长期秘密与无牙军往来,人人都知道,但从无证据。此番子楚突然拿出证据来,只是欺君之罪,军中诸将就吓惨了,哪儿还有胆子辨识真假?

"所以无牙军一战,志不在无牙军,而在于尽收军心,在于彻底孤立政太子,陷政太子与无牙军合谋而无法洗清。

"只一招,让四方之敌尽皆束手。

"帝君策术:毒!"

子午河战事,进入到第三天。

三天三夜无眠无息,人未曾进食,马未曾饮水。参与剿杀的蜀军,从未想过战争会如此残酷,其军属战斗编制已被彻底打散,陷入到各自为战的悲哀境地。更可怕的是他们的精神已经崩溃,十多万人骇得身体绵软,失去体力和斗志,只是跪在地上,伸长了颈子凄声惨嗥。

无牙军发动最后攻击。

损员超过三分之一的军士,以脸上戴的面具为标号,迅速联结,用盾牌上的铁钩,连成一个巨大的圆圈,将人数超过己方十几倍的对手,挤压在圈中。

值此,十数万蜀军被圈入死亡之地,战圈内部人挤人、人压人,铠甲互撞、剑矛相刺,全都丧失了战斗力。最外层与无牙军接壤的蜀士,则在拼命的闪避哀求之下,一个接一个地栽倒。

尸山渐起。

山风哀鸣。

无牙军浑身是血,如幽冥恶鬼,向残存者步步推进。

只有少部分的攻击部队,落在包围圈外。但他们早已丧失斗志,一个个脸色灰白,站在远处观看。

四个黄衣人也被这情景吓得心胆俱裂。在长久的呆滞中,有一人说了句:"走吧。我们的任务已经完成,是该回去复命的时候了。"

四人掉转马头,消失在黝黑的夜色中。

公主姽府邸,韩国公主韩冷儿,衣带飘飘,行走在通往湖心亭台的长廊上。

君夫人裹着棉毡,瘦弱的身体打着战:"公主请了,请恕我身体不适,不能起迎。"

韩冷儿微笑执礼:"今日得见君夫人,何其所幸。"

君夫人虚扶着她的手:"听闻姣公主所言,你对政太子游说无牙军之事,有个猜测?"

韩冷儿颔首:"对。"

君夫人轻声道:"不揣冒昧,我疑惑很久了,公主可否不吝赐教。"

韩冷儿直接指出问题的关键:"君夫人智略,并不在政太子之下。只是此人初出龙居,年龄尚幼,夫人对他的研究,难免有些不足罢了。"

"哦?"君夫人问道,"那公主可曾研究过这个人?"

韩冷儿谦虚道:"岂敢,只是政太子的策略,与其父并无二致,都是一贯地忍辱,示弱成癖。这或是一个人的心智在与周边环境的互动下自然形成的。此父子二人,都是长年淹滞赵国。赵国的宫中朝堂、民间百姓,对这对父子的感情充满了矛盾。双方既是仇国,当然无日不思名正其罪以杀之。但此二人逆来顺受,以愚化智,总有办法消弥他人的杀意,让他们油然生出敬重之心。又爱又恨,又敬又憎,他们父子长年游走于这种极端情绪边缘,最会利用对手的极端情绪,也最善于挑起对手的极端情绪。所以那一日的汉中道上,黄土高原,有人亲见政太子牵驴而行。而驴背上,竟然卧睡着一个上了年纪的老仆人。

"夫人啊,公主啊,那政太子在咸阳的境遇并不比在邯郸时强上多少。据我所知,政太子连个府邸也没有,甚至从未有人问过他一个堂堂的太子晚上睡在什么地方,可见国人对他的轻侮与蔑视已经到了无以复加的程度。但即便如此,若他赴无牙军,想要带上几个人,还是有可能的。

"可他为什么只带上一个昏睡不醒的老仆人?只是他习惯于这样做事罢了。即便有其他更佳方案,当他行动起来,仍然会做出这个选择。

"选择固化,即成本能。

"如果你想征服一个人,最好的法子,莫过于让他付出。他为你付出越多,越无法离开你。"

听到这里,君夫人恍然大悟:"明白了,政太子是以柔胜刚,以弱克强。"

冷儿公主不说话。

君夫人自语道:"政太子之举,不过是女性智慧而已,让自己弱到极致,任对方恣意妄为。他选择上了年纪的老仆,选择自己牵驴远行,就是为了抵达无牙军中之时,让自己病倒。就这样一老一少,在无牙军中呻吟不绝,无牙军若不是将他们抛到荒山野岭,任其自生自灭,就只能奉茶奉药,以臣事君。一旦无牙诸人视政太子为主上,这支可怕的军队,就成为了政太子自身的势力。而我们想不到这一点,是因为被齐士茅焦所误导。茅焦想不到这一点,是因为他虽为人臣,但性喜僭越，终非纯臣。而秦王却会在第一时间看破儿子的花样，说到底，政太子所为，不过是秦王玩过的。这一番父子相战，自然是儿子落了下风。"

冷儿公主笑，不作声。

君夫人看着她："公主想说什么？"

冷儿公主亦迎上君夫人的目光："若说别人想不到这些，我信；若说夫人想不到这些，怕是没人会信。"

君夫人瞳孔收缩："那么公主知道我的来意？"

冷儿公主毫不犹豫地说道："我知道。但我只想告诉夫人一句话，我是个孤身亡命飘泊之人，若非姈公主救护，早已百死沟渎。如今我唯一的要求就是活着，平平安安地活着。我不会，也没能力成为宓公主与成蟜太子的敌人。甚至连这种想法都不会有。无论咸阳城的政治格局出现何种变动，此心不改。这里所有的人，都是如此。"

汉中平原，蜀川门户。

残酷的战役已经结束。

残余不足一万人的无牙军士，头戴面具，呈方队无声伫立。

他们的脚下，铺陈开来的是一望无际的血尸。

火在烧，旗炽烈。

风益寒，心已冷。

一名将佐浑身是血，拄着短矛，拖着一条折断的腿，吃力地走到军前。

他摘下了面具。

所有的军士，也一起摘下了面具。

将佐说："期待已久的这一天，总算是到来了。让兄弟们苦等了整整十年，主上的耐性与隐忍，实在是让我等钦佩。从今日起，无牙军不复存在。该遵太子之命，做我们该做的事情了。"

说罢，将佐俯身，把自己的面具套在一个蜀军的脸上。

无牙军众，每人都是如此，把自己的面具戴到蜀军的尸体的脸上。然后将这一万多蜀军，与战死的一万多名无牙军兄弟，排列在一起。再将柴薪堆于其上，点燃一把火。

烈火熊熊，无牙军将士齐声悲歌：

击鼓其镗，踊跃用兵。土国城漕，我独南行。

从孙子仲，平陈与宋。不我以归，忧心有忡。
爰居爰处？爰丧其马？于以求之，于林之下。
死生契阔，与子成说。执子之手，与子偕老。
于嗟阔兮，不我活兮。于嗟洵兮，不我信兮。

歌止，火熄。

残存的一万余名无牙军，悉数换了蜀军服制。策马驱车，渡河而去。

咸阳城中，欢声笑语。

连续两年的服孝期，终于过去了。

前者，秦昭王薨，继任秦王安国君，服孝一年。可是安国君登位未及三天，竟突然薨去。秦人措手不及，只能脱下刚刚换上的新衣，再次于恸伤中为新君服孝。

两年啊，长长的两年，女人不能涂抹脂粉，男人不能穿孝服以外的服饰。日常不能饮酒，朋欢不能纵歌。人们都在心里默默地掐算着，一天又一天，每过去一天，这种难熬的时光就少了一天。

终于熬到今天。

秦王登位大典。

普天齐庆，举国狂欢。这一天，正式行使权力的秦王，还将册封后宫夫人与国朝太子。此前这个问题不是个问题，但现在，却是谁也不敢触碰的敏感话题。

数百名公子王孙、大夫朝臣，全都换上早就准备好的官衣。有些大夫的官服，色彩鲜艳得让女人嫉妒。而有心计的武将，除了把甲衣擦拭得一尘不染，还别出心裁地，在头盔上插了支漂亮的翎毛。

昨天，昨天是越悲戚越好，非悲戚无以表达自己对先王的缅怀。

今天，今天是越欢乐越好，非极欢无以表达自己对主上的热爱。

一名黄衣官手执麈尘，出现在高阶上，以清朗的声音高呼道："吉时到——公子诸侯、大夫朝臣入觐，为大王贺。"

两侧乐声大起，咸阳城附近一带的乐人，此时聚于朝中，钮钟、钲、镈、铎、笙、镦、竽、簏、琴、筝、铜鼓、排箫、扁鼓、箜篌、柄鼓、悬鼓、建鼓齐齐演奏。

登阶而觐秦王者，分为三个纵队。

居中者以子傒为首，是秦王室公子，公族血脉。左侧是以吕不韦为首的大夫朝臣，右侧是以蒙骜为首的军中诸将。公子大夫，名臣宿将以每百人为一队，横三纵三，计九队。再后是诸国使者、国中名士，以及卸甲归田的老将及老臣。

嬴政被编入公子队伍中，按辈份序列，排在末尾。

当他举步上阶时，忽听身后一个声音："政公子止步。"

嬴政停下，回头。

只见十数名黄衣人，俱是宫中内侍，垂手而立："传主上之命，今日大典，政公子无须参加了。"

嬴政默默跪下："儿嬴政，谨遵君父之命。"

黄衣人拥上前，将嬴政架走。

黄衣人用力过于粗暴，被架走的嬴政，脑袋低垂，面色惨白，双腿拖在地面，犹如一个死人。

文臣武将，公子王孙，视若无睹，径自拾阶而上。

只有老臣宾须无泪流满面，他转身，想说句什么。旁边的臣子用力撞击他的肘部："真的这么嫌命长吗？赶紧走吧你！"

宾须无发出无力的呜咽，被群臣裹挟着登阶而上。

嬴政被拖开的空地上，出现一名从遥远的楚国请来的乐人，翩翩舞动，唱道："文王在上，於昭于天。周虽旧邦，其命维新。有周不显，帝命不时。文王陟降，在帝左右。亹亹文王，令闻不已。陈锡哉周，侯文王孙子。文王孙子，本支百世，凡周之士，不显亦世。"

这首歌是乐人精心挑选的保留节目，借文王之德，彰秦王子孙昌盛，子嗣绵延无穷。

十数名黄衣人拖着嬴政一路前行。

行至无人之处，几名宫侍转而抓起嬴政的双脚，将嬴政的脑袋拖在地面上。随后的宫侍一边走，一边用脚重踹嬴政头部："这嗣君之位，是成蟜太子的，你是哪儿来的野种，也敢喧宾夺主，祸乱宫闱？"

嬴政无法答话，只听到他的头部与地面石阶相撞，发出的咚咚之声。

众人将嬴政拖到一间库房门前。

门前立有两名赤膊力士，抱臂而立。

一名黄衣人向力士出示书简："这可是大王手书，你自己看清楚了。"

两名力士看了手书，大骇："这不可能，大王登基之日，重罪皆赦，如何却会……"

黄衣宫监厉斥："尔等敢抗命吗？"

赤膊力士赶紧躬身:"小人不敢。"

黄衣宫监催促道:"既然不敢,何不立即奉行君命?"

两名力士不敢再吭气,将嬴政头下脚上拖进库房,装入一口麻袋里,扎紧口子。然后将麻袋举起来,向着墙壁重重掷去。

咚!

那巨大的声音,仿佛震得秦川晃动。

臣属涌入浩大的宫殿,为秦王贺:"牧野洋洋,檀车煌煌,驷騵彭彭。维师尚父,时维鹰扬。恭贺大王今日登基,六国来朝,四方以安,神灵护佑,万世永昌。"

秦王子楚,笑吟吟地居中跽坐:"卿等且起,我大秦承天千载,幸赖卿等竭诚效命,是以秦川水清,洛岭花明,养我一方子民,绵延万世之泽。今寡人受命于天,自当惕厉图治,不辞艰辛,夙夜兴寐,不负先祖之望,不负神灵在天。"

近侍嫪毐匍匐于前,呈上一卷书简,宫监随之呈上朱砂笔。

这是登基大典最欢乐的节目,秦王子楚拿起朱砂笔,在书简上象征性地点下,表示两任甍君的时代正式结束,新的时代,行将开始。

子楚拿起朱砂笔,笑道:"朱砂开道,卿等以为寡人是湫渊起舞的巫判吗?"

大夫朝臣,齐齐绽开嘴巴,做出不失礼节而又感受到君父恩泽、倍感涕零的欢快表情。

子楚的笔尖正要落下,忽然身后响起一个声音:"公子楚且慢。"

此言一出,众人皆骇,连子傒都惊得张大了嘴巴。

称秦王子楚,不称主上而称公子,此举无异于谋逆。

众人转目望去,只见一名宫人,自屏风后转出。

朝臣不识得这名宫人,但子楚认识。只听他惊声问:"小馨,你在说什么?"

小馨不答,趋步上前,拿下子楚手中的朱砂笔。此后就见两宫太后——华阳太后与夏太后在几个宫人的搀扶下,徐步而出。

子楚急忙跪下:"两位母后,这还没到时辰,怎么自己就先出来了?是不是儿子有什么事情做错了?"

就听华阳太后沉声道:"若公子不弃,烦请暂退左右。"

王子公子,大夫臣属,怀着莫大的惊骇,无声而退。他们太清楚眼前正在发生的事情了，子楚登位的资格遭到了质疑。而且这质疑，来自子楚获取权力最鼎力的支持者。

到底发生了什么？

所有人退到宫门之外，你看我，我看你，俱皆狐疑，却不敢发出声音。

宫室里，就听华阳太后问道："公子楚，我老了，许多事情记不得了。但本宫依稀有点儿印象，新王登基，大赦天下，不可以轻言杀戮之事，只恐有伤天和。此礼记于《周礼》，向为天下君王所奉行，不敢违天，不敢亵渎神灵，是否？"

子楚颤声叩首："母后见责，儿子诚惶诚恐，惊心不已。可儿子细细想来，近日虽然宫中朝野，诸事频仍，但儿子牢记先君的教诲，断不敢擅行有违天和之举。"

"既如此，公子为何于登基大典之日，将我孙子装入麻包，掷死于阴库之中？"

子楚大骇："母亲在说什么？儿子听不懂啊。"

夏太后走上前来："儿子，你自己下达的命令，还敢在我们面前隐瞒吗？"

子楚拼命摇头："母后听了何人的谗言？儿子虽然德行浅薄，但素来战战兢兢，如履薄冰，如何会做出如此禽兽之行？"

华阳太后抬了一下手，就见两个年轻人，抬着一只血淋淋的麻包进来。子楚诧异地看着他们："昌平君？昌文君？你们兄弟抬的是什么？"

昌平君兄弟将麻包抬到子楚面前："姑母有命，儿臣不敢擅启。请主上自己解开麻包观之。"

"你们这是……"子楚茫然地看了看大家，动手去解麻包。系死麻包口处的绳索，已经被鲜血浸透，实在难解。但无人相助，所有人都站在那里，冷冰冰地看着他。

好长时间也解不开，子楚心下恐惧，摸到身边一把小刀，是昌文君怕他难堪，悄悄踢过来的。他用力挑开绳索，解开一看："这……这人是谁？"再细看，不由得心胆俱裂，发出一声惨嗥："政儿，是谁把你弄成这个样子？"

麻包里的嬴政，头骨绽出，胸骨碎裂，整个人被鲜血浸透，已然全无呼吸。

"是谁干的？这是谁干的？是谁害了我的儿子？"

子楚抱着儿子，仰天长啸。

纵使子楚惨厉痛哭，身边的人却不为所动。

华阳太后沉声道:"公子楚,当初我从先君的二十七名公子中选择了你,是因为人们俱对我道你为人仁善。但也有人说,你是个善于演戏的人,所谓的仁善是装出来的。本宫是不信这些的。但是今日,本宫信与不信,已经不再重要了。重要的是,公子能够证明自己。"

砰砰砰,子楚放下怀中的嬴政,向两宫太后重重磕头,额绽血涌,溅洒如花。而后他猛地撕开自己的衣襟,裸露胸膛:"母亲,母亲呀,两位母亲,儿子纵然再歹毒,又怎么会杀害自己的亲骨肉?纵使儿子真的歹毒如斯,什么时候不可以,为什么偏要挑登基这么个日子?"

华阳太后一扭头:"那么公子,你如何解释这个?"

几名宫人将帷幕拉开,露出后面跪着的一排人,自左向右,都是宫中黄衣内侍,但最靠右边的,却是两个赤膊力士。

见子楚愤怒的眼光转过来,两名力士拼命磕头:"主上,主上,小人也知道今日登基大喜,断非见血之日,何况要杀的又是政公子?小人是劝谏过的呀,可是主上亲令在此,小人又岂敢违抗?"

子楚狠厉地喝道:"寡人的命令在哪里?"

"在这里。"紧挨着力士的黄衣人跪呈君令,"主上,奴才觑氒,只是个宫里跑腿的,好事从来摊不上,嫪毐大人将这道王命传递下来,吩咐奴才去执行。奴才内心是不情愿的呀。可奴才地位委实低贱,休说抗命,纵有微词也是罪无可赦,所以奴才只能奉命,这真的怪不得奴才呀。"

昌平君的弟弟昌文君上前,从宫侍觑氒手中接过王命,跪呈给子楚。

子楚伸头一看,顿时青筋暴起。

"嫪毐!"子楚厉声吼叫,"滚出来解释!"

嫪毐是真的滚出来的,他怀中抱着一只装满了文牍的函匣。滚出来时,记载国务政事的竹简撒了一地。

子楚大吼:"这是怎么回事?"

嫪毐顺手在地上一抓,将一支竹简高高举起:"此为主上今日亲传政公子的副本,请主上查验。"

"寡人不要查验,寡人自己发布的命令,还不知道是什么吗?"子楚口角沁血,嘶声大叫,"寡人是在问你,朝中发布的是命政太子与成蟜到太子府,沐浴更衣,以待册封大典的公文,怎么会变成杀人令?"

嫪毐吓哭了:"主上,今日这道命令,主上发布,臣下记录,并由主上亲验过后才用的玺宝。而后臣将此命令交给黄衣侍从缩子高。主上知道,缩子高是宫里的细务总管，所有吩咐都是由他安排人选的。"

子楚冷静片刻："那缩子高何在？"

"主上，奴才在这里呢。"伴随着哭声，一名红领黄衣人跪趴出来。红领黄衣，是宫中地位仅次于嫪毐的内侍。

子楚厉声逼问："缩子高，你是如何传达寡人之命的？"

"这个，"缩子高泪流满面，呈上一支竹简，"此前主上有命，让爨菜负责新建太子府一应事宜，是以奴才就把命令传达给了他。这是爨菜受命之后的回执，请主上观之。"

子楚冷哼两声："那么爨菜在哪里？"

"这个……"众宫侍你看我，我看你，相顾无言。

子楚下令："立即给寡人找到爨菜，否则尔等统统灭门。"

"是……"嫪毐一众慌忙应答，四散去寻找爨菜。过不多久，这些人抬着一具湿漉漉的尸体进来了："主上……这就是爨菜，溺毙于宫中的柳花湖里。似乎……是自杀。"

"给寡人彻查此人！"子楚恨声道，"寡人不信此贼是单独行事，举凡与此贼来往不正常者，一律查清楚，寡人要挖出他所有的党羽！"

"是……"嫪毐等人抬着尸体退下。

忽然间，所有人一齐向子楚跪下："大秦之主，请恕过我等迁怒之过。"

"母亲，你们这是干什么？"子楚忙不迭地扑至两宫太后身边，将两个太后搀扶起来。这真相全都明明白白，既然此事并非是他的错，那么他当然还是秦王。既然他是秦王，就算是华阳太后，就算是亲生母亲夏太后，也不敢开罪于他，都必须要为此前的究责向他认罪，以免日后引来君王的雷霆报复。

先把两宫太后搀扶起来，子楚扫了一眼跪地的昌文君兄弟、宫女小馨等人，说了句："都起来吧，你们又有什么错？如此奸诈的手段，连寡人都中了招。"

"是啊，是啊，"昌文君兄弟起来，战战兢兢地替秦王正衣冠，"好端端地吩咐政公子筹治册封大典的王命，几经传递，竟然变成了杀人令。奸人的手法，真是防不胜防。"

子楚落泪道："说到底，这要怪寡人待政儿太刻薄了。若非如此，奸人纵然想从中做手脚，也是无机可乘。这都是寡人之过啊！传宫医，并咸阳城中所有的巫医，寡人要让政儿回来！"

第十三章　政治对决
以血为代价的权力之路

楚地巫者，于咸阳街头执幡而行，恸声长哀：

魂魄离散，汝篚予之。
魂兮归来，何为四方。
魂兮归来，东方千仞。十日代出，流金铄石。
魂兮归来，南方黑齿。蝮蛇蓁蓁，雄虺九首。
魂兮归来，西方之害。流沙千里，旋入雷渊。
魂兮归来，北方飞雪。豺狼从目，往来侁侁。
魂兮归来，与王趋梦。湛湛江水，上有枫。
目极千里兮，伤春心。
魂兮归来，哀江南。

街头巷尾，所有人伏跪于地，没有人敢起身行走。

政太子遇害一事，已经传扬开来，秦人无不震骇，谁也不知道这意味着什么，但都有种不祥之感。

宫门之前，子傒及诸王子、臣属大夫伏跪，无人敢吭声。

嬴政躺在一张简陋的榻上，一动不动。

一群太医簇拥着一个圆球似的人匆忙登阶："主上，这位是圆鸦先生，昔年神医扁鹊的徒弟。先生砭石汤剂，天下无双，如今太子危重，可否容圆鸦先生施针？"

"哼！"子楚淌着眼泪道，"我大秦立国，向以巫筮①为宗，什么时候轮到末流的医者喧宾夺主？巫祝大人在哪里？"

"主上休惊，我来了。"随着一声长喝，就见一个头戴草冠、身穿幡衣的赤足男子率十二名巫者，昂昂然而入，"主上容禀，小人来前，已向大沈厥湫与亚驼两位神灵祈求过。神灵的旨意是，须得将这些欺名盗世的医者逐出。哼，说什么砭石汤剂，尽是些歪理邪说。人的命，天注定。人在做，天在看。只要诚心祈祷，感动神灵，即使白骨也能活转。若让医者激怒神祇，恐怕无人担得起这个责任。"

子楚命令道："来呀，把这些医者乱棍打出。传令咸阳城中，家家须设位灵祭，为君者祷。"

黄衣内侍持棍冲出，将圆鸦先生并一众医者驱逐出宫。

巫祝赤足摇铃，踏火而歌，歌词中唱道：

西有黑渊，照水无边。
中有神灵，明烛在天。
嗟尔远道之人胡为乎来哉？
黑齿雕牙，遂宗室家。
朱颜酡羞，血落如花。
嗟尔远行之魂何不归来哉？
魂兮，归来！

巫祝的铿锵歌子声中，赵氏披发赤足，长跪于秦王脚下："妾身无德，政儿不孝，智不足损及自身，德不足累及君父，诚请主上降罪。"

子楚掩泪，不敢看赵氏："寡人愧对夫人，若夫人见责，寡人有什么理由怨恨呢？"

赵氏道："我那夫君呀，为君为夫，生杀予夺，此乃天地正理，妾身若有谤怨，何颜面对天地灵宗？"

子楚颤声道："那夫人想要对寡人说什么？"

赵氏低声道："妾身只想告诉主上，昨夜梦回，妾身梦到了神祇巫咸。"

---

① 巫筮，古代的方术。

"神灵给你托梦了？对你说了什么？"

赵氏幽幽说道："昨夜梦中，神祇巫咸踏尘而来，肌肤若冰雪，绰约若处子，不食五谷，吸风饮露，告诉妾身说：'咸阳赵氏，明日你的夫君有难，你的儿子遇险。若得灵巫攘解此难，须记得圆鸦在天。'"

"圆鸦在天？这是什么意思？"子楚茫然。

伏于秦王身后的昌平君猜测道："莫非是说适才那个圆鸦先生？"

"不可能吧？"子楚摇头，"自古医巫不两立，巫者通神达鬼，天地正道。医者妖言惑众，为祸人间。神灵托梦夫人，如何会与此类污邪相关？"

赵氏伏地："妾身无知，一切唯君命是从。"

子楚犹豫了："那要不……来人，把那个圆鸦带来，让他施针试试。"

"妾身谢过君上。"赵氏缓缓抬起头，"祸福无门，都是人自己招来的。妾身是赵人，自邯郸与君上相逢，妾身心中，再无他念，唯以夫君为天，以秦川为家。此时政儿虽病，但天地犹在，妾身如鲠在喉，想对那不孝的政儿，说几句话。"

子楚掩泪："夫人啊，你有话，尽管说出来。"

赵氏立起，缓行至嬴政面前，转过身来："妾居邯郸，与政儿相依为命，久闻秦川子民，崇功崇德，仰慕君父。因此携子百死之行，辗转归来。只因为我夫君为秦人，妾身与子，自然没有别的选择。

"然而甫入秦境，即遭军士全面搜索，举凡与妾身并政儿年龄相仿者，悉遭捕杀。自秦赵边境乃至咸阳，步步鲜血，尸横遍野。这座咸阳城，于我母子二人更不啻龙潭虎穴，宫侍率军士封门捕杀，甚至连入城的囚车都不放过。妾身思夫，政儿念父，冒百死突城而入，于深宫得见慈母。以为有母后庇佑，妾身与政儿小心翼翼，或可免于灾祸，然至今日，于我儿的鲜血面前，妾身，心已冷。

"妾听闻，秦人最是豁达，齐人可用，魏人可用，燕韩远来者，皆倒履相迎。实不知我母子二人，是何等罪孽，竟如此深重？妾身居于深宫，行不敢出，坐不敢言，战战兢兢，如履薄冰。政儿更是可怜。妾听说，这咸阳城中，即便是一条野狗，也有个遮风蔽雨的窝，然而我政儿终日操劳，居无府，落无邸，无车仗，无扈从。纵然如此，妾及两位母后，从未听到政儿有半句怨言，只因获罪于天，又岂敢怨？唯有为君为父，不计回报地操劳。然而三公府刚开始建造，我政儿旋遭朝臣攻讦，嗣后再接君父之命，涉远行难，游说无牙军，归来之日，唯见血泪斑斑。"

嘶啦一声，赵氏向大夫臣僚撕开了衣襟，裸露出胸膛："大沈厥湫，水神亚驼，神氏巫咸呀，历代先祖，你们的在天之灵，睁开眼睛看一看，看一看。这高悬的是天，这厚重的是地，天地之间，是暗黑的人心。我政儿纵然有千罪万罪，纵然合该千刀万剐，可是他曾为你们大秦卖过命，效过力的啊！

"妾听说，秦人最遵律法，即便是死囚，即便是恶罪，但只要为国效力，就会获得认可，赢得新生与尊重。可为什么我的政儿就不可以？政儿之罪，罪在他为你们秦人的利益，甫出生就质于敌国，群敌环伺，夜夜惊心；政儿之罪，罪在为了你们秦人，年三岁，遭赵国甲士追杀，暗夜刀风，血漫长陵；政儿之罪，罪在他年九岁，于朝堂上与赵国君臣独自抗衡，唇枪舌剑，剑鸣匣中；政儿之罪，罪在他替君父分忧，为国人操劳，惮精竭虑，无怨无悔。八百里秦川的子民啊，我政儿罪孽深重，无论如何终难获得大人君子们的谅解，妾身又何敢多言？而就在今天这样重大的日子，你们竟如此对待我的政儿，岂不知为母者心碎，为父者忧伤？那就请今日一并把妾身带走吧。妾身，无悔。"

言罢，赵氏向着群臣，伏跪长恸。

秦王泪流满面，长立而起，戟指公子洇和公子渌："给寡人拿下此二贼！"

"政公子疑案，秦王成为最大的赢家。其公开的政敌子偈派系，堪称是全军覆没。子洇与子渌两位公子，因为阻碍三公府的建设，被贬为庶人，与上疏攻讦政公子的朝臣，一并收狱。"一边说着，冷儿公主一边替公主姺及公子盉浇上溧茶，"两位虽然今日幸免，但秦王的报复，随时都会降临。此时秦人激愤，连同秦王子楚，当年从邯郸为质逃归，来到咸阳后所遭受到的明枪暗箭，白眼冷遇，统统被扒了出来。

"就这样，子楚成功地与遭受到巨大伤害的赵氏，以及血淋淋的儿子站到了一起。以受害者之名，接受朝臣国人的怜恤与愧疚。

"比较可怜的算是子偈大人了。辛辛苦苦几十年栽培的贤公子名声，毁于一旦，他的铁匠铺被民众捣毁，所耕植的农田燃起冲天火光。民众就是这么不坚定，昨日他还是秦国本土利益的象征，一夜之间就变成了阴险狡诈的小人。"

公主姺与公子盉齐声问："如此手段，也忒惊心了。可这事究竟是谁干的？"

冷儿公主唇边浮现出一抹浅笑："至少有一个人知道。"

"是谁？"

冷儿公主道："秦王的近侍，嫪毐。可是他不敢说。即使他说出来，也无人信他。"

"追查政公子遭人陷害一案，如今已稍有眉目。"嫪毐说。他身着紫领黄衣,脸上疤痕累累,跽坐于一座亭台上,面前的案几上,放着一卷案牍。

隔开一条生长着银杏树的曲折小径,能看到一座湖,赵氏正搀扶着儿子嬴政,在湖边艰难地练习走路。被装入麻包而后重重掷向墙壁的嬴政,居然还能活着,这让所有人都吓了一跳。

不由得让人惊心并钦佩,这孩子的生命力,真顽强。

只是经此一劫,嬴政已严重破相,脸上留下几道疤痕,笔直的腰身,也因为肋骨折断,而显出几分佝偻。

嫪毐的对面坐着国相吕不韦,左手边是昌平君、昌文君,右手边是得力门客李斯与茅焦。从五人的表情上能够看出,对于秦王子楚委派嫪毐追查此案,诸人都不以为然。但由于案发宫中,朝中臣子插不上手,也只能如此。

展开卷牍,嫪毐继续说道:"现在由小人来叙述案情,在座的都是国士,若小人稍有差失,请诸位莫拘形迹,随时可以打断小人。"

然后他说的下一句话,就把所有人吓呆了。

嫪毐说:"此案最大的悬疑,不在于政公子,而在于两宫太后。政公子遭人陷害,拖入冰库差点摔死,此事发生在极隐蔽的地方,宫中朝野,无人知晓。然而两宫太后又是如何得知,并能够及时赶到的呢?带着对这个问题的深深困惑,小人开始设想此案的种种可能。

"此案的细情,诸位尽知。计有五个环节:一是主上发令,小人记录,传政公子入太子府,与成蟜太子筹备册封大典。二是此令主上亲见,由小人传递给了细务主管缩子高。三是缩子高将命令交由宫侍爨棻执行。四是爨棻将命令传递给了觑髳。到了觑髳这里,主上亲颁的亲子令,已经变成了杀人令。五是力士将政公子装入泥袋,掷摔于冰库的墙壁之上。经此五步,整个杀人计划完成。是以小人推测,此案有五种可能。

"第一种可能,小人不敢说,诸位不敢听,对吗?"

说到这里,嫪毐抬头,目视吕不韦五人。

吕不韦五人面面相觑,心知嫪毐的意思,是说存在一种可能,杀人令就是秦王子楚自己下达的。嫪毐查案,竟然连秦王都敢列入疑犯名单,此举实属骇人听闻。可人家嫪毐并没有明确说出来,反而是谁说出来,谁就是谤君。诸人无言,听嫪毐继续说下去。

嫪毐继续分析:"第二种可能,凶手就是我本人。我当着主上的面,将正确命令传递给缩子高。等到缩子高将命令传给爨棻后,我再现身,收回真实的主上命令,再传递一道假的。小人的阶位高于爨棻,纵其有疑,也不敢反抗。嗣后小人再杀爨棻灭口，届时此案纵是小人自己来查，也不会查出端倪来。"

吕不韦五人再次面面相觑。

还真存在这种可能，如果此事是嫪毐干的，一样也查不出个端倪。

嫪毐继续说道："第三种可能，此案是缩子高干的。缩子高可以直接向爨棻传递杀人令，等到政公子落陷，再杀掉爨棻。此案自然死无对证。

"第四种可能，此案就是爨棻个人所为。爨棻或是出于维护成蟜太子的意图，或是听人驱使，总之他传递了杀人令后，再自杀或被灭口，就是我们现在看到的情形。

"第五种可能，此案是传令于力士的觑昙所为。觑昙完全可以先行杀掉爨棻，然后说他从爨棻手中接到的，就是杀人令。此时爨棻已死，别人也再无可能弄清楚了。

"所以此案所涉五个环节，很难判断谁是无辜的，没有人能够洗清自己，因为涉案的每个人，都被锁于一个闭环之中。

"但两宫太后，把这个闭环打开了，并证明了涉案的这些人，其实都是无辜的。"

一排捕吏疾步奔过长街。

一扇房门被踹开，屋梁下，摇晃着的是一具白衣女尸。

捕吏纷纷而入，举头看着女尸，小声地嘀咕着。

少顷，捕吏们抬着女尸出来，驱赶着路边的行人："看什么看？你们不要命了？大王亲督的案子，你们也敢随意打探？"

行人忙不迭地避开。

极远处的长街一角，明月公主坐在一个小摊前，捧着只喝光了豆花的碗，正在用舌头舔碗边上的豆花。大圆碗遮住了她的面孔，只露出一双乌溜溜的眼睛。

明月公主身边，是裹了厚厚毡褥的君夫人，她的脸色比以前更苍白，眼窝比以前更深陷。

赵樽和几个赵国剑士，稍远距离站开，确保自己听不到她们的话。

君夫人说话了："子楚这一手，果真狠辣。"

明月公主不解："嗯？"

君夫人分析道："捕吏们抬出来的那个女人，就是宫中失踪的荚儿。荚儿在宫里，一向笨手笨脚，只是做些杂活。那一日，秦王登基大典，政公子被黄衣宫侍传杀人令带走，荚儿在第一时间飞奔到太后宫室，当众向华阳太后身边的亲信宫女小馨报告。小馨知道后，立即带宫人匆匆赶往冷库，在政公子毙命前的瞬间，制止了力士的行为。

"然而此事就奇怪了，秦王登基大典，同时册封宓公主为夫人，册封成蟜为太子，还要加封两宫太后，如此忙乱的时候，宫里的人手根本不够用。宫女荑儿，她理应在宫里的另一端为大礼准备香烛，她没任何理由在宫里四处走动，更不应该出现在冰库附近。

"但是她偏偏就出现在那里了，并看到了她根本看不明白的事情。所以嫪毐查清了两宫太后的消息来源，急命人寻找宫女荑儿。但为时已晚，宫里已经失去了荑儿的踪迹。因此秦王亲令，封锁大门，最终在这间破败不堪的废屋中，找到了荑儿的尸体。已然被灭口。"

说到这里，君夫人目视明月公主："小丫头，你怎么看此事？"

明月公主嘻嘻笑道："我坐着看可以吗？"

君夫人严肃道："不要跟我调皮，你知道这不是开玩笑的时候。"

明月公主问道："夫人不耻下问，以无上智慧来问我这么个小丫头，想来是兹事体大，所断稍有差池，就会酿成祸端，所以不敢确信自己的判断？"

君夫人瞪着她："知道你还说？"

"夫人所料，应该没错。就是他！就是他干的。"

士兵缭穿着一身将佐的衣甲，极不合体，带着衷、惊、黑夫等十几个人，等候在宫门前。

嬴政跛着一条腿，一瘸一拐地出来了。

士兵缭等人迎上前："小人恭请太子回府。"

"回个屁府。"政公子笑道，"我弟弟成蟜才是太子，你们乱叫乱嚷，想造反吗？"

"成蟜他凭什么立为太子？"宾须无不知从什么地方钻出来了，抖动着花白的胡子，怒声道，"之所以弄得沸沸扬扬，连主上的大典都耽误了，就是因为主上偏心，非要废长立幼。结果引来小人觊觎，险些害了太子的性命，若主上仍不醒悟，老臣拼了这身新衣服不要，也要决意死谏！"

嬴政细看，才发现宾须无身后站着十几个朝臣，他们齐声附和宾须无："是呀，是呀，长幼有序，自古皆然。何况政太子德懿行嘉，素行君望，更兼福泽深厚，灵祖庇佑。似这般可怖的阴谋，竟未能损及太子分毫，这必是我大秦列祖列宗与大沈厥湫庇护的结果。"

嬴政笑道："诸位爱护之心，政心领而铭感。但此时我第一个要感谢的人，应该是医者圆鸦先生吧？"

见众人满脸茫然，嬴政解释道："圆鸦先生乃不世出的医者，神医扁鹊的徒弟。就在我昏迷三日，命悬一线之际，是我母亲央求主上，允许圆鸦先生诊治，砭石针灸，佐以汤药，才救回我这条命。"

"圆鸦先生？"众臣失笑，"太子呀，不是小人笑话你傻，你好像真的有智力缺陷。应该这样说吧，圆鸦先生是长桑君第三代弟子，是那个什么扁鹊的徒弟。昔年扁鹊来我大秦行医，因其只知医术而不明巫筮之理，遭到当时的太医令李醯的委婉相劝，命其整改。由于扁鹊执迷不悟，不肯弃医从巫，李醯大人为了捍卫至高无上的巫家声誉，含泪派人杀死了扁鹊。今天这个圆鸦先生，实际上是替他师父来找场子的。他就是想证明医高于巫，甚至只需要医而不需要巫。太子你想想，如果让扁鹊的歪理邪说传扬开来，天下人有了病，都不再找巫婆跳大神，不念咒语不喝符水，而是找医者诊治，这这这……岂不乱了套吗？"

嬴政道："可我确实是圆鸦先生救活的呀，此事有目共睹。"

"有目共睹个屁……太子莫怪。"大臣们摇头道，"太子你心眼不够，老臣要替你愁死。你之所以逃过死劫有三个原因：一是主上仪威，夫人诚心感动天地；二是太子福泽深厚，诸天护佑，命不该绝；三是巫祝大人支离疏与大沈厥湫及水神亚驼沟通的功劳。若是论功计量，太子的福泽与主上的仪威，各占四成五，二者并合占到九成。还有一成，可归于支离疏大人。太子试想，扁鹊、圆鸦这些人，他们的摸脉问诊，砭石汤药，连锦上添花都算不上，就是有了不多，没了不少，起到了扯后腿添乱的作用。所以若太子一定要感谢，那就要先谢列祖列宗，二谢君父，三谢巫祝支离疏，千万不要再说什么感谢医者了，这种话既没逻辑也没依据，根本无法自圆其说，让人听到，会笑死的。"

"不是……"嬴政被大臣们绕糊涂了，"你们刚才说的支离疏，莫不是原先巫祝支离滑的弟弟？我听说他一斧子劈开了哥哥的后脑。"

"对。"大臣们笑道，"太子昏迷时，支离疏行巫术为太子祈福，手中挥舞的正是劈死他哥的那把斧子。太子你甭说，见过血，开过光，果然灵验。"

"你们让凶手拿着斧子，在我榻边婆娑起舞？"嬴政吓出一身冷汗，"有没有搞错？支离疏杀死哥哥支离滑，有司在哪里？廷尉又何在？为什么任其逍遥，不捉拿问罪？"

众臣跌足，仰天长叹："大沈厥湫呀，你显显灵，显显灵，救救这个目无法制的太子吧。"

"不是，到底是谁没有法制观念？支离疏他杀了人，难道不应该伏法吗？"

众臣怒视嬴政："谁告诉你杀人就要伏法的了？谁告诉你的？莫非太子忘了主上登典，诸罪皆赦吗？"

"还真是……"嬴政失笑，"看来被那力士摔到墙壁上，我这脑子好像真的出了问题。"

众臣叹息："就是不摔，太子的脑子也不靠谱啊。"

嬴政乘车出行，数百人跟随。

再加上不明所以跟在后面看热闹的，行伍超过千人之众。

路上遇到两个公子，一个是嬴政的叔叔，另一个是连秦王子楚都得叫叔叔的。

此前，嬴政向他们执礼问候，他们是不理的。

所以见到他们，嬴政慌忙下马，可是那二人已经伏跪于地："太子殿下，请恕老臣无礼，太子殿下这是要去哪儿呀？"

嬴政感觉浑身不自在："我要去拜访圆鸦先生，感谢他……"

"没错，"跟随在嬴政身后的众臣抢着道，"太子殿下此行，正要去拜访巫祝支离疏大人，以谢支离疏大人在太子病时行巫，驱走了太子身边的妖鬼。"

"原来是去访支离疏大人，那是必须的，必须的。"两位长辈，笑嘻嘻地爬起来，也加入了嬴政的随从中，与大家同行。

与嬴政同车的宾须无，贴在他耳边上说："太子殿下，知道这些人为何如此巴结你吗？"

嬴政道："正想请教。"

宾须无笑道："请教什么呀！别人不知道，老臣心里最清楚，太子的心眼，比牛毛还多。原来大王登基之时，是要册立宓公主为王后，以成蟜为太子。可成蟜他们也是欺人太甚，既已夺得嗣位，又何必赶尽杀绝？而且手段异常残忍歹毒。此事之后，成蟜系已经没戏了……"

嬴政愤然打断他："我不许你这样说成蟜，他只是个孩子，是我的至亲弟弟。"

宾须无哼道："换个说法也一样，总之大王又趁机收拾了子傒势力。如今大王在朝堂的威望，堪称是如日中天，再也无人敢于拂逆。更重要的是，秦王从此对你母子，满怀愧疚之心，断无可能再兴废长立幼之事。你是未来的太子，未来的帝君，此时再不巴结，更待何时呀。"

嬴政笑了："宾须大人，知道为什么你们这些人在朝堂上混不明白吗？"

宾须无瞪圆了眼睛:"怎么就混不明白了?现在不是挺明白的吗?"

嬴政叹道:"你们呀,真的不懂得如何窥测政治风向。今日你们趋奉于我,称我为太子殿下,以为是个攀龙附凤的好机会。可过不了几日,你们就会为现在的行为,悔恨不迭。"

宾须无拍拍胸脯保证道:"别人或许会,但老臣不会。"

嬴政不想与他争论:"算了,随便你,那边吵吵嚷嚷的在干什么?"

宾须无顺着他的目光看过去:"那是巫祝支离疏大人的弟子们,好像是在吵架。"

前方是个客栈,许多人堵在门前,吵吵嚷嚷。

"出来,大骗子圆鸦,滚出来!"

巫祝支离疏,仍然是草冠幡衣,赤足踏铃,手中执有一根哭丧棍,气愤地立于客栈门前。

十几个男女巫者,抬着扇门板,上面直挺挺地躺着一个女人,头发乱糟糟的,光着两只脚板。拥挤在门前的闲人,一起帮着巫祝破口大骂:"骗子圆鸦,是不是见到巫祝大人亲来,吓尿裤子了?"

"怎么回事?"嬴政正要下车,宾须无一把拦住他:"太子殿下,你到底是真傻还是假傻?看不出来吗?巫祝大人攘解救活了你,这圆鸦却称是他的砭石汤剂的效果。这般胡说八道,谁能看得下去?"

嬴政还待要说,忽然间客栈门前人头涌动:"出来了,出来了,圆鸦出来了。"

肉球一样圆溜溜的圆鸦先生,出现在门前:"诸位什么事?"

巫祝支离疏肩扛哭丧棍,踏前一步:"本尊前来,是为了清世道,正人心。"

圆鸦先生失笑:"什么意思?"

巫祝支离疏喝道:"跪下,乞求我收你为徒。我当然不会收你,但你有此跪求,多少表明你尚有天良,再不敢贪天之功为己有,把救治政太子的功劳,算在医者身上。"

"是这样,"圆鸦耐心地解释道,"前者政太子伤势虽重,但都是外伤,内脏并未受损。是以小人开了几方药剂,撬开太子的牙齿灌下……"

"住嘴!"巫祝怒不可遏,"圆鸦,你知不知耻?天下人皆知,政太子是被妖鬼捉了魂魄去。是我祈之于大沈厥湫,入幽冥之路,于苍茫无际之中,引着太子的魂魄归来。若非是你的汤药所阻,此时太子应该完好如初。却因你亵渎神灵,终致政太子满身伤疤,你竟不知罪吗?"

"这个……"圆鸦困惑地搔头,"不知巫祝大人,到底想要小人怎么样?"

巫祝再次厉声吼道："跪下，乞我为师。然后我拒绝收你，你自己爬出咸阳城。此后要告诉你遇到的每个人，医者是渎神者，唯我巫者，才是天地正理。"

圆鸦没有跪下，而是先问道："巫祝大人既然提出这样的要求，一定会让小人心服口服？"

巫祝果断地答道："对。"

圆鸦追问："如何一个对法？"

"你来看。"巫祝一指躺在门板上的女人，道，"这个妇人，因为日间与丈夫争吵，气愤不下，从屋顶上跳下来，摔死了。"

圆鸦诧异："……你说这是个死人？"

巫祝肯定道："那当然。"

圆鸦观察半晌："可我感觉她还在动……"

巫祝怒吼："再动，她也是死人！"

圆鸦放弃争辩："好，好，好，你接着说。"

巫祝继续说道："我让你爬出咸阳城，不是欺负你，那是对你的爱护。世人皆知，庇护者神灵，救护者巫者。是我们巫者，奉神灵之名，拯救天下苍生。诸如眼前这个女人，虽然尸身久已冰冷，但只要我祈求神灵，就可以让她起死回生。若你们这些欺世盗名的医者，也能做到这一点，你自然无须滚出咸阳城，甚至能够获准允许在咸阳开医馆，也未可知。"

圆鸦笑道："莫非大人的意思，是要与小人比上一比？"

巫祝颔首："对，正是要与你斗一斗，看谁能让这个死了三日的女人，起死回生。"

圆鸦毫不退缩："斗就斗，咱们谁先来？"

巫祝高傲地说道："当然是你先来。你医者救不活，才见我巫者神通。"

"这样啊。"圆鸦从耳朵边上拿出根草棍，唉声叹气地绕着门板上的女人走。他走到女人脚掌处，突然拿手上的草棍，搔了搔女人的脚心。

只听一阵嘎嘎怪笑，躺在床板上的女人突然爬起来，一巴掌拍在圆鸦脑袋上："臭男人，搔人家脚心，你怎么这么坏呢。"

躺在门板上的死女人，被圆鸦搔了脚心之后，突然爬起来跑掉了。

客栈门前的人，全都惊呆了。

突然之间，所有人一起跪倒："巫祝大人神通广大，只是站在死人边上，死人都会复活。求大人法力常在，护我秦川子民和祥。"

巫祝转向圆鸦："你还有何话可说？"

第十三章 政治对决

"不是,"圆鸦先生困窘地搔头,"我怎么感觉巫祝大人,抬来个活人逗我玩呢?"

巫祝皱眉:"你还执迷不悟……"

扑通!

一个行走在路边的男子,突然手捂腹部栽倒在地,打断了巫祝支离疏的话。

所有人的目光,同时转向倒地的男子。圆鸦先生趋奔过去,扶起昏迷的男子,把着他的脉,少顷说道:"大家莫要担心,此乃昏厥之症,只须以银针刺百会穴,就会醒转。"说罢,他取出银针,开始行针。

果然,圆鸦一针下去,男子幽幽醒转。睁开眼,看到站在前面的支离疏,男子大喜:"是巫祝大人,是巫祝大人救了小人。"

支离疏却说:"错,救你性命的,是你身后的医者。"

"怎么可能?"男人扭头看到圆鸦,勃然大怒,"你为何拿针刺我?明白了,原来害我性命的是你,若非巫祝大人救我性命,我已经被你害死了。你个杀人凶手,我要带你去见捕吏!"

圆鸦被男子按住,脱不开身。情急之下,圆鸦顺手抓起路边的石头,照男子脑壳"砰"的一下,男子被砸昏,圆鸦这才悻悻地挣脱出来。

"哈哈哈!"巫祝支离疏仰天长笑,"圆鸦,你可亲眼看到了?我可是帮你说话,说你救了他,可人家信吗?"

圆鸦气呼呼地站在当场,半晌道:"支离疏,你狠!你赢了。"

"看看,这可不是我难为你吧?"支离疏失笑,"那你还等什么?跪下,开始爬呀,爬出咸阳城。"

圆鸦却摇头:"现在还不能爬,容大人给我三天时间。"

支离疏好笑地看着他:"你死赖在这咸阳城,到底是为什么呀?"

圆鸦恳求道:"我来秦地,只为见个故人。等我见到他就走。若大人允许,自今日起,我不行医,不诊治,可好?"

支离疏沉思片刻,勉强道:"好吧,我再给你三天时间。若三天之后,你仍不肯离开,那你可能就永远不会离开了。"

隔日,嬴政找了个理由,遣散追逐在他身边的人,换了身黔首的服饰,悄然走入一条深巷。

他在一扇挂有凤符的门上轻叩了几下。

开门的是圆鸦先生,他将嬴政让进去,看清楚后面没有尾随者,这才闩上了门。

"谢过先生救命之恩。"嬴政向圆鸦拜倒,却被圆鸦一把托住:"使不得,这可使不得,你现在是被称为太子的贵人了。"

嬴政失笑:"雷霆风暴行将到来,也算是贵不可言吧。"

"哈哈哈!"圆鸦先生大笑,却突然敛住笑声,"大概半年前,我接到邹衍先生传书,言称你在秦国有难,让我赶来。我寻思咱们之间的距离天南海北,等我赶到西秦,恐怕你骨头都烂了,感觉根本来不及。但终究无法拒绝邹衍先生所请,所以就来了。不承想入秦未及三日,便听闻你被人装入麻袋中,摔成了血人。莫不是邹衍先生先知先觉,能掐会算,算准了在我进入咸阳的第三日,正需要我的医术救你性命?"

嬴政直言道:"先生有话请讲。"

圆鸦先生问道:"这个局是谁布的?"

嬴政摇头:"我不知道。"

圆鸦先生追问:"是不知道,还是知道不能说?"

嬴政望向圆鸦先生:"先生肯定清楚,猜测与知道,是两个概念。"

圆鸦先生笑着问道:"你在公孙龙座下,学的就是这种概念厘析吧?名家嘛,就是喜欢玩弄不同概念的意义。不错,猜测是没有证据的臆断,而知道则是有实证的事实。但纵是猜测,我还是想听一听。毕竟我跋涉了如此之远的路,还遭秦国的巫师羞辱,难道就无权知道点儿真相吗?"

嬴政一点口风都不想透露:"猜测已是个错误,如果再把猜测说出来,岂非错上加错?"

圆鸦先生却不想遮遮掩掩:"你躲躲闪闪,不过是为君父讳。毕竟对你下毒手之人,论血亲,是你父亲,论权位,是你的君上。哼,秦王他自己有了病,就会传唤太医。可是你已经奄奄一息,他却赶走医生,叫个神汉来跳大神,如此龌龊之举,如何瞒得过天下人?"

嬴政平静地提醒他:"先生说了不该说的。"

圆鸦先生愤恨地说:"我怕什么?他是你的君父,又不是我的。只是我不明白,你今年才十岁,怎么就对他的权力构成威胁了?他值得对你恨到这种程度,要把你装入麻袋活活摔死吗?"

嬴政纠正他:"先生,我并没有死。"

圆鸦先生冷哼:"是了,这个计策毒就毒在这里,如果他下手稍有恻隐之心,就很容易被人怀疑。但事情做到这么毒,这么绝,任谁也不会怀疑他。不仅不会怀疑他，而且还会怀疑他的政敌。所以他摧枯拉朽地收拾政敌，顺利得不可思议。这种顺利，以你的血为代价。可我还是弄不明白，这到底是为什么？"

嬴政轻笑："先生被巫师羞辱，这就是答案了。"

"唔唔唔，权力者不是不知道巫师装神弄鬼，胡说八道。但巫筮信仰是构成权力的基本要素之一。我听说你们母子初入咸阳，在祭祀先祖时无师自通，自行表演而且获得了认可。这在对方眼中，你们是深谙权力运作之人，这都怪公孙龙、邹衍这帮老不死的瞎胡闹，把你培养成个学人多好，非要苦心把你栽培成帝君，可那个位置有人了。你父亲在时，你还可以臣服，可当你父亲不在了，谁又能拦得住你的权力之路？"

嬴政摇头："先生想得太多了，我和母亲，只是想为国家做点实际的事。"

圆鸦先生长叹一声："你这个要求，可比活命更要难啊。"

嬴政沉默下来，不发一言。

圆鸦先生又问："你还能活多久？"

嬴政苦笑："我猜大半年吧。大半年后，人们就会把现在的事彻底淡忘。届时朝中册立成蟜为太子，其母为夫人，也不会有人说三道四。而我，大概会被贬到一个积满尘灰的所在，悄无声息地烂掉吧？"

一如嬴政所说，大半年后，他已经十一岁了。

比他小三岁的公子成蟜，被册立为太子。

母亲赵氏与成蟜生母宓公主，同时册为夫人。此举应该视为秦王子楚对赵氏的愧疚与补偿。

嬴政被贬至距咸阳二百里之遥的旧郡。

在那里，聚集着失去权力机会的公子、王孙与宫人，还有一支负责监押这些废人的部队：

废军。

旧郡是座荒城，终年狂风呼啸，多数城墙早已坍塌，只有一座牒楼摇摇欲坠。

牒楼门外，有个黄泥抹成的、极低矮的羊汤馆。

每日里熬汤的老婆婆，说起来名气大了。她曾是秦昭王晚年宠幸的一个妃子，因为争宠，被逐出宫，流离于此。

这一天，几个人顶着呼啸的狂风走出颓牒，来到了老婆婆家的羊汤馆。

他们都有张被狂风吹皲的皱纹脸，佝偻着身形，裹着肮脏的毛毡，看起来都是些苦寒的役夫。他们把羊汤喝净后，又把碗舔得干干净净，这才心满意足地打个饱嗝，随后付了十几枚圆钱，起身离开。

忽有个声音道："政公子且慢。"

那几人的身形顿了一下，其中一个慢慢转过身来。

正是嬴政。

只是那张脸，苍老了许多，根本不似一个十三岁孩子的脸。

他静静地站在那里，看着汤馆最里边的位置。君夫人裹了五层毛毡，在角落里瑟瑟颤抖。苍白的脸颊，黑洞洞的眼窝，犹为触目惊心。

两个人对视着，良久不发一言。

好长时间过去，才听到君夫人道："我要回邯郸了。"

嬴政"哦"了一声。

君夫人又道："平原君赵胜，他死了。"

嬴政面无表情："哦。"

君夫人接着说道："所以我要带样东西回去，还望公子成全。"

听闻这句话，嬴政才有了点变化："夫人是为峜公主与成蟜而来，如今成蟜居太子位已经两年，朝野势力已经稳固，是以嬴政很难理解夫人的执着。"

君夫人裹着毛毡站起来："这只是表象。但政公子内心知道不是这样的，对吧？"

嬴政失笑："夫人啊，这里是旧郡颓城，城里居住的只有一百多名失势的公子宫人，驻守的军队尚不足四百人，且个个都是有罪在身之人。此间之外，是找不到水源的漠漠黄土，寸草不生。若非是事先携带足够的辎粮饮水，没有人能够活着离开。此地与死狱无异，我不知道夫人究竟在担忧些什么。"

君夫人戳穿他："你在这里训练了支军队，对吧？"

"军士操演，只是每日功课。夫人不妨看看这些军士的装备……"说着话，嬴政随手拉过来一个人，指着他腰间系着的木棍说道，"夫人请看，这种装备，其战斗力能有几何？是否值得夫人如此忧心？"

君夫人挥了一下手，汤馆门外几名赵国剑士抬着两具尸体进来。

君夫人指着尸体说道："政公子请看，这两具尸体，都是我亲手训练的死士，虽说身手不如周伯鱼、赵樽，但也是一流的剑士。可是他们遇到你训练出来的废兵，结果竟是如此。"

嬴政好不恼火："夫人，你远来是客，我敬你三分。然而你在我大秦之地，袭杀我的士兵，这未免太过分了。"

君夫人安抚道："政公子，莫要岔开话题。我只是好奇，你是如何把这几百名乌合之众，训练成一流杀手的？"

唉声叹气地走到君夫人面前，嬴政坐下，说道："我是两年前被流放到这里的。虽然无罪，但作为嫡长子的存在，就已经对弟弟成蟜的太子之位构成巨大威胁。只能流放，却又难以名正其罪，我猜想父亲伤透了脑筋，最后把我打发到这里，给了我一个差使，须得把驻守在这里的四百名声名狼藉之徒，训练成忠君爱国的勇士，才有机会向父王禀报。

"说到这四百名乌合之众，有的纵火，有的杀人，有的罪行更是不堪，说出来未免污了夫人的耳朵。这些人共同的特点是，阴险狡诈，毫无廉耻之心，怯于公义，勇于私斗。

"每一个人都不堪造就。这样一群不堪造就者凑合在一起，就是一片混乱。这种混乱状态，有个名堂，称之为混沌。"

说到这里，嬴政的眼角露出笑意："请问夫人，若要开辟混沌，创造天地，第一件事是什么？"

君夫人答道："要有光！"

嬴政兴奋地一拍桌子："夫人啊，正是如此，要让虚空混沌呈现出创造的特质，第一步是要有光。

"什么叫要有光？

"混沌的特质，是无阴无阳，无光无暗的。而创造的特质，是结构化，体系化，一定要把那些质体同一的要素，强制性地区分出上下高低，优胜劣汰。这种强制区分，事实上并无公平可言，然而公平意味着同质，意味着沉寂，意味着毫无变化。

"要有光，就是在混沌之中，强制区分出光明与黑暗。没有黑暗，何来光明？若无光明，黑暗何存？黑暗与光明，如一枚圆钱的两面，有一面必有另一面。人人都在心中渴望光明，憎恶黑暗，却不知道这个想法，就已构成黑暗的存在依据。"

君夫人来了兴趣："是以你用这个法子，人为分别，强拆废军？"

嬴政点头答道："对。我来到后，先花了大半年的时间，观察废军中人，找到那些还希望走出这片恶土，内心仍存一线良知之人。半年后，我找到二十个人，允许他们和我在一起，同起同行，同榻而卧。白天，我带着他们喝羊汤，到了夜间，我给他们讲述古来风云故事。我给他们讲述伍子胥过昭关，一夜之间白了头；我给他们讲申包胥哭秦庭，七日七夜血泪长流；我给他们讲孟尝君，鸡鸣狗盗，逾关出险。我要让他们知道，垃圾是放错了地方的人才，人才是放对了地方的垃圾。纵然是乌合之众，如果使用得当，也会成为不世的英雄。而磊落的英雄，放在污浊的环境之中，慢慢也会被环境同化。我用公孙龙、邹衍与孔穿三位老师传授给我的不世智慧，用一个个古来仁人志士的慨烈狂歌，一点一点地改变他们的认知。我鼓励他们忠，我鼓励他们勇，忠者无惑，勇者无惧。当忠肝在心，义胆在怀，他们就再也不是从前的自己了。"

君夫人接着说道："然后你以这二十人为根据，开疆拓土，进一步征服更多的人？"

嬴政颔首："没错。我身边有了二十人，就构成了一个社会层级，这个层级意味着权势，意味着资源，意味着光宗耀祖、出人头地的可能。当然就会有更多的人，希望加入这个群体，所以我再从四百废军中，选出六十人。这六十人，有望进入前二十人之中，前提是，他们需要证明自己，一如此前的二十人证明自己那样。"

说到这里，嬴政的目光瞟向君夫人的那两名死士："试问夫人，一个人如果想证明自己，能有几个法子呢？"

君夫人眯眼道："法子太多了，士有百行，妇唯四德。一个人的选择，与他的智力成正比。智者总有生机，愚者自寻死路。被抛入到这个垃圾场的军士，有几人的智力靠得住？是以在这里，在你的制度设计中，恐怕他们别无选择。"

"是的，"嬴政说，"他们必须要成为勇士，成为剑士，成为面对任何挑战决不犹豫、毫不退缩的人，成为从前他们不敢想象的那种人。"

"所以你有了二十名将领，又拥有了六十名佐领，由他们训练剩下的三百余名军士，这支被所有人看死的废军，从此就成为了恐怖的杀手。"

嬴政失笑："我没感觉到他们恐怖。"

君夫人倒吸一口凉气："这正是你的恐怖之处。"

嬴政叹息："我只是在这个垃圾场里，艰难地活下去而已。夫人又何必步步紧逼？"

君夫人冷声道："为天下人，别无选择。"

嬴政怒极，吼道："可是夫人凭什么？"

"可能是凭了我吧？"一个人闪身而入，提着一柄宽到吓人的巨剑。

赵国第一死士，周义肥。

掂量着手中宽大的剑，周义肥的声音有些奇怪："政公子，还认得这柄剑吗？"

"当然认得。"嬴政道,"在我三岁之前,这柄剑护在邯郸大北城,朱家巷口。我亲睹十余批刺客,亡命于此剑之下。最危险的时刻,刺客的锋刃,距我额头尚不足寸余,终为此剑所止。"

周义肥诧异地说道:"三岁之前的事,政公子记得?"

"必须记得。"嬴政答,"若失去了记忆,一切荡然无存。"

此前的温暖记忆,此时尽成冰冷寒意。

周义肥躬身为礼:"君命难违,请公子见谅。"

嬴政以悲哀的眼神看着周义肥:"多么希望时光停留在十年前,我是多么希望。"

周义肥提剑环顾:"奉君上之命,取政公子首级,这里可有阻止我周义肥的人?"

"小人试试。"屋角一个男子站了起来,直到他开口说话,人们才注意到他的存在。他身着厚厚的毡裘,露出被狂风皲得通红的双眼,黝黑的手背上裂开一道道血口子。他的腰间悬挂着一根木棍,与这里的任何一名废军无异。

但周义肥从对方沉稳的气度中,却感受到了巨大的压力:"兄台应非凡属之辈,何以埋名于此?"

对方不为所动:"废军无名,杀人无形,周兄出招便是。"

周义肥一生所历,何啻百战?纵使百万军中,他也未失丝毫豪气。但是此时,面对着一个无名无姓之人,而且对方也无兵刃,周义肥生平第一次感受到,死亡距自己是如此之近。

但是君夫人传檄,赵王亲令,命他来秦取政公子首级。这是赵国苦心经营多年的目标,除掉嬴政,让成蟜登基成为秦王,以赵国宓公主为太后,再也没有比这个政治结构,更符合赵国利益的了。

因此周义肥虽然心中不愿,但却决不会犹豫。

周义肥宽剑竖起,目视对方。

这柄剑,曾于百万军中,往来自如,无人可御。

对方垂手而立,无动于衷。

他究竟是谁?

周义肥一剑挥出。

剑风凌厉,近前的几张木几应风碎成木片,激飞四射。

却听"当"的一声轻响。

周义肥双目凸出,难以置信地看着对方手中的那根木棍,抵在他的剑面上。

周义肥这柄剑，刃宽，锋寒，立起来是盾牌，舞动起来如巨斧。这种武器，非力大轻灵者不足以胜任。一力降十会，力大可以克制对手的轻灵。一巧胜十力，轻灵者可以战胜力拙体笨者。使用这种武器的人，在战场上是无敌的。

除非，遇到比自己力气更大、反应更敏捷轻灵的人。

遇到，就是死期。

此时对方的棍尖，轻轻抵在了宽大的剑身上，恰如草绳穿牛鼻，丝线过鱼腮，那般击长蛇于七寸的微妙，瞬间将狂烈的攻势化解。

周义肥双膝一软，无力颓倒。

对手并没有多看他一眼，自然地收起木棍，回到角落，蜷缩如旧。如一柄寒刃收入破烂的剑鞘，霎时间锋芒尽敛，再也无法引起别人的注意。

君夫人诧异地看着这一幕："他是谁？"

嬴政面无表情："夫人若不问，可能更好些。"

君夫人了然："那我知道他是谁了。"

"义肥，你是不是很无助？"君夫人问。

周义肥跪伏于地，瑟抖如糠，点了点头。

"很痛苦？"

周义肥点头。

"很羞耻？"

点头。

"很伤心？"

点头。

"有种愧见天下英雄、只想自尽当场的感觉吗？"

周义肥终于说出话来："夫人到底想说什么？"

君夫人冷静地说道："我只是想说，你大可不必如此。看看，与你齐名的赵樽又如何？我听说他曾在敌手的追杀之下，掘地为陷，墓道求存，嚼草为汁，濡血自残，十余日后方得生还。相比于赵樽，你这算得上体面了。"

周义肥艰难地说道："然而夫人，这不一样。"

君夫人问道："哪里不一样？"

"赵樽是在长平战场，遭遇到坑害了我赵卒四十五万的杀人狂魔。能于长平战场生还，那是赵樽绝世的勇敢与智慧，小人焉能相比？"

君夫人摇摇头："如何不能比？你们所遇并无区别。"

"什么……"周义肥心神再受巨震。

君夫人长立而起,看着角落里那个不起眼的人:"秦川之地,无牙军为患十年。昭王束手,继任的安国君束手,现在的秦王子楚,出动蜀川十七万大军征剿,反而三万名无牙军,将这十七万人聚歼。这听起来绝无可能,但在无牙军那不可思议的阵法面前,却是合情合理,顺理成章。

"虽然子楚借此机会收回军权,但无牙军之乱,已成秦人心腹大患。一支孤军,能够十年聚拢如初,铁板一块,表明其核心组织必是异常强大。

"直到此时,我才恍然大悟。

"原来无牙军所奉尊主,是你。

"武安少主。

"白起之子。"

将瘦弱的身子蜷成一团,君夫人幽幽地说道:"十年前,武安君白起取得长平大捷,坑杀我赵卒四十五万。因此赫赫战功,激起秦相范雎的忌恨。范雎本是魏人,孤身入秦,夺取宫中楚人权力,最终的目的,不过是想取代楚人驾驭秦国这辆恐怖的战车。但秦昭王也只是利用他压制楚系力量,岂会过度纵容于他?

"因此范雎失势后,无牙军心怀孤愤,虽未公开反叛,但不再奉秦王之令。人们都以为这样一支孤军,没有后援,没有支持体系,得不到粮草辎重、兵员武器等相应的补充,就会自然而然地灰飞烟灭。

"但现在看来,所有人都错了。"君夫人道。

角落里的那个人,终于说出一句话来:"那是人们都低估了我秦川将士的忠义之心。"

君夫人疾声道:"到底是忠义之心,还是叛逆之心?"

对方不答。

君夫人一指嬴政,大声道:"你追随秦少主,不过是他承诺待他篡政登基之日,会为武安君白起立祀,承诺为你们这些流尽了鲜血、受尽了委屈的奴才洗雪冤耻,是不是?"

对方嘀咕了一句:"休要肆言相污,我相信政太子不是弑主逆上之人。"

"他怎么获得权力?"君夫人拿手指用力地戳着嬴政的脑袋,厉声诘问对方,"那他怎样才能获得权力?若不想脏了自己的手,莫过于效法春秋时的齐桓公、晋文公,国乱之际,流离在外,等到国中君主尽数丧死,再回来收拾残局。政公子,你告诉我,你是不是这样想的?是不是?"

嬴政躲闪着君夫人的手指:"夫人,你干吗要把人想得那么坏?"

"因为你比我想的还要坏！"君夫人怒极，"谁的甲兵阵列四方？谁会在朝中兴风作浪？谁的使者在驿路上策马狂奔？谁人的剑锋正饥渴地望着无辜者的血光？成蟜的危难究竟来自何方？嬴政，你为人子，临父有危却袖手旁观；你为臣子，临君有难却置若罔闻，你们的忠在哪里？义在何方？你们就是一群彻头彻尾的无义鼠辈，乱臣贼子！"

嬴政急了："夫人，你还有完没完？"

"我有错吗？"君夫人怒道，"无牙军尊奉于你，却又相信你不会弑君夺位。那必然是等别人来干，难道不是吗？嬴政，你究竟是何居心？知道君父如鱼在砧板，知太子如羊在屠案，你却不将危情告之君父太子，此行若非谋逆，又是什么？"

嬴政大声道："我从无牙军中返回后，就被人装入麻包，摔到支离残碎。我活下来只是侥幸，你却责我失君臣之义？"

君夫人道："被人摔到支离残碎，那能怪谁？是你自己无能！"

嬴政冷笑："话都让你一个人说了，你是我敌国的人，却在这秦川之地，率剑士公然逐杀我。杀了我，是我无能；杀不了我，就是我无君无父、不忠不义。夫人啊，咱们还能不能讲理点儿？"

君夫人怒声道："我是女人，为什么要讲理？"

"不是，你……"嬴政无可奈何，"你到底想要做什么？"

君夫人厉声道："告诉我，谁是逆乱者？"

嬴政眯起眼沉默片刻："算计时日，还有三天的路程，他们就该到了。"

恰好是在第三天。

一支队伍出现在狂莽的风沙之中。

百余人左右，俱以大氅裹了头脸，策马而来，被狂风吹得东倒西歪。

抵达旧郡颓堞之下的避风之处，才看清这支队伍，三名宫中黄衣侍，一名年轻的巫士，三十名护卫的甲士，其余都是途中征募的役夫，用以驮水驮粮。

"巍巍帝德，何泽耀之，大沈厥湫，福履将之。政公子在哪里？大王有亲命于你。"一名黄衣人高声道。

君夫人带着周义肥，匆匆登上堞楼一侧，凝神观看。

一个裹着老皮裘的人，蓬头垢面，脏污不堪，匍匐而出："不孝儿政，领主上之命。"

传命的黄衣人乐了："哎哟呵，以前的政公子，多体面的人呀。怎么现在弄得像狗一样？"

"传大王令：秦嬴氏政，德寡才疏，渎慢君上，谗谤贤名，枭鸱之心，豺狼其貌。纵使君父之心宽以怀之，终不改其恶，反变本加厉。是以奉以祖，祭以宗，领湫渊之剑，待公子于归。"

令罢，年轻的巫士从一名黄衣人怀中接过秦王赐剑，猛然高抬脚杆，狂抖着脚脖子上系着的铃铛，旋舞起来，歌道：

墙有茨，不可扫也。中冓之言，不可道也。所可道也，言之丑也。
墙有茨，不可襄也。中冓之言，不可详也。所可详也，言之长也。
墙有茨，不可束也。中冓之言，不可读也。所可读也，言之辱也。

短歌止，长铃息，巫士已跪在政公子前，双手将王剑呈上。

政公子抬头，满脸恐惧地望着巫士手中的剑。

黄衣人催促道："政公子，你磨蹭什么呢？接剑呀。"

"什……么？"政公子那张脸震骇惊怖，"父王要赐死我？"

黄衣人眉毛一挑："你以为呢？"

政公子茫然道："不会的，不会的。我母后是夫人，她会求主上开恩的，不会让主上这样做的。"

黄衣人失笑道："政公子有此疑惑，那要不咱们一起回咸阳问问？"

"谢谢大人……"嬴政感激地正要爬起来，这时候突听黄衣人舌绽春雷，"君父之命，如雷在天。雷雨可以迟缓，君命不可拖延，殆渎慢君，罪不可赦，政公子想要造反吗？"

"呜呜，"嬴政痛哭失声，"父亲啊，儿无过。主上啊，臣无错。"

黄衣人无奈摇头："看看都什么时候了，还在心怀怨念，渎谤主上。"

三十名军士齐齐踏前一步，呛啷啷有声，三十柄利剑出鞘。

至此嬴政避无可避，只能哭着接过剑来，仰面望着咸阳方向，谢过君父赐剑之恩。

拔剑在手。

自刎。

一剑抹过脖子，政公子呆了呆，对目瞪口呆的黄衣人讪笑道："不好意思大人，可能是心里害怕，手软了，咱们再来。"

复一剑抹过咽喉。

政公子的脸涨红了:"又失败了,咱们再来一把。"

第三次抹过脖子,仍无效果。

政公子尴尬地看着黄衣人:"儿子真的尽力了。只是这柄桃木剑,驱邪捉鬼颇为灵验,用来自杀,是不是还差了点儿火候?"

三名黄衣人骇极,急抢上前,夺过嬴政手中的木剑:"这是怎么回事?主上亲赐寒锋,怎么变成了桃木剑?"

半晌,一名黄衣人突然醒悟:"是了,昨天落宿时那户牧羊人家……是他们家的孩子,偷偷地把主上的赐剑换过了。都怪你贪图那女人的姿色!"

被指责的黄衣人抱怨道:"怪我吗?我只是负责保管主上的玺符,剑可是由你们保管的。"

"要不咱们掐死他得了,反正他也未必懂得这个。"一个黄衣人建议道。

"以污卑之器弑主,这是谋逆之举,罪夷三族。"随着一声断喝,一排废军在佐领率领下,自城堞鱼贯而出,将三十名甲士团团圈住:"我乃旧郡佐将缥冈,奉主命守护此地。黄沙无际,风火漫漫,郡中禁锢,虽是王家罪人,仍是尔等主君。若非持有王命,尔等也不可造次。"

"王命在此!"一名黄衣人急忙举起黄铜玺符。

佐领缥冈皱眉道:"我已看到。"

黄衣人高声喝道:"王命之前,如何不跪?"

佐领缥冈质疑道:"那主上的赐剑何在?"

黄衣人苦笑着恳求:"咱们能不能不提这茬?"

佐领缥冈命令身后的将士:"拿下!"

废军拥上前来,一名甲士瞧见这些废军毛裘龌龊,矛折剑断,惨至极点,就全然不将对方放在眼中,拔出华丽的剑,比比画画想要开战。岂料废军同时闷喝一声,数十柄断矛残剑,竟同时没入他的身体,再听一声闷喝,甲士鲜血激飞,好端端一个人已被撕成碎块。

佐领缥冈厌倦的声音传来:"有藐视我废军将士者,杀无赦!"

二十九名骇得脸色惨白的甲士,三名黄衣人,并一名巫士,一并被押入了一座地窖中。

地窖一多半在地下,另有一小半裸露在地面。踮起脚透过悬窗,能够清晰地看到那座摇摇欲坠的雉堞。

虽然外边狂风呼啸,但嵌入地下的窖中湿润而又温暖。佐领缥冈当门席地而坐,喝问道:"说吧,你们到底是什么人?"

黄衣人挺胸抬头，硬气地说道："奉主上之命，自咸阳而来的王使，这岂会有假？"

佐领缛冈声音更高了些："那为何你们的仪制不全？"

"那是因为……"三名黄衣人急得说不出话来，"这不是……那什么……自我等接受王命以来，已经连行数日，都有点儿疲惫不堪。越是接近旧郡，越是荒无人烟，唯见纵横的沟壑，裹挟着沙粒的狂风，打得人脸上、手上疼痛难忍。是以我等昨夜下榻在了荒野中的一户牧羊人家，那户人家的羊又干又瘦，看着都吓人，煮了都不敢吃，生恐夜半被羊的冤魂索命。而且家里还有个不安于室的婆娘，一双眼睛竟然生得水灵灵的，还有个偷人东西的顽劣孩子。整整一夜，那婆娘不停地勾搭人，那孩子不停地偷我们的东西，根本就无法安睡……"

佐领缛冈仿若恍然大悟："我好像听明白了，是不是那孩子偷了主上的赐剑？"

三名黄衣人齐声道："正是，而且那孩子还给换了把桃木剑。"

佐领缛冈正色道："现在进入下一个议题，如何证明你们所说的都是真的？"

三名黄衣人怒了，摸出随身佩带的饰物玉玦："此物贵不可言，哪里是民间能有的？"

佐领缛冈上下打量几个人："那万一，你们都是盗贼，杀了信使，抢了主上的玺符呢？"

"你这人……"一名黄衣人脱下上衣，露出雪白的身体，"看好了，就你这鬼地方整日里风沙滚滚，有皮肤这么细嫩的盗贼吗？"

佐领缛冈忍着笑："那万一，你肌肤天生白腻细嫩，多大的风沙也吹不皱呢？"

黄衣人低吼道："大家都把衣服解开，让这蠢货看清楚。即便我一人天生细嫩，难道这三十多人，都是天生这样？这就足以证明，我们来自咸阳。"

佐领缛冈再次质疑道："那万一，你们是来自其他地方的盗贼，那里没有风沙，所以皮肤都是这样白嫩细腻呢？"

黄衣人焦躁万分："你这人好生难缠，你说清楚，到底要怎样才会相信我们？"

佐领缛冈为难地搔头，嘀咕道："小人也不知道，自打小人被发配到这鬼地方来，从未遇到如此奇怪的事情。举凡流放此地的公子王孙，薄命佳人，多数不过三年五载，就会承受不住苦寒而死。死后跟狗一样埋掉，从未有人问起过。为何这次……总之小人心里，根本不知如何是好。"

三名黄衣人面面相觑，都感觉到这是夺回主动权的好机会，厉声斥道："你既然没有主意，就该听我等之令，难道你敢视主上的符令为无物吗？"

佐领缥冈缩缩脖子："小人哪里敢……"

话未说完，突然一个甲士抬手一指："那个人是谁？"

众人抬头，顿时大吃一惊。

佐领缥冈冲出地窖，身后跟着黄衣人、巫士及甲士们。

所有人都无比震骇地仰头，看着那个在雉堞上来回走动、不停号啕的人。

政公子。

就见他摇摇晃晃，哭道："父亲啊，主上啊，儿无罪呀，儿是无辜的呀。自打两年前来到咸阳，儿子一直拼了命想要讨取父亲的欢心啊。儿子亲督建造三公府，脱了衣服与役夫一同和泥搬瓦。儿子去游说无牙军，被人扒光衣服吊在房梁上打，险些丢了小命啊。儿子被人装入麻包中摔，都未曾有过半句怨言呀。儿子从未做错过什么，为什么父亲不肯相信儿子，主上不肯相信臣子呢？为什么？这是为什么呀？儿子好冤，儿子真的好冤呀……"号啕着，政公子的身形在风中摇晃，走到了雉堞边上。

佐领缥冈急忙大喊："政公子，你小心……哎哟！"

政公子因为情绪激动，走到雉堞边缘，一失足，竟然摔落下去。

所有人都看到他的身体从高处摔下来，"咚"的一声，重重地砸在地上，激起一片黄沙尘土。

"啊，啊，啊！"佐领缥冈向着雉堞狂奔，三名黄衣人，巫士，二十九名甲士，也全都亢奋得无以复加，紧随他一同奔向雉堞脚下。

冲到近前，三名黄衣人拨开人群，扑到政公子身边，探了探鼻息，兴奋地说："死了，死了，他自己摔死了，这可真是太好了……不是，我是说这是一桩悲剧，一桩不该发生的悲剧，足以为天下人戒。"

佐领缥冈叹息一声："既然人已经死了，那……来人，挖个坑把他埋了。"

三名黄衣人急忙拦在前面："这位兄弟，你横竖都要埋了他，还不如……"

佐领缥冈断然拒绝："把他像狗一样埋了，这是合乎规制的。别说死了后埋掉，就算把他活着埋掉，这都没问题。但如果你们想要割他的首级，非主上赐剑不可，否则就是犯上谋逆。"

"你这人，一点都不知变通。"三名黄衣人悻悻，凑到一起，看着废军把政公子的尸首抬走。

"让他们埋，让他们去埋好了，等半夜咱们把尸首挖出来，割下首级，就可以回去复命了。至于主上赐剑被偷的事……唉，天无绝人之路，这事回头再议。"

第十四章　六国攻秦
一个时代的结束

三名黄衣人带着甲士，趁夜挖开那座新坟，将坟中尸体的首级割下，连夜离开了旧郡。

匆忙数日，直到看到咸阳城头，这才长长地松了口气。

巫士问黄衣人："虽然政公子的首级拿回来了，可是主上的赐剑丢失，回去后你们如何交差？"

黄衣人笑道："这有何难？只要我等把大王的玺令符印，连同这支带鞘的木剑一并交上去，再加上这颗首级，就不会有人当场查验。等到日后管理府库的侍吏发现御剑失踪，自会再找个理由搪塞过去，断无可能查到咱们头上。"

巫士笑道："原来你们宫中和我们做巫师的一样，都是一味地糊弄而已。"

三名黄衣人失笑："彼此彼此，大家都是混口饭吃。"

"哈哈哈。"众人催马快行，向着城门驰去。

咸阳城门，风声鹤唳，如临大敌。一排排甲士林立，显得气氛极其凝重。

验过符令后，众人入城。但见烽烟四起，人行断绝。远处不断有士兵奔跑，间或有翎箭破空而起，"嗖"的一声，就把奔行的士兵钉死在临街铺面的门板上。往日繁华的咸阳城，竟已沦为战场。

三名黄衣人变了脸色："这是怎么回事？才离开几天，怎么打起来了？"

忽见前方十字路口，四面的建筑墙倒屋塌，烈火熊熊。巫祝支离疏大人，带着几个弟子正在祈福，一边抖动脚铃，一边舞旋歌子，歌中唱道：

> 二人从行，谁为此祸？胡逝我梁，不入唁我？始者不如今，云不我可。
> 彼何人斯，胡逝我陈？我闻其声，不见其身。不愧于人？不畏于天？
> 彼何人斯？其为飘风。胡不自北？胡不自南？胡逝我梁？祇搅我心。
> 为鬼为蜮，则不可得。有靦面目，视人罔极。作此好歌，以极反侧。

三名黄衣人停下来观看，问随行巫士："巫祝大人唱的是什么？"

"就是随便糊弄糊弄。"巫士道，"不管是死了亲爹，还是娶新媳妇，他唱的都没有区别。"

三名黄衣人乐了，招呼停下舞蹈的支离疏："巫祝大人，看看这是什么。"

支离疏伸长颈子看了看："是谁的首级？"

黄衣人得意地说道："主上嫡长子，政公子的首级。"

支离疏恍然大悟："难怪我昨夜梦入湫渊，见到政公子在幽泉之下，一边哭泣，一边用块丝布给大沈厥湫揩拭脚趾甲。原来是大湫神祇寂寞了，想找个搓脚工，所以叫了政公子去。"

黄衣人收起装着首级的函匣："巫祝大人，这咸阳城兵荒马乱的，发生了什么事情吗？"

"唉，也没啥大事，就是打打杀杀。"支离疏抱怨道，"还记得那一日，有逆贼夜入深宫，企图弑主为乱。幸亏我主上得神灵庇佑，尽诛杀之，此后你猜怎么着？"

三名黄衣人互相看了看："怎么着？"

支离疏大声道："国相吕不韦反了！"

三名黄衣人大骇："不会吧？"

支离疏同样震惊："吕不韦疯了，带着他的阖府奴丁以及所有门客，连他府中烧火的老太婆，一起杀入了宫中。"

三名黄衣人急道："不是，这……快点儿叫昌平君、昌文君讨伐他呀。"

支离疏叹道："昌平君、昌文君也反了。三贼包围了王宫，逆贼吕攻打东面，逆贼昌平攻打南面，逆贼昌文攻打西面。那一日烈火熊熊，刀来剑往，打得甭提多热闹了。"

三名黄衣人万分焦急："这……昌平君和昌文君也反了，快点儿叫樊於期将军讨伐呀。"

支离疏痛心疾首："樊於期将军也反了。这不是吕不韦攻东，昌平君攻南，昌文君攻西，还剩下王宫的北面没人攻打吗？樊於期就是从北面杀入王宫的。"

"逆贼大起，四面围定，主上安危如何？"三名黄衣人真的有点儿担心。

"主上无虞，危难之际，大王以虎符传新任太尉魏燊祸大人，魏大人乃后宫新宠魏姝的哥哥，幸得他独骑出城，调来了大军，吕、昌、樊於四逆不敌而走，临逃时还一把火烧掉了成蟜的太子府，杀死了善良无害的成蟜太子，还有前些日子飞扬跋扈的宾须无，也在混乱中被踩死了。总之逆众约两千多人，从东门杀出城去。听说他们占据了宓城，那座城里居住着许多赵国人，也一并逆乱，总之现在是混乱不堪，一塌糊涂。"

"怎么会这样？"三名黄衣人惊呆，"逆贼占领宓城，快点儿让蒙骜将军去讨伐他们呀。蒙骜将军神勇无敌，此行必尽剿逆贼。"

"尽剿什么呀？"巫祝支离疏苦着脸道，"你们还没听说吧？合纵之士再现庙堂，昔年苏秦门下，专门替他洗脚的童子冉礼，游说东方六国合纵，以信陵君为主帅，六国的军队攻破函谷关。蒙骜、杨端和及王龁几位大将，都被派了去与信陵君交战，却被信陵君手下大将朱亥打得丢盔弃甲。杨端和与王龁下落不明。蒙骜将军更惨，可以说是全军覆没，老将军一个人光脚板逃回来的。现在六国军队势如破竹，一路过关斩将，连下七十二城，正向咸阳城杀来。我大秦眼看要亡国了，危难之际，谁能救得了我大秦呀？"

如此惊人的消息，把三个黄衣人吓呆了。

呆怔良久，三人匆匆回宫，却见宫里一片惨状。到处都是焚毁的宫室，兀自冒着袅袅的灰烟。随处可见宫人与宫侍的尸体，持矛的甲士在宫里疯狂奔跑，矢箭横飞，杀伐声不断，宫里的战事居然还在持续。

三人拿着政公子的首级，愣在当场："这到底是谁和谁在打？"

三名黄衣人刚刚入宫，君夫人就带着数百名剑士到了城前。

雉堞上的军士探头喝问："尔等可是勤王①兵马？"

"对！"城下周义肥手拄宽剑，悲愤地回答，"不来勤王，难道是来睡你老婆不成？"

"你……"城上军士正待回骂，旁边的将佐制止他："少惹事，现在城中乱作一团，大王死活不知，干脆放这伙煞星入城，爱跟谁打就跟谁打。"

数百人进了城，就在距城门不远的巷子口停了下来。君夫人带着周义肥，还有几名士兵，匆忙进入巷子。

---

① 勤王，君主的统治地位受到内乱或外患的威胁而动摇时，臣子发兵援救。

一行人在弯弯曲曲的巷子里穿行着。忽然一扇门打开，士兵缭从门里探出头来，向周义肥身边的一个士兵招了下手，又缩了回去。

　　士兵缭所在的那户人家，就是士兵衷的邻居。

　　君夫人一行，在士兵衷的门前停下。

　　门打开，士兵衷、惊和黑夫三兄弟，闪身让众人进来。

　　院子里，还有十数个士兵，披甲执矛，处于临战状态。

　　众人进院之后，周义肥身边的那名士兵急纵两步，进了屋子。屋子里，躺着衷三兄弟的老母亲。一个满脸憔悴的女人，呆呆地坐在炕沿上。士兵上前，跪在她的脚下："母后，儿子回来了。"

　　"是政儿。"那妇人，正是大秦王后赵氏，她一把抱住士兵的脑袋，泪如雨下，"政儿，娘的政儿，你怎么今日才回来？你的君父或许已经死了。"

　　君夫人冲进来，疾声问："我姊姊在哪里？成蟜太子在哪里？"

　　赵氏立起："君夫人，暂请坐下，容妾身跟你说个清楚。"

　　君夫人大为急惶："我不要你慢条斯理，我要知道姊姊和成蟜的消息。"

　　赵氏无奈地摇头道："妾身只能说，妾身甚至都没弄清，到底发生了什么。"

　　"母后莫要急，慢慢说来。"

　　赵氏缓缓说道："今日之局，实出于魏王的布置。两年前，因政儿险些被掷死于冰库墙壁，大王稍有愧疚，把我与宓公主同时册封为夫人。但我在宫中，实际上形同废黜，处境甚至连个宫女都不如。起初两位太后还稍有怜惜之心，但花无百日红，心无百日善，时日久了，两位太后也不再见我。只是从宫人的冷言冷语中，得知宓公主也遭受到了主上冷落。宫中最受宠幸的，是魏国的宗室之女魏姝。

　　"大王宠幸魏姝，授予了其兄长魏燊祢太尉一职。这意味着我大秦的军权，尽入魏人之手。

　　"与此同时，合纵之士冉礼奔走六国，而魏王则不断地派出使者，赴邯郸向信陵君示好，央求信陵君以国事为重，莫要计较魏王尽屠其族人的旧恨。信陵君起初不为所动，但最终被门客说动，回返魏国，与魏王尽释前嫌，接掌六国兵权。

　　"赵国的使者入魏，希望游说因为忤怒赵王逃到魏国避难的名将廉颇统领赵兵。我听说，赵国使者到时，廉颇纵身上马，挥舞长矛，以示自己完全有能力统六国之兵，一举摧毁大秦。但赵国与廉颇素有私怨的人暗中贿赂使者，称：'廉

颇老矣，尚能饭否？只是一饭三遗矢①，难以为国效力。'

"此次六国之军，以力士朱亥执锐为锋，摧枯拉朽地捣破我秦川天险函谷关。大王接报，极是心惊，立即派了老将蒙骜、杨端和并王龁统师迎战。三名将军带走了咸阳城中的多数兵力，城中空虚，正是奸人发难的良机。

"那一夜我正在宫中，忽听惊叫连连，火光四起。起身看时，就见黑暗之中一列列甲兵杀入宫来。妾身心知有逆贼叛乱，心忧大王及两位母后，立即不畏生死赶了过去……"

赵氏开始讲述，她是如何为秦王与两位太后，甘冒生死之险的。

但实际上的情形，与她的讲述是有出入的。

自打嬴政被贬旧郡之后，赵氏于宫中，就彻底被废黜。

秦王子楚不想再见到她，两位太后曾为嬴政出过头，这时候担心秦王怀恨，更因此对赵氏生出厌恶之心。

赵氏被赶到宫中东北一角的冷宫，每日里水米供应都不按时，若不能讨好宫侍及宫中侍卫，即便活活饿死，也不会有人过问。

自入冷宫，赵氏就在地面上铺了粗糙的沙石，每日里赤足在上面疾奔。宫里人都认为她疯了，对她既厌憎，又充满同情。

就这样一年多过去了，宫中已经忘记了赵氏的存在。

兵乱那一日，子楚退朝，回到后宫。

如往常那样，摆驾魏姝所在的毓歆宫，已经到得门前，门前的宫人正在跪迎。子楚却突然转了心思："掉头，寡人要去宓后的寝宫。"

宓夫人已经睡下，闻说秦王夜至，赤脚率宫人相迎，请秦王坐到榻上，替他脱下朝靴。

突然之间秦王炸了，吼叫了起来："不要拿这种冷冰冰的态度对待寡人，寡人受够了你这张冰冷的脸！"

宓夫人大恐，跪倒："妾身失礼，请主上降罪。"

子楚冷哼："早就该降你的罪了，宓珠，你不是不清楚寡人的心。早在寡人十二岁时，入邯郸为质，那一日入宫见到了你，顿时惊为天人，矢志娶你为后，一生善待。嗣后你的兄长赵王，你的妹妹君夫人，也一再请求寡人庇护于你，寡人何曾不允？但当初是你拒绝了寡人，你说你宁愿嫁个莽汉愚夫，也不愿意与寡

---

① 遗矢，大便的意思。

人同榻。还说寡人心术不正，但寡人何曾因此生出怨恨？而是苦等了你十年。十年之后，你对寡人愈发厌憎，寡人这才娶了赵氏，生下赵政。三年后寡人逃回咸阳，是你兄长与妹妹，把你送给寡人，乞求寡人收留你的。自那以后，寡人可曾委屈了你？"

宓夫人轻声道："主上未曾委屈妾身。"

秦王吼道："既如此，你为何每次见到寡人，始终都是张冷冰冰的脸？寡人何曾有亏于你？娶你那夜，对你的承诺全部兑现。你为王后，你生下来的成蟜，册为太子。为此寡人不得不将赵氏废黜冷宫，将寡人的长子流放到旧郡，这还满足不了你吗？女人，你告诉我，你到底想要什么？"

宓夫人痛哭流涕："主上恕罪，妾身只是总觉得没有安全感，心里空茫无际，妾身也不知道自己到底想要什么。"

子楚咬牙切齿道："寡人看你是夜半晒太阳，昏了头！你以为寡人是真的喜欢魏姝？那不过是寡人想要刺激你的嫉妒之心，可是你连丝毫的嫉妒之意都没表现出来，你到底想要寡人怎么样？"

"主上，请听妾身一言。"宓夫人哭道，"妾身知道主上的情意，都知道的。妾身也曾为主上生下成蟜，这大概就是女人对男人的爱吧。但是看到主上与赵氏在一起，或是与魏姝在一起，妾身真的一点儿也不嫉妒。妾身也曾努力说服自己要嫉妒，可是妾身就是嫉妒不起来。"

子楚用力握住她的双肩："那是因为，你根本就不爱寡人。你之所以努力要说服自己，只是因为你别无选择。如果给你选择，你仍会如当年在邯郸一样，弃寡人如敝履。"

宓夫人伏地长恸："伏乞主上杀了妾身吧，妾身试过了，努力过了，但就是做不到。纵使主上有滔天的权势，给了我儿子无边的富贵，给了我无尽的繁华，而且主上为人儒雅，智慧过人，可是不爱就是不爱，妾身是真的没办法。"

"你……"秦王气得全身哆嗦，指着宓夫人说不出话来。气急之下，冲着宫人吼道："外边在闹些什么？又喊又叫。要不要寡人把你们统统赐死？"

吼过之后，耳边传来冲天的喊杀声，眼见得一个宫人中箭栽倒在地，再看到熊熊燃烧的火光，他的嘴里艰难地蹦出来四个字："有人造反！"

突遭宫乱，子楚毫不畏惧，拦腰抱起宓夫人："宫侍何在？给寡人挡住逆贼，今夜护驾有功者，封爵！"

宫侍们蜂拥而至，各执麈尾扫把，掩护着子楚逃亡。

众人拐过一个花池，前方突然拥出一群宫人，当先的一名宫女高叫道："逆公子楚，你不来夫人的毓歆宫，背着赵国那小淫妇乱跑什么？"

"你……"秦王探头看了看，对宓夫人说，"这是魏姝的陪嫁媵妾，她敢这样对寡人说话，可知魏姝正是逆乱的贼首。"

言未讫，一群甲士冲出，长矛戳刺，朝子楚杀过来。子楚身边的宫侍一个个栽倒，他扛着宓珠，一头扎进了花丛假山之中。

甲士衔尾追杀，但禁中花径，崎岖百变，犹如迷宫一般。若非是熟悉环境的人，只会迷失在一条又一条的花间小径中。

子楚借地势之利，背着宓夫人逃开了甲士追杀，到了一个无人的银杏树下，他放下宓夫人，说了句："寡人宁肯不要自己的命，也要背着你逃亡，夫人对此仍无感觉吗？"

宓夫人呆呆地看着秦王，猛地抱住了他。

抱着宓夫人，子楚侧耳谛听，说道："逆乱是从毓歆宫开始的，甲士也都聚集在那里。此时逆贼正在奔袭两位太后的寝宫，但侍卫很快就会赶来护驾，我们暂先避往昭阳宫。"

宓夫人急切地问道："主上还在等待侍卫吗？若侍卫履责，那些甲士又如何会出现在宫里？"

子楚沉默半晌，道："是寡人有眼无珠，错看了魏燊祸。今夜必是此兄妹二人合谋，他们知道寡人每夜都会宿于魏姝那里，是以率甲士入毓歆宫谋害寡人。不承想寡人今夜改了主意，这才没有让奸人的计谋得逞。"

说到这里，子楚从身上取出一只雕玉短匣，笑道："前几日，魏姝那贱人一直想要寡人解下符匣。寡人犹记得信陵君窃符救赵的故事，何况她又是魏人，是以留了心，未让这符匣离身。少顷我们逃到个安全所在，再传符令，召驻守京城的樊於期入宫，即可尽诛奸孽。"

说罢，子楚得意扬扬地打开了符匣。

然后他呆住了。

匣中并无调动军队的虎符。

但也并非空空如也，而是放了支短短的竹简。

竹简上写着：天作高山，大王荒之。思媚其妇，有依其士。

子楚呻吟了一声，跌坐在地，双手捂住了眼睛。

宓夫人好奇地拿起那竹简看了看，笑道："魏姝果然是有备而来，大抵国仇家恨，都在这里了。"

子楚失声呜咽道:"寡人没了虎符,就无法调动军队。就如同老虎被剁掉了爪子,只能伏命待死了。"

宓夫人却笑道:"夫君为何忧虑?眼下情形,与你质于邯郸之时又有何异?"

"对呀。"子楚兴奋地松开捂脸的手,"那时节寡人没有虎符,不也是一路走到了今天?今日不过是面对几个蟊贼,寡人又有什么好怕的?夫人,我们走,召集宫侍,与贼子一战!"

甲兵入宫之时,赵氏远在冷宫,并未涉及。

但她眼见得宫中火光四起,杀声不断,知有逆乱之事发生,当即赤足奔出,逾墙出宫,逃到了咸阳街上。

此时樊於期已率军队赶到宫前,但未接虎符,他不敢入宫,即命军士宵禁,禁止行人夜行。

赵氏穿街走巷,翻墙逾垣,径自逃到士兵衷的家中。

衷三兄弟已经睡下,起身认出来者是王后,当即抖擞精神,跪伏于地。

赵氏立时以王后的身份,发一简手令,命黑夫执简前往国相吕不韦府,吩咐吕不韦立即起兵勤王。

吕府中人,已被宫中的动静惊醒。接到王后手令,当即点齐所有家丁门客,俱操长寻短凳,出门招呼上昌平君、昌文君两府中人,一道赶往宫门。

堪堪行至宫前,就遇到了樊於期的军队:"夜半三更,丞相大人不在家中歇息,意欲何往?"

吕不韦拿出手令:"臣夜接王后手令,命臣下即刻带人入宫勤王,请樊将军验看手令。"

樊於期接过手令一看,乐了,道:"这手令上的落款赵氏,是哪个呀?"

吕不韦说道:"那是主上的夫人啊。"

樊於期把手令仍还给吕不韦:"本座不认得。本座只知宫中有一位夫人,宓夫人。"

吕不韦大骇:"樊於期,你也造反了不成?赵氏与宓公主同日册封为后,此事国人尽知,你为何要说这种话?"

樊於期笑道:"丞相大人,我看你是这阵子吃得太好,猪油食多糊了心。秦川之大,谁不对主上怀有敬仰之心?若说谁会对主上心怀怨恨,那大概只有骨血儿子被贬去旧郡,失去嗣位权的人吧?今夜宫中逆乱者何人,丞相大人就算是脱了鞋子,掰着脚趾头算,也该算出来了吧?"

吕不韦沉思半晌："……你说的好像有道理，可你也不能站在这里瞪眼看啊，万一让逆贼伤到主上，你负得起责任吗？"

樊於期笑："丞相大人莫急，本座这不是正等主上符印吗？看看前面来的是不是。"

前方来了支百人方队，领队的是名校尉，身边还有个屠夫打扮、敞胸露怀、胸毛浓密到吓人的奇怪男子。

校尉到得樊於期面前："樊将军可在？"

樊於期高声道："本座在此，阁下何人？为何有点儿面熟？"

校尉不苟言笑："我乃菏川统领腹击，奉主上令，持虎符召樊将军。"

樊於期默念，突然想到什么："腹击……咦，你不是在战场上，与我交过手的魏军将领吗？"

校尉腹击沉声道："樊将军莫不是想要抗令吗？"

樊於期茫然："不是，你明明是敌军首脑，怎么……那你先出示虎符。"

校尉腹击亮出虎符，樊於期认真地验符。

当樊於期下马验看虎符的时候，对面那个胸毛浓密的屠夫，悄悄地靠近过来，宽袖遮住的手慢慢抬起。

跟在吕不韦身后的茅焦，立即感觉情形不对。他的脚下轻移，凑近过来。

这时候樊於期验过虎符："验符完毕，请将军传主上令。"

校尉腹击朗声说道："主上命你立即交出军权，烦请将军下马卸甲。"

"让我交出兵权？……"樊於期脑子再笨，也感觉到不对劲了，"不是我不肯交权，不过你是魏人呀。你什么时候来我秦国的？我都不知道，突然让我把军权交给一个魏国人，这事……我得跟主上再核实一下。"

这时候，已悄无声息绕到樊於期身后的屠夫，突然间雷吼一声："樊逆为乱，不奉主命，吾奉王命诛之！"

吼声中，汉子舞起一只巨大的铁锤，"哐"地砸向樊於期的脑袋。

"嗤啦！""嗷呜！""嗷嗷嗷嗷嗷嗷我的娘亲！"

一连串奇怪的动静发出，惊得满场众人呆怔。

"嗤啦"一声，是屠夫的巨锤没有砸到樊於期，却划破了樊於期的肩甲，并将樊於期拖倒在地，发出了"嗷呜"的惊叫声。

"嗷嗷嗷嗷嗷嗷我的娘亲！"则是屠夫汉子，突然间捂着屁股，惨叫着不停蹦跳时发出来的声音。

原来，茅焦是智识之士，比任何人都熟稔信陵君窃符救赵的故事。当他听到樊於期认出腹击是魏将,再看腹击身边的屠夫汉子,他明显感觉到这里似乎要重演旧事。所以他留了心,悄悄绕到屠夫汉子身后,等到樊於期感觉不对,拒不奉命,屠夫汉子举锤欲击之时,茅焦急忙抢在前面,先一剑戳在屠夫汉子的屁股上。

那屠夫汉子,是魏国大梁比朱亥更神勇的力士。但他力气再大,冷不丁被人在屁股上戳上一剑,感觉都不会好。因此那一锤失去准头,没有砸死樊於期,只刮伤了他的肩膀。

当下吕不韦举剑长呼:"这几个就是逆贼,他们很可能挟持了主上,抢到了虎符。赶紧给我拿下他。"

"杀呀!"吕不韦的门客有老有少,有的举锅,有的举瓢,向着腹击冲了过来。

那一夜,当吕不韦的门客向腹击冲过来时,屠夫汉子一手捂住淌血不止的屁股,另一只手舞起巨锤,于骇人的疯吼声中,吕不韦那些文弱的门客,如草片一样被打得血肉模糊。

腹击校尉阴沉着一张脸,率百名军士正步而行,矛戳枪刺,从吕不韦、昌平君并昌文君三家的门客中,轻易杀出条血路,不疾不徐地远去,根本没有急于逃命的意思。

吕不韦气急败坏,上前踢着倒地不起的樊於期:"樊将军,你躺在地上干什么?看不见逆贼杀了我们这么多人吗?"

樊於期翻了一个好大的白眼:"你怎么知道他们是逆贼?万一人家不是呢?"

昌平君上前:"他们从宫中出来,这还不够吗?"

樊於期辩解道:"从宫中出来,又能说明什么?你们还经常从宫里出来,难道你们也是逆贼吗?"

"你这个搅屎棍子……"昌文君上前,"一个敌国军将,从宫中出来,手持虎符,这难道不能证明大王已被挟持吗?"

樊於期哼笑道:"你还是楚国人呢,天天侍奉主上,难道是你挟持了主上吗?"

门客李斯上前:"别吵,大家别吵,樊将军,你要怎样才肯行动起来?"

樊於期正色道:"我正在行动,阻止你们滋扰禁宫,就是我的行动。因为我的职责是在禁宫之外,皇城之内。非主上亲令,任何人也休想说动我。"

茅焦上前:"樊将军,你忠于职守,小人深为钦服。但我知道将军最关心成蟜太子,今夜宫中滋乱,成蟜的太子府也明显不太安全,难道将军不马上下令守护吗？"

樊於期瞪了茅焦一眼："谁说本座不去守护？本座这就下令。军士们听好了，给我把太子府团团围起来，禁止任何宵小滋扰。"

"得令。"这支军队立即奔跑起来，去保护太子府。

眼前通入禁宫的门路打开，吕不韦长松一口气，长剑挥起："冲呀，今夜禁宫已遭魏人劫持，给我杀入宫中，救出主上并夫人。"

"杀啊！"三家门客冲入宫中，与盘踞于宫中的甲士展开血战。杀了整整一夜，到得天明，才看到对方是由太尉魏燊祤率领的几千军士，他们包围了宫中的一座石山。

这座石山，有个名堂，叫昭华殿。实则是秦国历任君王接连不停修筑的一座军事要塞。石山上的建筑呈品字形结构，十几座宫殿栉次排列，浇以铜汁铁水，不惧火攻，而且只有一个入口。宫殿地下有泉水，贮有大量食物。这是历任秦王为自己准备的最后避难所，只要逃到这里，纵千军万马，十天半个月也无法攻破。秦王子楚，正是带着宓夫人和两宫太后逃到了这里。

吕不韦已经遥遥看到了宓夫人在石山昭阳宫向他们招手，奈何此时魏将腹击又回来了，而且这次他带了两支超过万人的军队，有秦王虎符在手，理论上他可以号令秦川任何一支军队。

生力军加入，吕不韦、昌文君并昌平君的门客顿时折员大半，不得已边打边退，逃出宫去。

势易时转，魏燊祤昂然出宫。此时城中已是叛军的天下，成蟜太子府成为重点清除的目标，樊於期与魏燊祤大战一场，心知大势已去，不得已跟在吕不韦、昌平君、昌文君三人身后逃出城去，任由身后的太子府中哭声震天，火光熊熊。

听了赵氏的叙述，君夫人冲到嬴政面前："你的父亲和主君，被困于宫中石山，你的弟弟与嗣君，死生不明。你身负王家血脉，必须立即行动起来，救出你的父亲和君上，找回你的弟弟。"

嬴政不可置信地看着君夫人："夫人，我们只有区区四百废军。"

君夫人坚持道："我见识过他们的战斗力，他们可以的。"

嬴政叹道："夫人啊，我的心情，远比你更要焦灼。诚如夫人所言，那是我的父亲与弟弟，哪怕他们稍有损伤，都是为子不孝，为臣不忠。但四百废军投入此时的乱局，不过是往沸腾的油镬中浇上一滴水，那瞬间的炸裂，会伤到夫人的手的。"

君夫人怒道："嬴政，你的无牙军在哪里？有此军力不用，兀自在这里推三阻四，可见我从未看错你的狼子野心。"

"夫人啊，"嬴政解释道，"武安少主已接我令，前往函谷关阻竭六国联军。不要说根本来不及再将他们调回，纵然调回来，也只是区区万人。野战时他们的阵法尽收神奇之妙，但在这咸阳城里，他们的战斗力甚至远不如周义肥。"

君夫人踏前一步："到底要怎样，你才肯保护你的弟弟成蟜？"

嬴政避开她那愤怒的眸子："夫人啊，在这咸阳城中，有一个人堪可大用。若夫人肯召得此人至此，则困局可解，君夫人无虞，嗣君可保。"

君夫人急道："此人是谁？"

一个整齐的方队，侍立于长阶之下，笔直挺立，静无声息。

魏王缓步下阶。

宫侍搀扶着魏王，谀笑道："大王请看，整整一百二十个人，个个都是为了主上愿意舍弃性命之人。"

魏王欣慰地看着这些人："那么寡人的命令，是否吩咐下去了？"

宫侍答道："已经吩咐了几遍。"

魏王漫不经心地吩咐道："那说给寡人听听。"

一百二十人的方队齐声应答："我等将星夜驱驰，至函谷关六国联军之中，每隔一个时辰，派一个人到信陵君面前。每个人只对他说一句话，而且必须说出同一句话。我们要保证，每隔一个时辰，这句话要在信陵君耳边回荡一次。"

魏王赞赏道："这很好。"

那么这句话，是什么呢？

秦川大地，哀声四起。

六国联军势不可挡地向前行进。

信陵君坐在车上，车上插着魏、赵、齐、燕、韩、楚六个国家的战旗。他拢着手，神色平静。只是那双眸子，亮得宛如星星，照亮了他的心，也照亮了整片大地。

六国统军之帅，列队于前，以无比敬仰之心，看着信陵君。

赵国统帅：乐乘将军。

韩国统帅：韩公子非。

燕国统帅：燕太子丹。

齐国统帅：即墨大夫田无何。

楚国统帅：公子斗比乙。

诸帅挟着头盔上马，挥师挺进。

联军驰过一座摧毁的城堞，倒塌的城墙下，秦军将士于狂烈的箭雨中，纷纷倒下，尸堆如山。

联军的铁蹄，重重地撞击着秦川土地。

当信陵君的战车驰过之时，烟熏火燎的雉堞上，转出两个人来。

明月公主和她的侍从赵樽。

远望信陵君的车仗，明月公主号啕大哭："父亲，我的父亲呀，你就这样要死了吗？其实你不必死得这么急呀，父亲呀父亲，女儿好心疼，好心疼你呀。"

"公主你……"赵樽慌手慌脚地想捂住公主的嘴，"公主你乱说什么呢？这是你父亲一生最辉煌的时刻呀，统帅六国军队，肆意践踏秦川大地，让大秦那纵横无敌的军队，在君侯脚下血流成河；让大秦那数百年不闻战事的子民，于君侯脚下瑟缩颤抖；让东方六国，传遍君侯永世的绝响。这是比窃符救赵更伟大的声誉，这是义者军人一生的苦求。君侯得此，天下甚幸，公主你为什么哭成这样？"

明月公主拂去脸上的泪水："我想请问赵大叔，当一个人行至顶峰时，前方还有路吗？"

"是没有。不过……"赵樽困惑地搔头，"可是我总觉得，求仁得仁，这对于君侯大人来说，岂不是最好的结局吗？"

"大人请留步。"君夫人伏跪于地，恳求道。

巫祝支离疏惊愕地回头："是赵国的君夫人！呵，这可真是新鲜事。于今咸阳已是魏人的天下。我听说秦军的主力已经崩溃，东方六国的联军抵达咸阳，只是时间问题。君夫人在这种时候突然叫住我，真是好奇怪的事情啊。"

君夫人轻声道："有桩天大的难事，唯有大人能够做到，是以小女子不耻降身以求。"

支离疏朗声笑道："什么事呀？不会让我招魂驱鬼吧？哈哈哈。"

君夫人点头道："正是想请大人，替我唤回一个人的魂。"

支离疏来了兴致："是谁呀，我的心里为什么如此好奇？"

君夫人顿了顿，答道："政公子的魂。"

支离疏："哎哟，好像不久前刚刚看到政公子的首级，切得方方正正，鼻子耳朵俱全。不知夫人想招他的魂来干什么？"

君夫人恨声道:"骂他,打他,或是羞辱他,都可以。"

支离疏调笑道:"哈哈哈,女人对一个男人恨之入骨,念念不忘,必是因为爱得太深。不过,招魂这种事,夫人懂得,那是神灵所不喜欢的,所以我这里除了无奈的推辞,好像找不到更好的回答。"

君夫人猛地抬头看向支离疏:"我愿出黄金千镒。"

支离疏怔住,片刻才缓过来:"……出多少?"

君夫人咬咬牙,说道:"黄金千镒。"

支离疏轻声笑道:"我听说,吕不韦千金市国。千镒的黄金,足以买下秦国了。"

"莫非大人以为我出不起?"

支离疏摇摇头:"不是……六国联军不消一时三刻,就会攻入这座咸阳城。到时候六国瓜分秦国,说不定连这座咸阳城,都是夫人的。区区千镒黄金,夫人岂有出不起之理?"

君夫人立起身:"那请大人与我来。"

支离疏犹豫片刻:"这个,唉,真是让我好为难。"

支离疏幡衣赤脚,带着几个徒弟,来到了士兵衷的家里。

一群人围过来,对支离疏顶礼膜拜。

支离疏从鼻孔里哼了一声,不以为然。

习惯了,厌倦了。

当院,立着一个香案,几支袅袅的香炷,一只模样普通的骨坛。

君夫人指着那口骨坛,说道:"嬴政其人,罪不可恕。为子不孝,为臣不忠,为龙居门下弟子,不能保全自身,是为不智。烦请大人把他的魂魄唤来,我要尽情地羞辱他!"

支离疏笑道:"凡人魂魄,向由大沈厥湫神祇负责管理,我在神灵面前,面子还是有的。但把那些失去身体的魂魄带回阳间,每一次的经历,真的不是那么愉快。"

说罢,他开始做法。

先高抬左脚,用力摇动左脚杆上的铃铛:丁零零,丁零零零零。

再高抬右脚,摇动右脚杆上的铃铛:丁零零,丁零零零零。

突然间身体向后跌出,后面的弟子适时地架住支离疏,让他任性地摇动两只脚杆上的铃铛:丁零零丁零零,丁零零零丁零零零零。

迷幻的铃声中,支离疏那破锣嗓子,唱起阴气森森、飘忽不定的歌。

歌曰:

> 鼓钟将将，淮水汤汤，忧心且伤。淑人君子，怀允不忘。
> 鼓钟喈喈，淮水湝湝，忧心且悲。淑人君子，其德不回。
> 鼓钟伐鼛，淮有三洲，忧心且妯。淑人君子，其德不犹。
> 鼓钟钦钦，鼓瑟鼓琴，笙磬同音。以雅以南，以籥不僭。

歌罢，巫祝大人支离疏张开双臂，仰天长啸："大沈厥湫，听吾之祈，魂兮归来，正在此时！"

呼声未止，突然间"轰"的一声巨响，有什么东西从高空跌落，香案上那只骨坛顿时被砸得粉碎，尘灰扬起，支离疏两眼进灰，疼得闭上了眼。

然后，他听到一片震骇、惊喜、无尽崇拜的声音："巫祝大人太厉害了，略施小术，就把死掉的政公子，从大沈厥湫那里带回来了。"

"而且是活的。"

支离疏揉一下眼睛，再揉一下眼睛。

索性闭上眼睛，任泪水狂流，把进眼睛里的香灰冲刷干净。

好半晌过去，他的眼睛才恢复正常，眨巴两下睁开看时，正看到君夫人揪着呆坐在香案上的嬴政衣襟："政公子，你为何会从天上掉下来？"

"从天上……"嬴政茫然地摇头，"我也不知道。"

君夫人厉声问道："那你刚才在什么地方？"

嬴政一片茫然："我刚才……我刚才在湫渊之中，在大沈厥湫座下，用凤仙花的粉嫩花汁，替神祇染抹脚指甲。"

君夫人揪住他的衣襟扯到近前："我呸！这神灵还挺懂得享受。你既然在神祇面前侍奉，缘何又来到了这里？"

"这个，"嬴政困惑地挠挠头，"那是有原因的，我正在侍奉神灵之时，忽然间大沈厥湫踢了我一下，说：'你耳朵聋了吗？听不到你家巫祝大人在叫你吗？'我问神灵：'我现在只是一缕幽魂，应该听从阳世人的呼唤吗？'大沈厥湫说：'别人呼唤倒还罢了，支离疏大人法力无边，休说是你，连我们神灵，都得听从支离疏大人的召唤，因此你现在必须回到阳世，听从支离疏大人的安排。'我回答说：'神灵呀，你让我回去，我岂敢不回？只是有一样，我的首级已经割下，身体已经焚化成灰，如何才能回去呢？'大沈厥湫说：'不过区区一具臭皮囊，那能难住大巫师支离疏吗？只要他脚杆上的铃铛一响，你的肉身就会立即复活。'说罢，我的眼前突然一亮，发现自己就……就在这里了。"

嬴政的话说完，就听哗啦啦一片响，附近所有的门窗，齐齐打开，无数人探出头来，齐声高呼："大巫师支离疏，法力无边，贯达湫渊，召回了政公子的灵体肉身，我大秦子民得见如此盛景，何其所幸。"

言罢，所有人齐齐跪倒，对着支离疏膜拜叩首。

"不是，那个什么……"支离疏感觉自己犹在梦中，有种特别不真实的感觉。

这时嬴政立起，长呼道："秦川子弟，咸阳父老，我嬴政是死过一次的人了，此番归来，只为了响应父们的召唤，平复咸阳城中的逆乱。父老们，军士们，你们害怕那些盘踞于宫中的匪人吗？他们劫持了你们的君父，烧毁了你们的房屋，把你们赖以生存的国家破坏得面目全非。你们害怕他们，因为他们有长矛，有利剑；你们害怕他们，因为他们人多势众；你们害怕他们，因为他们杀起人来眼睛都不眨一下。可是现在，父老们，你们不需要怕了，因为我回来了，因为大巫师支离疏大人，他的法力贯达湫渊，即便百死之人，他也可以唤得回转。现在请你们告诉我，有支离疏大人在此，我们还需要害怕吗？"

"不是，那什么……"支离疏感觉到浑身都不对劲。

"不怕啦！"士兵缭、士兵衷、士兵惊、士兵黑夫等人带头振臂，高呼道，"逆贼入宫，激怒神灵，君父蒙难，咸与同羞。支离疏大人召唤大沈厥湫，政公子于冥渊复生，率我等齐讨逆凶。今我秦人共赴国难，誓不回头！"

嬴政撕落自己的左襟衣袖，又抓住支离疏的左臂，"嘶啦"一声，扯落了支离疏的左衣袖："随我与支离疏大人袒左臂，讨伐贼人。"

"不是，那什么……"支离疏感觉到全身都不自在。

但此时，一切已经由不得他了。所有人都"嘶啦"一声扯落左衣袖，将支离疏和嬴政簇拥在中间，振臂高呼着："逆贼入宫，激怒神灵，君父蒙难，咸与同羞。支离疏大人召唤大沈厥湫，政公子于冥渊复生，率我等齐讨逆凶。今我秦人共赴国难，誓不回头！"

"不是，那什么……"支离疏发现他已成为数万民军的首脑，被无数的人群推动着，向着王宫浩浩荡荡地挺进。

联军继续挺进。

一辆轻车疾奔而至，车上的人是苏秦门下弟子冉礼。他冲着信陵君的车喊道："君侯大人，尚须三日行程，即可抵达咸阳。"

信陵君笑了："所以说，这是最后一场恶战。"

随着六国联军的挺进，另有一支万人方队，自地平线尽头冉冉现出。

残破的衣甲，破烂的战旗。人人脸上都戴着神灵大沈厥湫或水神亚驼的面具。

黑色的旗帜上，那个"白"字已模糊难辨。

信陵君满脸兴奋，从车上站起："这是大秦最后的勇士，无牙军。他们近十年来最好的战绩，是以区区三万人聚歼了十七万蜀军。这个成绩以前未曾有过，以后也不会再有了。埋骨于此，当是秦川勇士永恒的骄傲，不世的荣誉。"

嬴政和支离疏走上街头。

无数民众加入进来，振臂高呼："逆贼入宫，激怒神灵，君父蒙难，咸与同羞。支离疏大人召唤大沈厥湫，政公子于冥渊复生，率我等齐讨逆凶。今我秦人共赴国难，誓不回头！"

浩荡的人群，从公主姤的府门前经过。

公主姤和哥哥公子盉提剑出来，后面跟着冷儿公主。

冷儿公主吩咐道："跟上他们，跟在政公子身边。枪来，替他挡枪；箭来，替他挡箭。若有机会为他而死，一定不能错过。这是我们唯一的站队机会，也是最后一次。"

公子盉有些犹豫："可是主上那边……"

冷儿公主冷声道："没有主上了，早就没有了。他才是你们的主上。一直都是。"

"无牙军的阵法，是无可抵御的。因为他们的阵法，太过于先进。"信陵君召六国联军诸将，指着沙盘分析道，"无牙军的阵法，比步兵先进，也比骑兵先进。他们完成了最高效率的人与武器的组合，把自己变成活的杀人机器。无论是骑兵还是步兵，在他们面前，都不过是一群待宰的羔羊。只有最落后的、最过时的，才有可能打败最先进的。"

信陵君抬起头来："诸位，东方六国在军事战争上，始终被秦人压制得死死的，被秦人按在地上打。为什么呢？因为你们都不甘落后于时代，不断学习新的战争技术，不断淘汰过时的旧技术。

"但我在邯郸之时，曾听邹衍先生说过：'天地循环，无始无终。一切过时的、落伍的，终将在一个轮回完成之后，再现其强大的生命力。'

"比如说现在。"

信陵君挥手，就听嘎吱之声不绝于耳，一支只有在春秋时代才有的军队，突然出现。

整座咸阳城，所有人都行动起来。

王孙公子，役夫百姓，俱操着棍棒剑叉，簇拥着政公子与巫祝支离疏，拥向王宫。

一群叛乱的士兵，正蹲在地上吃饭，忽然见此情景，顿时惊呆了，不待扔下饭钵逃走，已然被人潮卷入，无数只手揪住他们的耳朵、鼻子，把他们撕扯得面目全非。

队伍继续拥进，所有人都不约而同地跟随支离疏大人，唱起雄壮的歌子。

支离疏摇铃独唱："岂曰无衣，与子同袍。王于兴师，修我戈矛。"

众人齐和："与子同仇！"

支离疏摇铃独唱："岂曰无衣，与子同泽。王于兴师，修我矛戟。"

众人齐和："与子偕作！"

支离疏摇铃独唱："岂曰无衣，与子同裳。王于兴师，修我甲兵。"

众人齐和："与子偕行！"

雄壮的歌声中，国人队伍涌至宫门。

宫门之前，数百名军士拥出，引弓搭箭，对准民众。

嬴政用力一推，把支离疏推到士兵们的箭簇前。支离疏悻悻地回头看着嬴政，拿手一指："军士们，你们可看清楚了，这是政公子，你们身为秦川子弟，却听从乱贼驱使，焚火入宫，攻杀主上，更将政公子割首焚尸。如此倒行逆施，激怒神灵，大沈厥湫看不下去，因此送政公子重返人间。尔等还不弃械投降，一定要等到九族夷灭，神灵共亟吗？"

士兵们呆呆地看着嬴政，又扭头看向身后的一根旗杆。

旗杆上，悬挂着一颗人头。

嬴政皱眉："就这样把我的头悬挂示众，风吹日晒？慢渎尊上，你们如何忍心呀。"

一名士兵突然弃弓，伏拜在支离疏与嬴政脚下。

其余的人也都跟着弃弓，伏拜于地。

嬴政厉喝："拿起你们的武器，与我同力杀贼。其罪可赦！"

"杀呀！"士兵们转身，带着民众杀入宫中。

等那支军队长驱而出，六国联军的将领们才看清楚："咦，这不是两百年前的旧战车吗？"

"对，"信陵君笑道，"春秋年间，与我们这个时代最大的变化，大概是战制的改变吧。春秋时代的战争，都是以战车为主。那个时代的战车，大而笨重，极不灵便。因此春秋战争又称观兵，战争双方只能选择在荒野驱车冲撞。因为这种旧车，真的不适合攻城，所以随着骑射的发展，慢慢被淘汰。但现在，面对这些过时两百年的老古董，无牙军一定会非常郁闷的。"

"对头。"看着古老的战车，迅速将无牙军圈起来，联军的将领兴奋不已，"君侯大人高见，这种古老的笨重战车，正是无牙军的克星。无牙军的阵法，最适宜在平原上作战。砍人方便，砍马也方便。唯独面对这旧战车，无牙军犹如狗咬乌龟，无处下嘴。"

战场上，果如信陵君所说，无牙军的阵法遇到这古老的战车，顿时土崩瓦解。整齐的方队轻易被攻破，被训练到机械程度的士兵，仍然机械地左砍右砍，却一个个被战车切割成孤立的战斗单元，轻易地被联军战士斩杀。

"伟大的秦川呀，如今终于听到你在我脚下痛苦呻吟了。"信陵君双目含泪，"我将以秦人之血，为这个时代画上一个完美的休止符，以祭往昔百万年来无数勇士的传奇与悲歌。"

就在此时，蹄声猝起。

一名来自魏国大梁的使者，翻身下马，仰面说出一句话。

信陵君猛然一呆，向后跌摔出去。

一口鲜血，喷向空中。

宫中的战斗，迅速向石山的昭阳宫推进。

太尉魏燊祸持剑，茫然而立。他的身后斜插着根树桩，树桩上有具烧焦的孩童尸体。

校尉腹击，带几名亲信疾奔过来："快走吧大人，再迟就来不及了。"

魏燊祸向他确认："你们亲眼看到政公子了？"

腹击肯定道："千真万确，支离疏真的把他给复活了，有血有肉，能蹦能跳。神祇显灵，所有的人都追随他，此时他们正在赶过来。"

魏燊祸气愤地直挠头，"杀人就杀人，放火就放火，弑主逆上，破国灭家，多大点事啊？支离疏跟着掺和什么？居然还把死人给弄活，这属于不遵守游戏规则，让人家还怎么玩啊？"

"别玩了大人，赶紧走吧。"亲信们强行架起不情不愿的魏燊祸，从石山后方逃走了。

嬴政带着无数人涌来，至石山昭阳宫前，跪下："儿臣不孝，护驾来迟，请主上降罪。"

昭阳宫那扇铜汁铁水浇灌的门，被几个宫侍吃力地推开。华阳太后的贴身侍女小馨站在门前："宣政公子入觐，余人稍候。"

突如其来，信陵君仰天栽倒，口喷鲜血。

"撤军，我们撤军。"他用颤抖的手拿起军旗，召唤正在恣意剿杀无牙军的战车。

六国联军，无论是军士还是将佐，无不骇然。

"怎么了？眼看就要把无牙军杀光，为什么要停下来？"

"那个人是谁？他是魏王派来的使者吗？为什么他只说了一句话，就让信陵君大人彻底崩溃？"

此时，魏王派出的第二名使者已经来到，他翻身下马，对信陵君说出同样的话。

信陵君身体激烈地颤抖着，他扶车而立，扭头望着大梁方向，再望望咸阳城的方向。他的脸上没有泪，也没有怨。

只是不甘心。

只是不甘心。

他慢慢跌坐，说了声："然而，我也曾挥师深入秦之疆土。"

说完这句话，他就去世了。

主帅突然暴毙，六国联军顿作仓惶。信陵君的死，标志着一个时代的结束。从此以后再也没有一个人，能够像他那样，纯粹是以个人的人格感召号令东方六国，以后再也不会有这样的人了。他是那样伟大，终让自己成为天下士人永恒的榜样。大梁的烈士狂歌，终将世代承传，永无绝止。遥望苍茫终南，六国统帅恋恋不舍地下令回师。没了信陵君，六国军队就是一盘散沙，哪怕前进一步，都预示着巨大的危险。

回师，回师，回师。

六国的马蹄突如其来，仓惶而走，撇下一堆废旧无用的古老战车和所余不足二百人、戴着大沈厥湫和水神亚驼的面具在战车的缝隙里机械地挥舞剑矛的无牙军。

武安少主于血泊中坐起，摘下他脸上的面具，笑道："这就是无牙军，这就是战士。他们受尽屈辱与委屈，终得如愿以偿，为国尽忠。"

语罢，他倒地死去，脸色与信陵君一样平静。

终南山下，一座小小的茅茨搭建在河边。

明月公主跪在河边的一块灵位前，手拈香炷，满脸欢笑："父亲大人啊，你终于离开这个残酷世界了。你那温暖的手，再也不可能在女儿熟睡时替我掖好被角。你那总是带着几分疲惫的脚步，再也不会在女儿的香甜梦中响起。可是女儿的心，此时是多么地安慰。父亲大人啊，女儿为你的死而高兴。"

"公主……"立于公主身后的赵樽担忧不已，"几日前，君侯大人活得好好的，公主号啕大哭，为父亲而悲哀。此时君侯大人真的死了，公主你却欢声笑语……公主啊，你要是难受，哭出来何妨？为什么要表现出来这种奇怪的样子？"

明月公主不满地看向赵樽："赵大叔，你怎么总是说这种话？最了解我父亲的，难道不应该是你吗？"

赵樽想了想："还真是这样。君侯大人生于贵胄，却以一个士人的身份死去，这是前所未有的荣耀。"

明月公主点头道："正是这样。"

赵樽迫不及待地问出心中的疑问："可是公主，魏王派来的使者，到底对君侯大人说了什么？为什么君侯大人只是听到那句话，就吐血而死了呢？"

明月公主叹道："伤害一个人，只要让他见到足够的卑劣就够了。魏王使者对我父亲说：'现在你准备做魏王了吗？'

"之所以说这句话，是因为魏王心里知道，我父亲根本不把魏王这个卑微的君位放在眼里。

"可正因此，魏王才会使人这样说。

"只是想通过这种恶毒的羞辱，把我父亲从伟大的秦川征服者的位置上拉落下来。魏王是那个不希望我父亲挺师入咸阳的人啊，他宁肯放弃东方六国最后的生存机会，也不希望看到我的父亲，能够站立于如此之伟岸的名誉顶峰。

"孔子说过：'小人穷斯滥矣。'这说的，就是魏王啊。

"于信陵君生命停止的那一刻，东方六国就进入了死亡倒计时，这或许本是他们的期望吧？谁又会知道呢，毕竟，死亡的诱惑是如此甜美，我不知道他们拿什么来拒绝。"

嬴政起身，匍匐而进。

穿过狭长阴暗的通道，就见到华阳太后及夏太后两张惨白的脸，还有躺在宓夫人的怀中，静如岩石的父亲子楚的尸身。

嬴政大骇："父亲，父亲！你怎么了？你不要死，是儿子不孝，是臣子不忠，让君父罹难，儿有罪，臣该死！我的父亲啊……"

华阳太后站起来，走到嬴政身后："孙儿，你哭吧，尽情地哭吧。现在我们终于可以哭了。

"你的君父被叛军追逐，逃到这里，几支箭正射在要害上。宓夫人把他强拖进来时，就已经薨了。

"可是在贼兵围困之下，我们不敢声张，不敢让人知道，秦王已经死了。我们不能让人知道这个消息，不能让援兵丧失希望。我们甚至眼睁睁地看着，看着逆贼把我那可怜的成蟜孙儿，绑在火刑柱上活活烧死，可是我们仍然不敢吭一声。

"我们一直在等你。只要你在，一切就有希望。

"现在你回来了，我们又有了新的秦王。"

小馨及诸宫人伏跪："婢子守护太后、夫人不力，请主上降罪。"

"嬴氏名政，生于邯郸。"一个衣衫华丽的公子走过阴暗长廊，来到一座铁笼面前，朗声道，"年三岁，秦军攻赵，赵王命杀秦质子楚及家人，以壮国志。子楚逃回秦国，嬴政母子也开始了漫长的逃亡。

"九岁，嬴政母子归秦。

"十三岁，父秦王子楚死，嬴政嗣位，服孝一年。

"今年嬴政正式登位秦王，遵生母赵夫人及宓夫人为太后，吕不韦为丞相，昌平君、昌文君兄弟主政，是以外面欢声雷动，钟磬齐鸣。"

说到这里，公子含笑侧耳，谛听外边传来的欢庆之声。

哐啷啷一声响，嫪毐蓬头垢面，浑身血污，戴着手铐脚镣扑到笼栏上："你这王八蛋，放我出去！放我出去！成蟜太子才是唯一的王位继承人，你若是敢碰太子一根手指，我做鬼也饶不了你！"

囚笼一角，蜷缩着形如乞儿般的成蟜，他乱发披散，镣铐加身，一双大大的眼睛充满了恐惧与不解。

年轻公子笑了："我当然会考虑放成蟜太子与嫪毐大人出来，当然会考虑的。

"但最好是个合适的时机。

"不是吗？"

第十五章　忠心之志
为主而死，亦死得其所

自从政公子被贬于旧郡，嫪毐就向秦王告了病假。此后他搬到宫墙边居住，每天只做一件事：他挑选了十几个有勇气、身体灵活的府丁门客，每天背一只硕大的麻包，疾奔翻越围墙。

练了两年之久。

魏燊泅率甲兵入宫那一夜，嫪毐听到动静，丝毫未犹豫，立即翻越宫墙，来到了长街上。

他发足疾奔，冲到胡同里一扇门前，叩门。

门开，他闪身而入。

院子里，有两个睡眼惺忪的汉子，慌里慌张，各执短矛。

就听嫪毐厉声道："立即准备行动，这有可能是我们最后的时刻。"

两名汉子慌了手脚，叫醒了十几名睡在各个屋子里的汉子，众人急忙套上鞋子，排成一队，跟随在嫪毐的身后，一声不响地向着成蟜太子的府邸疾奔。行至途中，遇到一队巡夜的甲兵："什么人？宵禁时分犹自乱窜，莫不是不法之徒？"

"说对了。"嫪毐长剑一挥，"没工夫磨牙，给我杀过去。"

汉子们舞矛冲向甲兵，甫一交手，几名甲兵当场被刺死，余下的远远逃开，拿出小铜锣疯狂地敲击。

嫪毐一众置之不理，疾奔到太子府门前，重重叩门。

听到嫪毐的声音，府门立即打开。

嫪毐进来，问道："太子此时何在？"

府丁回道："太子刚刚读过书，应该睡下了。"

"留人候在这里。"嫪毐吩咐他带来的人，"除非大王或王后亲至，其他任何人，无论是什么理由，一律不许进入。"

众人应诺。

嫪毐收剑，匆忙奔向内府。

穿过几个门洞，迎面来了两个婢女，给嫪毐见礼。

嫪毐问："太子可曾歇下？"

婢女答道："太子正在烫脚，稍刻就要睡下。"

嫪毐又问："此时谁在太子房中？"

婢女老实答道："是小罄。"

"小罄？"嫪毐问道，"莫不是前些日子，从宫里差遣来的那个魏国侍女？"

婢女点头："正是。"

嫪毐大踏步向前走去。

此时房间里，侍女小罄正给成蟜太子端来热水："太子殿下，试试水温如何？"

成蟜拿手指碰了碰水面："哎哟，烫死了。小罄你是给我泡脚，还是准备杀猪？"

小罄笑吟吟地放下水缸："太子殿下，杀猪又有什么不可以？"言未讫，她突然抓住成蟜的发髻，向下猛地一掼，成蟜"嗷"的一声，整张脸就被她按到水缸里。事出突然，成蟜手脚拼命挣扎，却被小罄掐在脖颈上，根本挣脱不出来。

就见小罄瞪眼立起，另一只手翻出柄短刃，对着成蟜的后心刺下。

"哐啷"一声，嫪毐恰在这个时候破门而入，大喝一声，一剑没入小罄后心。

甫一刺倒小罄，旁边几扇门中，几乎同时冲出几名侍者，俱手持长剑，一声不吭地朝嫪毐杀过来。

嫪毐顺势把痛得惨叫连连的成蟜抱在怀中，大喊一声"有刺客"，一边与对方格击，一边疾退出门。

门外又冲过来几个人，夜色之下，面目难辨，但全都是太子府中奴丁衣着。嫪毐沉喝道："尔等弑主谋逆，如今事败，还不知反悔吗？"

对方一人阴森森地说："嫪毐大人，要想让我们反悔何难？你得先找出我们才行。"说罢，几名杀手突然丢下长剑，各自向着不同方向逃逸。这时候太子府中的侍卫冲过来，护住嫪毐与太子，茫然地问："嫪毐大人，这是

第十五章　忠心之志

怎么回事？"

嫪毐不答，沉声道："叫总管过来，今夜谁也不要睡了，与我大举搜府，一定要将刺客的余党全都找出来。"

说罢，再看太子成蟜，可怜那孩子满脸红肿，肿到眼睛成了一条缝。

嫪毐抱着成蟜入房，吼道："叫人过来给太子上药。"

少顷，太子府总管进来，跪倒在地："太子殿下，嫪毐大人，是小人治府无方，让刺客混入，伤及太子至尊，诚请太子降罪。"

嫪毐挥手道："先别说这些没用的，找出了几个刺客？"

总管扭头吩咐道："全带进来。"

府卫押进来十几个人，有男有女，一个个战战兢兢，颤抖不已，偷瞟着太子。

嫪毐扫了一眼："没一个能对上的。"

"这些人的行迹都有些反常，所以才会怀疑他们……"总管一咬牙，说道，"要不小人命全府奴丁集合，让大人一个个辨认一下？"

"正该如此。"嫪毐道，"所有太子府人，无论男女，无论是奴丁还是侍卫，都给我集于前府，稍后我要亲自把那几个刺客揪出来。"

"好嘞。"总管起身出去，下令所有人统统集于前府，等待嫪毐辨认。

身边的人都走光了，只有他带入太子府中的十几人在侧。嫪毐这才低声说道："太子殿下，听得到小人说话吗？"

太子成蟜颤抖着声音说道："听得到。"

嫪毐沉声说道："那么太子请听我说。今夜这咸阳城中，有两个地方最危险。第一个危险之地是宫中，此时逆贼已经攻入宫中，小人犹不知君父与王后情形如何。而第二个危险之地，就是这座太子府。现在贼人主要在攻打王宫，但不到天亮，就会血屠太子府，我们必须马上离开。"

说着话，他将成蟜背起来，用绦带捆得紧紧的，一手提剑，从后府逾墙而出。

出了太子府后，嫪毐背着成蟜在巷子里灵活地穿行，来到一扇门前叩了叩。

那扇门打开，嫪毐闪入。

这座院子里，也有十多个汉子，枕戈待旦。看到嫪毐背上的成蟜，纷纷跪倒："小人与太子殿下见礼，深夜惊恐，太子不安，这都是小人的罪过。"

嫪毐把背上的太子解下来："太子殿下，眼睛现在能看清楚吗？"

成蟜闷声答道："还是稍有些刺疼，现在可以告诉我发生什么了吗？"

"请太子跟小人来。"嫪毐说着,牵着成蟜的手,走上一座三层高的塔楼,"太子你往东看,那冲天的火光,连天的喊杀之地,就是君父与王后所在的王宫。你再往西看,那边烟尘滚滚,人喊马嘶,就是我们刚刚离开的太子府。此时来历不明的各路军队,正在太子府门前相互冲撞。但最多不到天亮,他们就会攻入府中,目的是斩草除根,把太子你一并杀掉。"

成蟜大为震惊:"逆贼如此狠毒,究竟是谁?"

嫪毐答道:"太子殿下,小人现在不能说太多。但小人可以确定的是,今夜来的逆贼,在捣毁王宫与太子府之后,很快就会遭到驱逐,届时江山易主,新王嗣位,谁也说不出个反对的理由来。"

太子成蟜不解:"嫪毐,你今夜说话好奇怪,莫不是在暗示我哥哥?"

嫪毐蹲下身,双手抓住成蟜的肩膀:"太子,小人没有暗示,小人就是在明确地说嬴政母子。太子,小人知道他们母子对你极好,小人亲眼看到过。小人也知道太子你喜欢他们。可是太子呀,他们两个冒了千难万险,从邯郸逃回来,赵国与秦国数以百万计的甲兵都奈何不了他们。你以为他们冒这么大风险,来这座咸阳城干什么?就为了一个被主上打入冷宫,另一个被贬至旧郡?太子呀,他们可不是那么容易被打败的,我知道,我早就知道,所以我事先准备了这些隐蔽的藏身之所,准备了现在这些忠心的门客。而现在,当这一切启用之时,太子你就知道,小人决非是杞人忧天。"

成蟜天真地说道:"我哥哥想要做嗣君吗?那又何妨,我可以让给他的。"

嫪毐哭了:"我的傻太子,你以为人家只是要你的江山吗?不只是这样啊,人家不仅要你的嗣君之位,还要你和你母后的性命,甚至要你们死后的名誉。你们是奸是恶,是善良还是凶残,人家要的是对你的一切解释权!"

成蟜呆住:"我哥哥……他为什么要这样做?"

嫪毐顿了顿,如实说道:"或许他们并不是这样想的。但是太子请相信小人,最后的结果,却一定是这样!"

成蟜仍然茫然:"可这是为什么?"

嫪毐冷声道:"这就是权力。权力就是这样。权力没有原因,也没有解释。权力就是自身的原因。权力就是自身的解释。"

嫪毐在塔楼上看得清楚,天亮时分,几支军队杀入城来,径直捣毁了太子府。

吕不韦、昌平君与昌文君三家攻打王宫,营救秦王的努力宣告失败,残余的

第十五章　忠心之志

数千人狼狈不堪，出东城门而逃。叛军控制了局面，以秦王的名义宣布吕不韦等人为叛逆，同时派人持符剑前往旧郡，取政公子首级来见。

街上开始出现零星的行人，不管是哪一方输赢，老百姓总是要谋生的。

嫪毐派了两个人出去，打探城中各府公子的态度。可是那两个人离开之后，就再也没有回来。

到了黄昏，叛军开始在太子府附近强行搜索，挨家挨户砸门。显然，叛军没有找到太子成蟜，他们断定出逃的太子应该不会走远，所以就近搜查。

听着越来越近的砸门声，嫪毐对成蟜说："太子，看来不走是不行的了，请太子伏在小人背上，无论什么情况，都不要出声。我等一定拼死将太子护送到安全的地方。"

成蟜问："现在这种情况，什么地方才称得上安全？"

嫪毐心下也很慌乱："小人不知。"

将太子缚在背上，嫪毐带着门客出来，往幽深的巷子里钻，途中翻越了几堵墙，终于来到了一条无人的窄街上。

刚刚松了一口气，忽听一阵马蹄声，就见一名将军骑在马上，带数百名军士出现："是嫪毐大人吧？那么大人身上背的，应该就是成蟜太子了？在下魏将腹击，自大梁而来，特来取成蟜太子的首级。"

嫪毐急令："给我拦住他们。"说罢背着成蟜转身就跑。

门客们冲上前去，不承想迎面杀出个屠夫，挥舞着一柄巨锤，打得嫪毐门客血肉横飞。但门客们誓死不退，用自己的身体阻挡在魏军的面前。

腹击用矛挑死最后一名门客，随后追了上来。

嫪毐身轻如燕，背着成蟜接连翻越几堵墙壁，动作竟比腹击的军士更快更灵敏。眼见得追之不及，腹击惊讶地说："想不到嫪毐大人身手如此了得，这样的人才不去做贼，真的可惜了。"

持锤屠夫明白，解释道："他这是练过的。明显知道我们有一天会来，所以他应该是住在宫墙近前，每天疾奔翻墙训练自己。起初只是徒手翻墙，练到最后，就训练背负一个人翻墙。一个人花费这么大的心血训练自己，无论如何都值得尊重。"

腹击笑道："于忠心之志，为主而死就是对他们最大的尊重。所以说，我们可能是世界上最尊重他们的人。"

嫪毐持续狂奔，连翻了几堵墙，虽把腹击等人甩掉了，但也已经累得瘫软。他蹲在一个门洞里，急促地喘息着，等待着绵软的两腿恢复行走能力。

然后他站起来，单手拄剑，吃力地向前走去。

他尽量靠墙走，不想让人注意到自己，但还是被人认出来了。"嫪毐大人？"他充耳不闻，继续向前走。

那个声音又叫道："嫪毐大人，我是公子箄呀。"

嫪毐抬头，只见一堵高墙，墙上有扇不起眼的角门。公子箄长发覆肩，一袭白衣，手提一柄饰了金玉的华丽宝剑："嫪毐大人，快点儿进来。"

进去，还是不进去？瞬息间嫪毐的心里掠过无数念头。公子箄是朝中有名的诗酒公子，只爱醇酒美人，从不涉入政争。没听说过他支持任何一方，也没听说过他反对任何一方。这样的人，应该不会有问题吧？

只能冒险试试了。嫪毐背着成蟜，疾步跳入门里。公子箄随后飞快地把门关好，落下门闩，然后转身说道："太子殿下安好，请跟我来。"

这里大概是公子箄的后府，冷冷清清，见不到一个人影。他们跟着公子箄进入一间高大的屋子，屋中尘灰极重，嫪毐忍不住打了个喷嚏："阿嚏！箄公子，怎么血腥味这么重？"

公子箄笑道："此间原是马棚，后来又在这里杀猪，那边的血槽犹未干，是以腥气较重。"

嫪毐背着成蟜，一屁股坐在一堆干草上："有没有水，给我喝一口。"

公子箄转身，从水缸里舀了瓢水过来，递给嫪毐："宫里到底发生了什么事？捣毁太子府的，又是些什么人？"

"一言难尽。"嫪毐咕嘟咕嘟地喝了半瓢水，解下缚在身后的成蟜，让成蟜也喝了几口，然后说道："我带太子逃亡的路上，遇到魏将腹击截杀，我的门客悉数被他杀光。把太子的脸弄成这模样的，是个魏国的侍女。这么看起来，应该是主上新近任命的太尉魏燊祔出了问题，再加上宫里的魏姝，这应该是魏人布置的一次周密的行动……箄公子，你刚才给我的水……你的笑容为何如此诡异……"语不成句，一阵眩晕感袭来，嫪毐昏昏睡去。

醒来时，只感觉手腕脚踝冰冷，挣扎时听到一阵当啷啷的声音。

睁开眼，嫪毐惊讶地发现，自己的手腕脚踝，俱被戴上了一副黄铜铸炼的精美镣铐，镣铐锁在一只精钢锻铸的囚笼中。他惊恐地叫了起来："箄公子，这是什么地方？太子在哪里？"

"嫪毐大人稍安勿躁。"公子箄那悦耳的声音响起，火光起处，就见他手执一支火把，笑吟吟地站在囚笼之前，"太子殿下还在那边睡着，莫要惊惶。"

借着火光一看，嫪毐发出一声撕心裂肺的惨叫："太子！箄公子，你居然把太子吊起来了，此乃犯上之大罪。别忘了你是秦人，而且是贵胄公子，如何同魏人勾连一气？"

"嫪毐大人，你这动不动就冤枉好人的习惯，真的得改改了。"公子箪笑道，"本公子与魏国人什么关系也没有，跟眼下的叛乱，更没有关系。"

嫪毐恍然大悟："原来你已经投靠了逆贼政公子。"

公子箪失笑道："我说嫪毐大人，你还能再鼠目寸光点儿吗？难道在秦国这口偌大的鼎镬中，来来回回加热翻炒的，就只有成蟜和政公子这两头蒜吗？"

嫪毐长叹了一声："原来你是为义渠王复仇。"

公子箪颔首："对了。"

被锁在铁笼中的铁链上，嫪毐仰天长叹："是我大意了呀。早年间泾河之北，有国名义渠。国中兵甲强盛，久为秦人之心腹大患，但数次征伐，皆无功而返。到前昭王时代，宣太后垂帘，她就是现在宫中华阳太后的姑母。我听说宣太后委身于义渠王，给他生了两个儿子。嗣后三十年，宣太后杀义渠王，灭其国。宣太后替义渠王生的两子，流放旧郡。但其中有位公子，娶了秦女，生下你箪公子。"

"是呀，"公子箪也叹息道，"我本义渠后嗣，身世怪异又难堪，嗣位的机会是没有的，大祸临头倒是在情理之中。因此本公子以醇酒保身，装疯卖傻，任人取笑，才苟活于今。我对一代又一代秦王的恨呀，直如煮沸的油鼎。所以我秘密修建了这座地牢，幻想着有朝一日，能够把秦王关在这里，问其罪，究其责，何其快哉！"

嫪毐沉默半晌："箪公子，你的身世，决定了这个想法的合理性。我猜我很难说服你放弃。但公子你可曾想过，你这样做并不能得到报复的快感，而是帮助了你憎恨的仇家呀。"

公子箪挑眉："愿闻其详。"

嫪毐赶紧道："请公子试想，你把成蟜太子关在这里，便宜了谁？那个因为公子之举而获得最大利益的人，又会是谁呢？"

公子箪问道："嫪毐大人说的是谁？"

嫪毐大声喊起来："那当然是觊觎秦王之位日久，狼子野心暴露无遗的政公子呀！"

公子箪失笑："嫪毐大人，你可能低估了旧郡生存环境的恶劣，当年我的父亲和叔叔，无罪流放旧郡，我的父亲只坚持了半年，而我叔叔连三个月都没能熬过去，如狗一样死于泥尘。于今政公子已去旧郡两年了，就算他还活着，可前夜宫乱之后，大王震怒，赐剑遣使，命取政公子首级来见。王者之威，风驰电掣，事实上我们已没必要再讨论政公子这个人了。"

嫪毐却不想不谈："箨公子，敢不敢和我打个赌？"

公子箨苦口婆心地劝道："年轻人，珍爱生命，远离赌博。"

嫪毐怔愣片刻："不是……那个，我赌公子刚才所断，会悉数落空。政公子不会死于旧郡，王剑信使，也摘不下他的首级。如果我判断得没错，宫城之乱，实际上就是政太子一手策划。我要跟你打个赌，最多不出一个月，政公子就会归来，以入宫勤王之名，杀掉他的父亲，如果他的父亲还活着的话。此外他也会宣布成蟜太子死亡，然后以国中唯一嗣君的身份，名正言顺地登位称王。"

公子箨不为所动："嫪毐大人的非凡想象力，还是蛮令人惊讶的。"

嫪毐叫道："箨公子，你也可以不打这个赌。但我乞求你留下我和太子的性命，善待太子。待一个月后，若我所言与事实不符，敬请公子责罚。但若不幸被我说中，那么我和成蟜太子，就是公子你报复的最好筹码，请公子三思。"

"唉，"公子箨长声叹息，"嫪毐大人，你是那个善于撩拨起别人好奇心的人啊。"

公子箨离开后，嫪毐小心翼翼地叫道："太子，太子你还好吗？"

"呜呜，"成蟜在哭，"我的眼睛好疼，我的手腕破了，脚踝在流血。呜呜，嫪毐，你快救我出去。"

"小人会的，小人一定会的。"嫪毐泪如雨下，"箨公子这个王八蛋，竟然跟我们来这一手。太子可是生于富贵，锦衣玉食，从未曾受过半点委屈的呀。"

听着成蟜的呜咽声，嫪毐心痛如刀绞，只能转移他的注意力，以减轻他的痛苦："太子，你有听说吗？逆贼政公子在邯郸时，曾把一辆比屋子还大的车子，不拆门不毁窗，驶到了屋外。我们现在囚于笼中，能不能找到个办法，也把我们自己救出去呢？"

成蟜哭道："早就说过我不做太子的，你们偏不听。如果是哥哥在这里，一定不会让箨公子欺负我。"

"是，是小人无能，让太子吃苦了。"嫪毐唯落泪而已。

感觉过去了十几天，牢中食物饮水，脏污不堪，令成蟜与嫪毐腹泻不止。忽一日，听到地牢的门声响起，就见公子箨一手提剑，另一只手拖着个昏迷不醒的人，走了进来。

第十五章 忠心之志

嫪毐问道："这是谁？"

公子箪不答反问："嫪毐大人智计过人，猜猜看。"

嫪毐心如电转，知道如果猜错了的话，就会引来公子箪的轻侮，必须要猜得靠谱："虽然此人身穿黔首之衣，但应该也是个公子，混乱时分逃入箪公子府中避难，被箪公子给收拾了。"

"行啊，你。"公子箪面有讶然之色，扭过那个人的脸。

嫪毐失声叫了起来："公子洹？"

"没错。"公子箪笑吟吟地道，"此前子楚他爹还是太子时，公子洹是子楚夺嫡路上最大的竞争对手，为此还捅了子楚一剑。后来被子楚借政公子险些摔死于冰库的机会，将公子洹下狱，贬为庶民。此刻城中连日大乱，军士互相攻伐，牢狱也不知被谁打开了，公子洹逃了出来，看看，他逃到什么地方不好，偏偏要来我这里！"

公子箪一边嘀咕着，一边将公子洹锁入另一只空着的囚笼。他又看了看嫪毐："别劝本公子说，这样做又是帮了政公子。据本公子所知，嬴政已经死了，现下他的首级已经被悬挂起来，只是挂的地方好奇怪，居然是在宫里。"

嫪毐抱怨道："公子爷呀，这还不明摆着吗？魏人控制了王宫，若是公子肯抓住这个机会，那可是不世之功啊。"

公子箪失笑："不世之功算什么？为什么不等所有的王孙公子统统死掉，再等本公子收拾残局，嗣位新君呢？"

嫪毐赔笑："小人支持公子，此身别无所长，唯余些许智力，愿听公子驱策。"

公子箪笑吟吟地说道："这个先不急，大人你先歇着，歇着。"

说罢便去了。

公子箪走后良久，公子洹才悠悠醒转。

嫪毐急忙同他打招呼："洹公子，还记得小人吧？我是嫪毐。"

"嫪毐？"公子洹很是郁闷，"你也被大王下狱了？"

"唉，这里不是天牢，这是……"

解释好半晌，公子洹终于听明白是怎么回事："叵耐①公子箪，这个该死的！他原来是个笑面虎，亏我还拿他当朋友。"

---

① 叵耐，不可容忍、可恨。

"过去的事，就别抱怨了。"嫪毐说，"我们已经被关了十多日，一定要想个逃出去的办法。"

"能有什么办法？"公子洹仍在抱怨，"人家为什么要打造囚笼？为什么呀？不就是想把你关起来吗？居然还想逃？嫪毐你这乐观精神，委实无可救药，让人无语呀。"

就这样又过了几天，公子䏁再次来到，这次他显得很震惊，在嫪毐的牢笼前，呆呆站立了好半晌，才开口说话："嫪毐大人，真让你给说着了。嬴政已经死了，连尸身都烧成了灰，却又被巫祝支离疏大人施术，从大湫冥渊中给救回来了。一个死了的人，居然复活了，这真是骇人听闻啊！"

"骇人个屁！"嫪毐忍不住骂了起来，"什么复活？什么尸身烧成了灰？谁见到他的尸身烧成灰了？这就是个局！是奸诈的嬴政布下的局！那颗悬挂在宫中的首级，只是与他容貌相近之人的罢了。这个局已经布置很久了，支离疏早就成为了他的同党，替他蛊惑人心。嬴政他压根就没死，好人不长命，祸害活千年。他那种奸诈之人，岂是容易死的？"

公子䏁恍然大悟："是了，嬴政先故意纵放魏人焚宫，再假托复生，以收到先声夺人的奇效。现在所有人都认为他是大沈厥湫赐给秦人的明君，连公主姺那个贱人，都成了他脚边最听话的狗，摇头摆尾一味乞怜。"

扭头又看了看成蟜，公子䏁接着说道："对了，嬴政确如你说，宣布成蟜公子死了，还在宫里搞来具烧焦的童尸。你说他胆子怎么这么大呢？说谎也不怕被人戳穿！"

"所以呢，就让我们戳穿奸贼的谎言。让成蟜太子，成为克制这个奸贼的最有利的武器。"嫪毐顺势说道，"公子爷，你若是不想看着仇家顺风顺水、如鱼得水，那就给我们大家一个共同复仇的机会吧。只要我等尽释前嫌，齐心协力，向盘踞于宫中的无耻楚人势力开战，公子心里积淤多年的冤屈，就一定能够悉数得以昭雪，一抒胸臆。"

公子䏁明显很动心，却道："这个不急，先不急，等等再说吧。"

又过了不知几天，公子䏁出现在地牢里。

"哈哈哈，你们几个蛮能吃的嘛，给你们放在这儿的食物和水，都吃得光光。但是吃了这么多，让人好奇你们是如何解决大小便问题的呢？"公子䏁笑吟吟地说着，他站到了嫪毐的牢笼前，"嫪毐大人，你有没有更具操作性的新建议呢？"

"有。"嫪毐回答。

公子箪满意地点头:"那说来听听。"

"小人的建议,是这个……"嫪毐说着,手中的镣铐一举,套到了公子箪的脖子上。

公子箪大骇:"你……你们是怎么钻出来的?"

"偏不告诉你!"公子洹也钻出了囚笼,镣铐飞起,也缠到了公子箪的颈上。

太子成蟜也从牢笼中走出来:"打死这个奸诈小人,欺君罔上,罪该万死!"

"那你们打死我好了。"公子箪索性往地上一躺,"反正现在是嬴政一手遮天,杀了我走出去,你们只会比我死得更快。"

"你……"三人围着躺在地上的公子箪,一顿乱打。半晌之后,嫪毐把他拖起来,拖入到囚笼中,用镣铐锁在自己原来的位置上。

公子箪好奇地看着手脚上的镣铐:"你们到底是怎么弄开的?"

公子洹笑笑,说道:"你猜。"

公子箪猜测道:"莫不是这些镣铐时间久了,自己脱落了?"

"你再猜。"

"那就是你们饿得久了,手腕饿到纤细,挣脱了出来。"

"你继续猜。"

公子箪不猜了,而是说道:"你们把我锁在这里,也不安排个人送水送饭,我会饿死的。"

公子洹像看笑话一般看向公子箪:"难不成你还期望自己有别的死法吗?"

公子箪建议道:"不是,我的意思是说,我们都是嬴政的敌人,为什么不联合起来,一致对外呢?如这般自相残杀,岂不是令亲者痛,而仇者快?"

嫪毐道:"仇者快不快我管不着,但我们感觉好快活,这还不够吗?"

说罢,嫪毐拉着成蟜的手,和公子洹三人,向地牢外走去。

公子箪喊道:"你们要去哪儿?须知秦川之大,泾水之长,尽是尔等埋骨之所。"

公子洹扭头回了句:"我们要去韩国。"

"去韩国?"公子箪大惑不解,"你们去那里干什么?"

第十六章　人性大师
重新组装一个人的灵魂

君夫人一言不发，怀中抱着痛哭不止的宓夫人。

宓夫人哽咽道："妹妹，你知道我是不喜欢子楚的。打见他第一面，我就不喜欢。这个人太狡猾，又太会算计。宫里所见，这样的人太多了，我不喜欢熟悉的事物，喜欢新奇的刺激，总是以为自己不喜欢他。

"后来，来到这咸阳，给他生下成蟜，我仍然不喜欢他，仍然喜欢不起来。直到那一天，乱兵入宫，他保护着我逃跑，临到了昭阳宫前，我跌倒在地，他返身来救我，才会连中数箭而死。妹妹呀，我的君王，我的主上，他是为我而死，而我此生居然错过了他，我好恨好恨自己呀。"

"姊姊，你不要哭了。"君夫人的语气冷淡如冰，"得一君王为己而死，这不正是我的姊姊吗？为什么要哭？为什么要伤心？为什么说错过？我的姊姊才是我心目中至高无上的帝王，子楚为你而死，那是他的荣耀！"

"妹妹，你又乱讲话，这如果传到秦王耳朵里，他会治你的罪的。"宓夫人哭道。

君夫人反问："若嬴政会因情动而杀女人，难道我就杀不得他吗？"

"求你不要再乱说了。"宓夫人哭道，"只可怜我的蟜儿，大王的骨血，我唯一能够面对大王情意的结晶，竟然在昭阳宫前被逆贼烧作……"

君夫人突然说了句："那不是蟜儿。"

"什么？"宓夫人以为自己听错了。

君夫人淡淡道："逆贼魏桀裼在昭阳宫石山上烧死的那个孩子，并非是太子成蟜。"

宓夫人腾地立起："你有证据吗？"

"有。"

"什么证据？"

"有一个与姊姊、与成蟜关系匪浅的人失踪了。"

宓夫人当即反应过来："妹妹可是在说嫪毐？那一日宫乱确未曾见到他。但此人忠心耿耿，应该是死于乱军之中了。"

君夫人将调查结果一一说与宓夫人："不，嫪毐没有死。我查过了宫里的每具尸体，没有他。我找到了嫪毐的居所，那里地处偏僻，紧靠宫墙，无丝毫打斗痕迹。我查访到太子府中的一名幸存者，得知那一夜宫乱初起，嫪毐就带人赶到了太子府。适逢府中也混入了魏人刺客，烫伤了蟜儿的脸，但在要杀死蟜儿的刹那，嫪毐赶到，救出了蟜儿。此后，嫪毐下令太子府中所有人，集于前府，等他辨认出混入府中的刺客。"

宓夫人颤抖着声音问："那，后来呢？"

君夫人如实答道："嫪毐并没有去前府辨认刺客，他只是用计将所有人调到前府，而他则带着太子，悄然从后府逃走了。"

宓夫人急切地问："他带着太子逃到了哪里？为什么我听不到他们的消息？"

君夫人安抚她："他们在逃跑的途中，遭遇魏人伏兵截杀，嫪毐的门客都被杀死，而嫪毐背着成蟜，逃到公子箪府上的后门，被公子箪诱入府中，囚于他私设的地牢中。直到十几日前，嫪毐他们才逃出来。"

宓夫人大为震惊："公子箪……这人又是怎么回事？他为何囚禁我的蟜儿？"

"此事目前原因不明，我还在查。我是在复原嫪毐背负着太子逃亡的路径时，猜测他有可能经过公子箪的后府。而一连十数日来，公子箪都失去了踪影，所以我对他起了疑心，率众突入，果然在公子箪后府发现地牢。又在牢中发现了太子的衣物，以及公子箪的尸体，所以有此推论。"

宓夫人紧抓住君夫人的手："告诉我，你还知道些什么，全都告诉我！"

君夫人回握宓夫人的手："我推断的情形是，太子及嫪毐被囚多日后，嫪毐终于想到了逃生办法。他咬破手腕，血流满手，用鲜血加大了手腕的润滑度，这样就能够将镣铐从手上拿下来。然后，他再用锁链撬开笼门，救出太子。待公子箪进入地牢时，反被嫪毐制住，锁于囚笼中。但显然嫪毐不想告诉公子箪这个办法，是以公子箪逃生无路，哭救无门，终致活活饿死在自己设下的囚笼中。"

宓夫人越发焦急："我的蟜儿此时何在？"

君夫人摇头叹息："不知。"

宓夫人冷声道："我现在命令你，找回我儿成蟜，无论是上天入地，你一定要做到。"

君夫人跪伏："臣谨领太后懿旨。"

君夫人离开宓太后，向着秦王嬴政的寝宫而来。

途中所遇宫侍，尽皆恭敬执礼。到得宫门之前，一名宫侍迎出，露出满脸谀媚的笑："夫人你可来了，主上今天退朝回来，一直是闷闷不乐。"

君夫人哼了一声，行过一间花厅，盈盈拜倒："赵国未亡人，见过大王。"

秦王嬴政正凝神在一片竹简上书写，听到声音站起来："夫人请起，寡人日前刚刚得到消息，正命朝中挑选赴赵吊唁的使者团。"

一年多的时间过去，年方十四的嬴政，身体已经接近年轻人，丰神俊朗，气宇不凡。见到君夫人泪下，他又说道："赵王是先王的兄长，昔年对寡人母子也多有照拂。如今物是人非，寡人内心不胜唏嘘。请夫人告之归程日期，寡人会吩咐相关枝节，尽量为夫人提供方便。"

君夫人啜泣道："赵王丹是我的兄长，也是我的夫君。妾身无父无母，生下来就被抛弃在荒郊废陵之中。幸得宓太后宗庙祭灵，收养了我。妾身幼时，视赵王为兄长。妾身长成，视赵王为夫君。秦王呀，八月蝴蝶，双飞西园，感时心觞，红颜坐老。君有难，臣不在，是为臣者不忠。夫有危，妾不至，是妾无情。至此不忠而无情，那就是妾身呀，那就是我。"

说罢，君夫人伏地大恸。

嬴政闻言泪下："夫人啊，夫人啊，一颗负疚心，却伤两个人。寡人与夫人感同身受。"

君夫人忽然抬头，恢复了冷冰冰的神情："然而大王，妾身现在还不能走。"

"不能走……"秦王嬴政面有讶异之色，"莫非是夫人也遇到了为难之事？"

君夫人颔首："是的。"

秦王嬴政放下手中的笔："君夫人为我大秦平乱有功，但有所命，寡人无所不遵。"

君夫人俯首拜倒："妾身谢过。恰好妾身心中有个疑惑，不敢相烦大王。"

秦王嬴政看向君夫人："无论夫人说什么，寡人都不会怪罪。"

"谢大王。一年前大王咸阳平乱，利用国人冥智未开，相信巫鬼之术，让妾身求之于巫祝支离疏，假称支离疏大人从湫渊之地带得大王魂魄回返。有件事妾身整整想了一年,也未想明白。"

"哦?"秦王嬴政问道,"哪件事夫人没想明白?"

君夫人突然立起,厉声道:"三年前,大王被人装入麻袋,险些掷死于冰库,这件事究竟是何人所为?"

"这个……"秦王愕然,"这件事也是寡人心中最大的挟恨,也曾生出过追查之念。但正如夫人所见,咸阳宫乱,当时涉事之人,诸如缩子高、爨菜、尯叧这些个名字一个比一个奇怪的人,悉死于乱兵。夫人此时忽然问及,可是有教于寡人者?"

君夫人踏前一步:"妾身想听大王一句实言,那个人是不是你?"

秦王皱起眉头,不解地看着君夫人:"哪个人?"

君夫人猛地抬头:"幕后之人,这一切的幕后操纵者。"

"夫人,你这是……哈哈哈。"秦王大笑起来,一边笑一边上上下下打量君夫人,"有时候寡人感觉,感觉夫人你的脑子……"他笑得弯下了腰,"哈哈哈,夫人啊,你真的想过让别人把自己装入麻袋中,朝着墙壁重力抛掷吗?"

君夫人如释重负:"妾身愿意相信大王。请容妾身退下。"

出了王宫,君夫人驱车,去往公子箪的府邸。

这座王府显然已被赵国人攻占。赵国的剑士来来往往,府中的奴丁被拘押于角落里。后府之中,周义肥大马金刀,怀抱宽剑,坐于一张马槽之上,正盯着一群人,把地牢里的东西一样一样仔细分类。

见到君夫人来到,周义肥跪倒:"夫人,小人刚刚听说国中噩耗,主上他……小人已经吩咐了下去,即刻就可以回邯郸。"

君夫人厉斥:"谁告诉你,我们要回邯郸?"

周义肥号啕大哭:"夫人,是主上薨了。"

君夫人正色道:"我都已经知道了。然而周义肥,我来问你,你于沙场之上,正与敌方将士血战,此时突闻噩耗,主上归天。你是不是会立即放下兵刃呢?"

周义肥忽然不哭了:"那不行,再大的事,也得打完了仗再说。"

君夫人坚定地道:"我们现在正是如此。值此剑来枪往,生死不容间发,为主上失声长恸,是情;为主上打赢这场仗,是忠;昼夜无停归国奔丧,是礼;满腔义愤奔赴我们的战场,是职责!"

周义肥被君夫人感染,也坚定地点头:"小人明白了。"

君夫人冷声道:"我现在就要结果。"

周义肥指着地面的分类物:"按夫人的吩咐,小人将地牢中的所有物事取出分类,并弄清每件物事出现在地牢的理由。可以说,所有出现在地牢中的物件,都是有理由的。只有这样东西……"

君夫人顺着周义肥的手指看过去:"这好像是块染过血的布。"

周义肥颔首:"对,小人按夫人吩咐,找来了咸阳城中所有经营染坊生意的人,让他们来辨认。"

君夫人问道:"那么这是块什么布?为什么上面染着血迹?"

周义肥起身:"这种布叫泾水布,布质极差,一撕就烂,所以……"

"所以只是用在牢房里,用作犯人的囚衣。"不待周义肥说完,君夫人便知道了。

周义肥汗颜:"夫人的脑力,小人疯狂追赶,日夜无息,犹自望尘莫及。"

君夫人心如电转:"给我查抄咸阳所有的牢房。"

周义肥略有迟疑:"可是夫人……"

君夫人不耐地问道:"又有什么事?"

周义肥一脸为难:"夫人,我们是赵人,在咸阳只是做客。如今占了这箪公子的府邸,就已经引起秦人的侧目,再这样肆无忌惮……"

君夫人思虑片刻,果断说道:"那就传我命令。"

"什么命令?"

君夫人冷笑一声,说道:"赵王丹薨,君夫人新寡,寒夜春心,秦王政岂有意乎?"

周义肥一下子乱了手脚:"夫人夫人,这这这……太离谱了,那秦王政别看像个小大人似的,鬼主意比癞蛤蟆产下的卵籽还多,可他实际年龄才十四岁,未成年。夫人咱们不能老牛吃嫩……呃。"

君夫人教训道:"底下人只喜欢听到宫闱秘事,管什么年龄与真假?我只要你们办事之时毫无挂碍,哪儿来的那么多道德禁忌?"

周义肥躬身道:"小人学到了。"

咸阳天牢,两名狱卒举着火把,引着周义肥前行。

忽然之间两人停了下来:"我家大王,和你家夫人真的暗通款曲?"

周义肥不答反问:"你猜呢?"

两名狱卒哧哧地笑,满脸猥琐:"周兄请看,这是天牢中所押囚犯的名册。那一日,宫中火起,逆贼焚城。一伙人趁乱攻打天牢,后来查清是公子泺下狱,他夫人不忿，就趁乱率家丁杀入救夫。当日天牢被打破，囚犯十停逃走九停。"

周义肥压下那一抹心虚，淡定地问道："为什么那一停没有逃？莫非他们是模范犯人？"

两名狱卒摇摇头："非也，那一停没逃，是因为他们被逃走的九停活生生踩死了。"

"再后来，大王奉大沈厥湫之命，自冥渊而返，率国人平复咸阳之乱。逃走的九停，自己回来一停，捕吏捉回来两停。嗣后，大王服孝一年登位，大赦天下。无论是逃走还是回来的，全都赦免了。"

"就是说，到你家大王宣赦之时，至少有六停犯人未曾归案？"

两名狱卒讪笑："听着六停蛮多的，其实还不到二十个人。"

周义肥伸出手："我要这二十人的名单。"

两名狱卒立马奉上："这个就是。"

周义肥看向名单："烦请两位兄弟教我，这二十人中，有哪些自逃逸之后，就再也没有了消息？"

两名狱卒看了半晌，拿笔圈出几个人来："只有这五个人，喏。"

周义肥看着狱卒用朱砂笔圈出来的五个名字，其中一个名字引起了他的注意："公子洰？"

"你们问公子洰？"子僕的眼睛冒出了精光。

几年不见，子僕老得不成样子，仍然是个乡夫的打扮，竹笠赤脚，耕种时不时背靠块石头歇息片刻。

君夫人的车子停在不远处。她仍然是瑟缩着，裹着厚厚的毡毯，苍白的脸颊，黑洞洞的眼窝，怀中抱一只蟠龙香暖炉。

周义肥俯身探询："子僕大人，我家夫人想要知道，如果公子洰心灰意冷，想要逃离秦国，那么他会去哪里呢？"

"他还能去哪里？当然是去韩国！"子僕叹息道，"子洰呀，是短命子楚的弟弟，也曾是争夺嗣君最热门的人选。当初华阳夫人想在安国君的儿子中，挑选一个母亲势力弱小的，子楚的生母是夏夫人，而子洰的生母是陈夫人。陈国与夏国，早年间也曾唇齿相依，如今早已被韩国收入版图。在这场争当楚人走狗的竞赛中，子洰输了，所以他曾设伏要杀子楚，不料子楚将计就计，将杀手引到了先昭王身边，险些害子洰被灭门。从那时候起，子洰就心灰意冷，想要奉母归韩。可他只是说走，却不见有什么实际行动，结果才会落得抄府废族，贬为庶人。"

"谢过大人坦诚相告。"说罢周义肥转身要走。

子偊拦住周义肥:"等一下,替我带句话给你的主母。"

周义肥躬身道:"大人请吩咐。"

子偊望向君夫人:"人,是习惯的奴隶。"

周义肥完全没听懂:"什么意思呢?没头没脑就这么一句。"

子偊轻笑:"你家主母自然懂得。"

君夫人一行车乘匆匆,不停地赶路。

周义肥策马过来:"夫人,这好像不是去韩国的路。"

君夫人侧耳倾听:"你听,那美丽的歌声。"

周义肥猛抬头,就听见悠扬的笛声起落,伴随着一个女孩儿的歌唱:

式微,式微,胡不归?
微君之故,胡为乎中露!
式微,式微,胡不归?
微君之躬,胡为乎泥中!

歌声起落,车乘驶过一条弯道,就见前方一片绿林,一条清澈的小溪,白石鳞布。有个十一二岁的小女孩,赤脚浸泡于清溪中,坐在一方白石上吹笛。周义肥早年的好搭档赵樽,扶剑立于女孩身后。

见到君夫人落车,女孩黯然摇头:"君夫人啊,我以笛传声,以歌传心,说得明白得不能再明白,你还是不肯放弃吗?"

君夫人拜倒:"明月公主,这次你一定要帮我。"

明月公主轻声问道:"君夫人,你以为合我们两人之力,就能够阻挡他吗?"

君夫人眼神坚定:"不求谋有所成,但求无愧于心。"

明月公主站起来,赵樽立即俯跪下去,替她擦干脚,穿上鞋履。明月公主持笛走了两步,看着前方信陵君的灵位:"我们是女人,女人最怕的是对一个人过于迷恋。你恨他越久,就越容易被他征服。我追踪他从赵至秦,却始终隔开安全的距离。我们和他不同,我们都是情义中人,成就于情义,被奉上情义的祭坛,而心愈狂欢。而他是没有情义的人,所以双方智慧相搏,他的心中不会受到半分的情绪滋扰,这就是我们必然要输的原因。明知是输,夫人你还要坚持吗?"

第十六章 人性大师

君夫人执迷不悟："明月公主，输赢之事，两可之间。只要你愿意帮我找到成蟜太子，奉其为主，号令东方六国，我们仍有机会。"

明月公主冷声道："夫人说的机会，我父亲试过了。"

君夫人冷静如斯："蹈死于前行之路上，是为士人之风骨。我不认为明月公主理解不了君侯的选择。"

明月公主沉默半晌，道："我只是担心，我们没有我父亲的幸运。我父信陵君的幸运，是他死在了征服秦川的道路上。我怕我们连这个机会都没有。"

烈马驰风，车乘辚辚。

周义肥与赵樽并肩联骑，当先开路。

后面是不到两百名赵国剑士，簇拥着明月公主与君夫人的车乘。

拐过一条杨柳长堤，明月公主斜向一指："就在那边，有个村庄，叫邰家村。村子里有家富户，名涂不累。此人三年前本是嫪毐府中的一名门客。就在秦王嬴政被贬至旧郡之后，此人忽然在咸阳城中消失，他来到这里，斥巨资修建了一座庄园。三年多了，已经很少有人知道他的来历。"

君夫人看了看，道："看来我们来晚了。"

车乘疾奔，距离越来越近，终于看清楚于袅袅黑烟之中，依然耸立的残壁断瓦。进入村庄，就见到一具具倒伏的尸体，男女老少都有。多数死者的致命伤口都在背部。一切迹象表明这只是一场屠杀，而非攻防战。

看着眼前的一幕，君夫人喃喃道："对方来得未免太快。嫪毐设下这个暗桩，当是为成蟜太子所准备。三年来应该无任何行动。对方怎么会有如此精确的判断？"

明月公主摇头道："他们不需要判断。"

君夫人颔首："是了，嫪毐的一切行动，早就被严密监视了。所以当对方得知成蟜太子的下落，第一时间先扑至此处。"

一个赵国剑士策马而来。

他下马禀报："夫人，公主，打探到了。邰家村是昨夜遭受突然袭击，袭击者身份不明。但在昨天午时，有三个行路客人，形貌与成蟜太子、嫪毐及公子洹极近似，在前面一家客栈下榻。但在两个时辰之前，有十几个客人，都是佩剑的汉子，到客栈打听前面三人的行踪，随即持剑追了过去。"

君夫人看了看明月公主："嫪毐的压力好大啊，要以一人之力，对付这么多的刺客。"

明月公主想了想："所以附近的民屋，或是石柱耸立之地，当是我们重点的搜寻目标。"

周义肥、赵樽立即下令："赶快，寻找附近的民屋，或是石柱耸立之地。"

相距邵家村十几里的山脚之下，果然有座民屋，附近还有个水塘。

大家绕着民屋搜索，发现许多干涸的血迹，却不见一个人影。

君夫人的目光，落在水塘近前的一丛矮树上："就是这里，给我挖开。"

剑士们立即挖掘，掀开一层薄薄的浮土，露出了一具具的尸体。死法各异，有的是被巨石砸破天灵盖，有的是被削尖了的木桩刺透胸脯。死者都是模样凶悍的汉子，并没有发现成蟜太子、嫪毐或是公子洹的尸体。

君夫人看着尸体，沉默半晌，道："嫪毐三人兵分两路，由公子洹保护成蟜太子，以为诱敌之策，而嫪毐则自成一路，绕到后面将敌人一个个攻杀。"

说完，她扭头看着明月公主。

明月公主道："他们曾一度折回咸阳。"

君夫人身体一震："秦王母子邯郸时节的旧故事。"

明月公主分析道："既然遭遇追杀，他们就知道逃不过去。以少对多，以逸待劳，将十几个刺客杀掉，这是需要运气的。逃亡者不能全部寄望于运气，必须提升靠智力存活的几率。所以你听着是他们做出同样的选择，实际是他们根本就没有选择。"

君夫人喟然叹息："从咸阳到新郑之路，已然被封死。"

明月公主亦低叹："杀手队队，刺客成群。"

君夫人悬着的心终于落下："所以说他们现在安全了？"

明月公主轻笑道："是啊，再也没有比自己追杀自己，更安全的了。"

十余条汉子，出现在距离韩国都城新郑十里之遥的驿路上。

个个满脸横肉，人人提剑携棍，看人时目露凶光，恨不能在脸上写下一行字："我是杀手，我是刺客，我正在完成一个超恐怖的追杀任务。"

这伙人气势汹汹地向着一家客栈走去，一脚踢开门："伙计，有没有看到……"

正在倒水的伙计头也不抬："有没有看到一个模样长得像女人、脸长得很凶的男人？一个十岁左右、皮白肉嫩的少年？还有个一看就是公子爷，却已经落魄到倾家荡产的男人？这三人走在一起，对吧？"

入门的杀手们如临大敌，迅速举剑操棍："果然在这里，快把他们交出来。"

"交交交，交个头呀。"伙计悲愤地骂道，"打今儿个晨起，已经来了三拨杀手，两伙儿刺客，都在找这三个人。"

"不是……"刚入门的杀手们震惊了，"既然是杀手刺客，低调的风格怎么也该有吧？难不成，他们就大张旗鼓地说我们是杀手，我们是刺客？"

"没有。"伙计笑道，"前面来的杀手刺客，都是装扮成行商客旅，但不是小人小看了他们，实在是他们装得太不像了。就跟诸位一样，一个个就差在脸上写一行字：'我是杀手，我是刺客'了。"

"这都什么呀，你会不会说话。"新来的杀手们很是恼火，买了一些食物，咕嘟嘟喝了一肚子溧茶，又匆匆向前追赶。

追了一会儿，前面遇到一伙从岔道上赶过来的刺客，相互之间打招呼："嗨，兄弟们好，也在追杀那三个人吗？有没有点儿有价值的线索，大家分享分享？分享，分享，学会分享，人生才会充满快乐。"

"分享个头呀。"那伙刺客委屈地说道，"到底有没有那么三个人啊？就算是有，是不是走的这条路？我们杀了好几个疑似目标人物，最后一核实，全都不是。"

"我们也是这样，杀到手软，错到没脸。大家都是苦命人哟。"杀手们颇有同感，"你们是哪条线上招募来的？怎么在咸阳没见过？"

刺客们连忙解释："我们是庆阳来的，有个管二爷星夜独骑，策马入庆阳，传主上近侍离娄的吩咐，征募二百名杀手、逃犯与刺客，前往咸阳至新郑的各条驿路上，追堵那么三个人。听说不光是我们庆阳，还有些杀手正从齐国往这边赶来，你说这么多的刺客杀手，就三个目标，哪里够杀哟。"

"就是，就是。"双方一边闲聊着，一边进入了韩国都城新郑。

入城之后，杀手团伙和刺客集团友好道别，约好以后再有杀人的活儿，互通有无，共同杀人，一起赚钱。

然后杀手团伙找到一个客栈，乱纷纷入住之后，一个接一个地，进入一个房间。

房间里，坐着他们团伙中的三个一点也不起眼、总是躲在后面的人。

但是现在三人面前，放着一袋黄澄澄的金子，每个进来的杀手，都领到两镒金锭。三个人再三感谢他们："你们这个戏班，演得真像。给我们的化妆也到位，连我们自己都认不出自己。"

然后他们卸了妆，显露出成蟜太子、嫪毐与公子洇的本来面目。

端着盆水走过客栈长廊，嫪毐与个肥妇人差点撞在一起。

肥妇人破口罹骂："眼瞎呀，还是眼睛长后背上了？"

"小人得罪，多有得罪，初来乍到，人生地不熟。"嫪毐不敢招惹对方，连声赔罪。

肥妇人余怒未休，看着嫪毐端着水进了房间。

进来之后，嫪毐跪下："太子殿下，容小人给殿下洗洗脚。这些日子以来昼夜奔波，太子你受苦了。"

"哎哟，嫪毐，"成蟜伸出一只黑乎乎的脚，"你不说我还没感觉，你现在一说，我怎么感觉……嫪毐，你快看看我的脚。"

嫪毐哭了："太子殿下，那是你昼夜奔行，脚上磨了太多的血泡，让小人给你泡一泡脚，再挑开血泡，过两天就会好的。"

如呵护珍宝，嫪毐一边落泪，一边小心翼翼地把成蟜的脚放进热水里："呜呜，太子千金尊贵，何曾受过如此的苦？这都怪小人无能，请太子降罪。"

"好了，嫪毐，你不要太自责了。"成蟜俯身，抚弄着嫪毐乱糟糟的头发，表情显得痛苦而享受。

泡了一会儿，成蟜忽然说了句："嫪毐，我们其实根本不应该逃跑。"

嫪毐吓了一跳："太子殿下，莫非是忘了那一夜逆贼攻破了太子府，杀尽府中之人的事情了？"

成蟜纠正道："我不是说那时候。我是说我哥哥回来了，扫平了凶逆，我们就不该乱跑了。"

嫪毐严肃地说道："太子殿下，如果说逆贼攻破太子府，只是危险的话，那么嬴政归来，就已经是凶险了。"

成蟜越发委屈起来："可是我们从咸阳一路亡命到新郑，这一路真是太苦了。"

嫪毐安抚道："太子殿下，这不是苦，是上天要将大秦基业交与太子，特意为太子安排的试炼。岂不闻孟子曾说过：'天将降大任于斯人也，必先苦其心志，劳其筋骨，饿其体肤，空乏其身，行拂乱其所为，所以动心忍性，增益其所不能。'"

成蟜大哭："我不要什么大任，我只想回到母后身边。"

嫪毐吓了一跳："让太子殿下受此委屈，这都是因为小人无能。然而太子殿下，昔者齐公子小白，去国十二年，历尽艰辛，方得九合诸侯，会盟天下。晋文公重耳流浪一十九年，始成霸业。太子要是心里还在惦念母后，那就一定要坚持住。"

成蟜哭道："嫪毐，我真的受不了了，我只要做个公子，绝对不和哥哥争位，哥哥也未必非要杀我的。"

嫪毐也哭了起来，把成蟜的头抱在怀中："太子呀太子，你心慈仁善，可太子殿下莫不是忘了邰家村那冲天的喊杀声？莫不是忘了追杀我们的刺客有多么凶残？若是我们还有第二条路走，小人又怎敢如此难为太子呢？"

蜷缩在嫪毐的怀中，成蟜感受到些许温暖，慢慢地，他睡着了。嫪毐的动作极尽轻柔，慢慢把成蟜抱起，放于榻上，又给他盖好被子，这才擦擦眼泪，端了水盆出来。

走到长廊尽头，嫪毐顺手把水泼掉，正要回去，不防下面突然探出个脑袋："哎，我说你这个人有点儿意思，端盆水照人脑袋上就泼，哎，我说你是故意呢，还是有心？"说话间，几个汉子翻上长廊，围住了嫪毐。

嫪毐懊悔不已，不停赔罪："这位兄台，是小人不小心。"

对方大叫："不小心还泼那么准，要是小心那还了得？"

嫪毐装出可怜巴巴的样子："几位大人，都是小人的错，求大人饶过小人吧。"

几个汉子摇头："饶不饶这事暂先放下，我们满脑门子水，这你怎么说？"

嫪毐顿了顿："小人赔钱。"

汉子们大笑："赔钱好啊，你要赔多少？"

争吵中，公子洇随着看热闹的人群过来，见嫪毐困窘，急忙插进来劝架："几位兄台，我们是外地来投亲的客人，说到这新郑，有势力的贵人还是认得几个的……"

话未说完，就听汉子一声怒喝："你认识，你认识这个吗？"

公子洇猛抬眼，正见一只拳头由小变大，"砰"的一声，顿时满脸开花。

"咦，你们怎么动手打人呀。"公子洇怒极，双方顿时撕扯在一起。从长廊一头打到另一头，摔碎了几张残几，砸烂了几只陶缶。突然之间，嫪毐醒过神来，猛一脚将扑过来的汉子踹飞，他狂奔至太子成蟜的房间，猛地打开门。

榻上空空如也，房间空无一人。

看着空房间，嫪毐脸色惨白，一跤跌坐在地。

公子洇奔过来："怎么回事？太子呢？"

嫪毐手脚都颤抖着："太子他……被人掳走了。"

公子洇猛地瞪大双眼："什么人干的？难道杀手这么快就找到了我们？"

稳了稳情绪，嫪毐冷静分析道："不是杀手，是刚才那几个……快点儿抓住他们。"

他疾奔回来，却见客栈长廊上挤满了看热闹的闲人，刚才和他们打架的那几个人，一个也不见了。

公子洢困惑不已："他们到底是什么人？如果不是咸阳追来的杀手，为什么要掳走太子？"

嫪毐肯定地道："他们是拍花的。"

"拍花……"公子洢顿时变色，"他们是人贩子，要把太子训练成奴隶卖掉？"

嫪毐失魂落魄地蹲下："看来是这样。"

公子洢往外跑去："那咱们赶紧去告之捕吏，查找人贩子……"

嫪毐伸手拦住他："别，千万别。"

公子洢不解地看着他："为什么？"

嫪毐叹道："不诉之捕吏，太子还有一线找回来的生机。若诉之司隶，那么就是我们亲手害了太子性命。"

公子洢呆怔片刻，道："明白了，光天化日，朗朗乾坤，黑恶势力如此猖獗，那肯定是上边有人的。被掳去的人，往往会遭受到极残忍的虐待，所以一旦发现对方有势力，为免获罪，必然就会灭口。所以我们……我们现在怎么办？"

"不知道。"嫪毐茫然地摇头，"我不知道，我只知道大沈厩湫太残忍了，我们历尽千辛万苦才把太子带到安全之地，却不想这只是大沈厩湫跟我们开的一个恶毒的玩笑。大沈厩湫，太子一样也是大王的骨血啊，你为何厚此薄彼呢？"

啪！啪！啪！

几鞭子下来，成蟜痛得满地打滚，惨叫不止。

高高端坐于台上的肥胖妇人，正是曾经与嫪毐在客栈长廊相撞并辱骂嫪毐的那个。但成蟜却是第一次见到她。

只听肥妇人厉声喝道："你叫什么？"

成蟜一边负痛挣扎，一边赶紧回答道："小人……小人名叫焦成。"

"胡说！"肥妇人又是狠狠几鞭子，"听好了，你现在叫羊儿。"

"是，是，小人的名字叫羊儿。"成蟜哭成了泪人。

"不许哭。"肥妇人拿起鞭子。

成蟜打了个冷战，眼泪立时止住。

"我是谁?"肥妇人冷声问道。

成蟜迟疑着小声说道:"素昧平生……"

啪啪啪!几鞭子抽下,成蟜痛得在地上不停地打滚。

"哼,几天不打,就不认识你娘亲了?"肥女人愤怒地喝道,"我是谁?"

成蟜艰难地喘息:"你……你是我娘亲。"

肥妇人乐了:"挺聪明的嘛。聪明的孩子少挨打。现在你听好了,你是娘亲十年前生下的儿子,你爹是个有身份的公子,打你生下来就不要你了,是你娘亲辛辛苦苦把你拉扯大。虽然你心疼娘亲,愿意卖身为奴,给娘亲换几锭养老银子,但娘亲舍不得我的羊儿,听懂了吗?"

成蟜小心翼翼地说道:"羊儿懂了,懂了。"

肥妇人又操起鞭子:"你懂什么了?"

成蟜吓得身体猛地一震:"儿子孝顺娘亲,想卖身为奴。可是娘亲舍不得羊儿。"

肥妇人甩了甩鞭子,又问道:"你娘亲叫什么名字?"

成蟜瑟缩着身体,缓慢答道:"……儿子恭领娘亲教诲。"

"嘿,这么聪明,娘亲真的有点儿舍不得了。"肥妇人笑道,"你娘亲是城中生意做得最大的善人,连大王都知道娘亲的名字,称娘亲一声善姑。"

成蟜点头如捣蒜:"是,是,我娘亲就是尽人皆知的善姑。"

正说着,忽然间外边一声高喝:"善姑在家吗?"

"谁呀……"善姑问声未止,就见一个捕吏,挎着把镶了玉的宝剑,昂昂然而入:"善姑,我是司隶衙属的值守尉,刚刚衙司接到案讯,说是就刚刚,这一带有个十岁左右的少年失踪,疑是被人贩子拐走,若善姑你知道消息……"

捕吏的目光,终于注意到了成蟜:"这孩子是谁?倒是跟隶司说的那个被拐孩子,相貌年龄近似。"

看到捕吏一双眼睛鼓励地看着自己,成蟜突然来了勇气,大喊道:"捕吏大人,我就是那个被掳的孩子,快救救我呀。"

捕吏大为震骇,疾退拔剑,护住成蟜:"善姑,你做了什么?"

善姑的脸皮在抽搐:"不是,你别听孩子乱说,这是我的孩子,跟娘生气乱说的。"

捕吏厉喝:"休要胡言乱语!你什么时候有过这么大的孩子?而且这孩子细皮嫩肉,明显是世家公子,对吧?"

躲在捕吏身后,成蟜揪住捕吏的衣襟,回答道:"正是,大人,实不相瞒,我是秦国太子成蟜。落榻客栈，被这肥婆娘掳来，殴打虐待，逼我认她当娘，要把我卖掉。"

捕吏痛心疾首："善姑啊，善姑，你都做了些什么呀。"

善姑很紧张，很恐惧："捕吏大人，我就干过这一次……"

捕吏吼道："一次也不行！善姑，你何许身份？大王视你为国中首善，王后公主更倚你为天地之心。你更是时常出入宫中，深得国人崇敬，又怎么可以行为不端，拐卖人口？"

善姑扭扭捏捏地掏出几锭金子，走到捕吏大人面前："大人……"

捕吏怒喝："你想收买我吗？"

善姑一瞪眼："说什么收买不收买？这是我对大人的一点孝敬。还有，大人你别忙着拒绝，上次你在倚花楼相中的那个姑娘明珠儿，我已经买下了她，用车乘送到了大人的府邸。"

捕吏大人展开囊袋，让善姑把金锭塞入其中，仰天叹息道："有多少正直勇敢的捕吏，栽倒在金钱美女这两道关上？这世道委实太黑暗了，太黑暗了，实令正人君子痛心疾首呀。"

眼看捕吏竟然收下善姑的金子，成蟜感觉大为不妙，用力揪扯捕吏的衣角："大人，快点儿带我走吧，我们快走吧。"

"走？你想去哪里？"捕吏不悦地道，"孩子，你娘亲善姑，虽然有时候脾气暴躁了点儿，但你身为人子，须得明白孝顺之道。孟子怎么说的来着？小杖则受，大杖须号，此乃圣人铭训……"

成蟜忍不住脱口而出："不对，孟子说的是'小杖则受，大杖则走'，哪里有个'号'字？"

捕吏失笑："善姑，你儿子好聪明，以后管好他，不要再让他乱说了。"

说罢，捕吏摸着囊中的金子，转身就走。

成蟜大骇："大人别抛下我，别抛……"他已经被善姑掐着脖颈提了起来。

眼睁睁地看着捕吏离开，成蟜惊恐扭头，恰见善姑那张淌泪的脸："羊儿，你竟然这样蔑侮娘亲，伤害娘亲？竟在外人面前诋毁娘亲？"

"娘亲，娘亲，我错了，羊儿再也不敢了……"成蟜绝望地惨叫乞饶。

然而善姑的皮鞭已经举起。

善姑脸上带笑，说不尽地温柔："羊儿，这一次咱们的鞭子，可是蘸了水的哦。盐水！"

第十六章 人性大师

啪！啪啪啪！

嗷！嗷嗷嗷！

成蟜凄厉的惨叫声，于韩国首善之家冲天而起。

收了善姑金子的捕吏，出了门后并没有远走，而是兜了个圈子，又从另一扇门回到善姑的大宅子。

一个花厅里，有张圆几，四个汉子各自穿着不同颜色的官服，正围着圆几喝酒，见捕吏进来，打了声招呼："弄清楚没有？这只嫩羊是哪儿来的？"

捕吏笑道："说出来你们不敢相信，他竟然是秦太子。"

"秦太子？"四人环视而笑，"甭管是秦太子，还是秦公主，到了咱这儿，都得老老实实地给善姑舔脚。"

其中一人笑道："要我说，善姑真是天生的人性大师，你说她那脑子是怎么长的，能琢磨出这么完美的法子？上次燕国的公主经过调教之后，让她一个人去倚花楼卖身，她就老老实实去了，每天都乖乖地把卖身的钱送来，跪呈善姑，以显孝心，连丝毫逃走的念头都不敢有。"

捕吏接着笑道："善姑这一手，有个名堂，叫鱼目混珠，摧毁你的认知观念，重建你的人格结构。你想啊，今天我穿着这身捕吏的衣服去，秦太子即使不呼救，我也会一再地怂恿他。等到他以为天降救星，呼救出声时，我再放他的鸽子，让他从希望的顶峰忽然跌至失望的谷底。那么以后呢，他再见到真的捕吏，心里只有恐惧，根本就不敢呼救出声。

"然后呢，等善姑折磨他到明天，老厴你再穿那身将军的服饰出场，再次让秦太子以为有获救希望，诱惑他呼救。他不呼救，就不停地暗示怂恿。但等他终于鼓起勇气发出求救时，仍然是老一套，老厴你收金子，收美女，然后丢下秦太子，让他再次面临娘亲善姑的关爱。

"第三天，就轮到你老屋出场。既然我们已经摸清了他的身份，知道他是秦太子，那么你老屋就理所当然地，是秦国派出来寻找他的人。你冲善姑拍案几呀，你拔剑要杀要斩呀。到这个地步，秦太子不能不信他是真的得救了。可这时善姑叫了个姑娘出来，老屋，你这个秦国使者，一见到姑娘，就把秦太子丢下了。让秦太子以后再见到秦国人，唯有惊恐，唯有惧怕。

"到了第四天，你，老劇，对，就是你老劇。老劇，你谁呀？生得白白胖胖，天生的贵人气。说你是韩王宫里派来的，连瞎子都不会怀疑。你自韩王宫中来，正在替秦国寻找失踪的太子。这时候的秦太子呀，早已是心惊胆裂了，无论你说什么，他也都不敢呼救。可他不呼救，怎么行呀？他不呼救，就登不上希望的顶峰，就没法推下来了。所以到你老剧出场时，那就是大场面，兄弟们统统出场，浩浩荡荡查抄善姑的家。如果秦太子仍不肯呼救，那他就要作为善姑的党羽，直接砍头的。你说都到了这地步了，他能不说出自己的真实身份吗？

"可他一说出来，又惨了。

"这一轮摧残下来，秦太子外表仍是秦太子，可是他的心，已经碎了一次又一次，被善姑重建过了。经过如此完美的摧毁与重建，如果善姑吩咐秦太子回到咸阳秦宫，把他妹子带来卖到倚花楼卖身，他也不敢有丝毫反抗的。

"因为他再也不是他了，而是善姑的舐足奴。永远是。死亦无改！"

成蟜在善姑府上，受训到第四天。

这天，善姑打开狗笼门，放他出来。

成蟜钻出来，四肢着地，欢快地绕着善姑奔跑，还就地打了几个滚。

善姑欣慰地说："羊儿呀，你懂事了，娘亲心里甚是喜欢。可是最近有个人，老讨厌了，老是在娘亲的一座宅子附近探头探脑。"

成蟜昂头挺胸："娘亲不欢心，那是羊儿的错，求娘亲给羊儿一把刀，让羊儿去杀了他。"

善姑道："可是娘的羊儿这么乖，娘亲是一天都舍不得羊儿离开呀。"

成蟜对天发誓："娘亲放心好了，羊儿若是对娘亲稍怀异心，去而不返，凡我嬴姓族人，必遭天谴，神灵不佑，天打雷劈，男为奴，女为娼，世代无已。"

"哎哟，我的乖乖羊儿，你可真是娘亲的开心果。"善姑抱着成蟜，一通狂亲，亲得成蟜泪落不止："娘亲这般善待羊儿，此恩此德，羊儿终身难报。"

"乖羊儿，娘亲可等你回来哦。"

说完这句，善姑沉下脸，掉头离去。

一个婢女走过来，手中捧着一件旧衣服，衣服上面是柄锋利的雪刃。

成蟜一言不发换好衣服，拿起雪刃，问婢女："要杀哪个？"

婢女拿起个头罩。

成蟜立即闭上眼睛，任由婢女把头罩给他套上。

他被人牵着出门，上了一辆车。车子在坎坷不平的道路上走了将近大半天，成蟜耳边终于听到熙攘的人声。他这才弄清楚，自己被掳出了新郑，应该是距都城不远的一个庄园中。

车子继续行驶，途中有几次换了御者，当车子停下时，成蟜的头套被摘落。

近旁，赫然就是他四天前被掳走的那家客栈。

客栈的门前，聚集着数百人，一个个身材雄健，手持佩剑。

剑士簇拥的中心，是两辆车子。其中一辆车上，坐着个消瘦的女人，苍白的脸，深陷的眼窝黑洞洞的。她身上裹着三层毡毯，纤细的手指捧着只暖手的兽香炉，犹自瑟瑟颤抖。

"就是她。"御者对成蟜说，"善姑吩咐，待我车子走后，你过去杀了她。然后到城外找我。"

成蟜笑了："让娘亲放心，羊儿是不会让她失望的。"

"什么？成蟜太子失踪四天了？"君夫人大怒，"嫪毐，你如此无能，如何对得起主上的信任？"

嫪毐泣道："求夫人暂留小人这条性命，待找回太子，小人自行了断。"

"谁稀罕你了断？"君夫人斥道，"整整四天寻不回太子，足见你成事不足。听你们刚才的说法，成蟜太子既被掳走，极有可能会被转移到新郑的近郊。只有在地偏人少的所在，不会因被掳者的惨叫惊动邻人，才适合用来以酷刑训练奴隶。你们可曾按这条线索寻找过？"

公子洇急道："夫人，我们有按这条线索寻找，可是我们吃亏在人手不足，纵然有所怀疑，也无法彻底搜查……"

君夫人喝道："那为何不请韩王帮忙？你不也算得上韩国的宗室吗？"

公子洇苦笑："夫人啊，这宗室多了去了，排出两百里都轮不到我们家呀。像我们俩现在的情形，一层层关节打上去，要想见到韩王，少说也要十天半个月……"

"且慢，"君夫人突然抬手示意，"刚才那是什么声音？"

她侧耳倾听，就听到了成蟜的声音："姨母！"

君夫人大惶："我有听到成蟜在叫我，你们听到了吗？"

众人面面相觑："没有呀。"

君夫人轻声吩咐道："你们静下来，都给我细细听。"

她再一次听到成蟜叫她的声音，循声望去，正见成蟜穿一身奇怪的衣服，背着一只手，站在道路的对面，正向她招手。

君夫人大喜，跳下车疾奔过去："蟜儿，蟜儿，姨母在这里，你去了哪里……"

剑士们急忙闪开，跟在君夫人身后看时，才看到道路对面的成蟜。霎时间，众人如释重负："太子，太子找到了，老天垂怜，太子安然无虞。"

突然之间，明月公主从车中疾跳而起，大喝一声："此人不是成蟜，快拦下他。"

没人听懂她在说什么。

只有赵樽。

他也没听懂，但他习惯立即奉行明月公主的命令。

他疾冲上前。

但为时已晚。

君夫人已经冲到成蟜对面，而成蟜那只放在身后的手，已经举了起来。

雪刃破空。

所有人清楚地看到，随着成蟜手中雪刃扬起，君夫人身体跌出。

无声坠落，如一朵萎落的白花。

血。

激飞！

剑士们惊得呆了，有的上前救助君夫人，有的冲上去抓住成蟜："太子，太子，你患上失心疯了吗？她是君夫人，是比你娘亲还疼爱你的姨母呀！"

成蟜充耳不闻，只是拼命挣扎，额头上青筋绽出，双目殷赤，利牙咬出咯吱吱的骇人声响。此形实如恶鬼，直欲挣脱出来，扑向君夫人并撕碎她。

明月公主下令："无论此人的外貌，如何与成蟜太子近似，但此人绝非成蟜太子，快将他捆起来。"

剑士们立即把成蟜捆成一团。

他被人押入客栈，关进一间柴棚，两名剑士负责看守。其余的人抬着君夫人，轰隆隆地登上了一座阁楼。

君夫人被小心翼翼地放在一张榻上，周义肥俯身不停叫着，眼泪纵横。

好半晌，君夫人眼睑微微动了一下。

明月公主立即道："我懂了，我必将护卫成蟜太子，让他于韩、赵两国立足。"

君夫人的眉宇间那股从未曾化开的浓愁，渐渐散开。

柴棚里，嫪毐瞪着一双惊恐的大眼睛，慢慢地走过来。

成蟜艰难抬头，叫了声："嫪毐？"

嫪毐惊道："你真的是成蟜太子？"

成蟜意识有些涣散，迟疑半晌，方才答道："我当然是。"

第十六章 人性大师

嫪毒意识到不对劲:"那太子,你刚才……还记得做了什么吗?"

成蟜吃力地摇头:"嫪毒,我的脑子昏昏沉沉,犹记得那一日在房间里,你给我洗过脚,侍奉我睡下。我好像被什么人装进一只袋子里,好像有什么人在打我,对着我的脸狞笑。我似乎看到一只极脏的手,手上托着只红色的药丸。我好像在挣扎,可是我的头好疼。到底发生了什么?为什么我会被绑起来?莫非我们还在公子䅇的地牢中吗?"

"呜呜,我可怜的太子呀,你是被歹人下了迷药了。这都是小人无能之过,请太子降罪责罚。"嫪毒一把鼻涕一把泪,哭得稀里哗啦。费了好大的劲,嫪毒才把成蟜身上的绳索解开。

成蟜活动着手腕:"嫪毒,门前那人是谁?"

嫪毒扭头看时,突然间脑后生风,早被成蟜以一块硬木击中。

嫪毒被打倒在地,含混不清地叫了声太子殿下。成蟜圆瞪怪眼,高高举起手中硬木,朝着嫪毒脑壳连砸几下,就见嫪毒两腿一伸,身体激烈地抽搐了一下,就一动不动了。

取下嫪毒腰间的长剑,成蟜猫一样地轻灵,走到门前探看了一下。

门外两名剑士,一人正对另一人说:"我去撒泡尿,你先盯着点儿。"

两名剑士分开,一名背对成蟜,当门而立,另一名走到了柴棚后面。

成蟜突然扑上去,长剑递出,没入门前剑士的后腰。

剑士举起一只手,在空中茫然抓了一下,突然委顿。

成蟜从剑士尸身上跨过,一剑将柴棚后面的剑士自后刺倒。

然后他向君夫人的阁楼摸了过去,快到近前,发现两百余名剑士环立,根本无法靠近。他的眼睛转向后面的厨房,一个脏兮兮的伙夫正在灶下生火,火上架着只釜,釜中的水兀自冒着热气。

成蟜一只手抓住剑,两眼盯着阁楼,悄悄地向厨房方向摸去。

阁楼上,请来的巫医奉了汤药,徐徐后退。

然后抬起脚杆,摇动脚铃,开始跳巫舞祈祷。

周义肥和赵樽并肩立于窗前,沮丧地看着这一幕,嘀咕了一句:"韩国最有名的巫医,跟秦国的支离疏简直是一个模子里出来的。我看咱们还是换个医者吧……"他的头突然一低,这只是死士于战场上养成的本能,危险未至,心已有感。

随着周义肥的头低下,赵樽反手一抓,把一支自窗口射入的火箭抓在手中。

两人急视楼下,只见剑士们无头苍蝇一样乱奔,四面火光熊熊,灰烟大起。

两人看得清清楚楚，成蟜背负着一支长剑，手里拿着不知从哪里抢来的弓箭，正将箭簇于火上点燃，不疾不徐地射过来。

周义肥破口大骂："他娘的，老子剥了你的皮！"

周义肥与赵樽跃下窗口，向成蟜扑去。

只听到成蟜不屑地冷笑一声："想要捉到你家太子爷，你们这些杂碎还得再练练。"

周义肥、赵樽两人冲出火窟，扑到成蟜刚才所在的位置，却唯见空空如也，成蟜已经不见了。

剑士们狼狈不堪，抬着君夫人逃出火场。有的拔剑护卫，有的忙不迭地灭火，现场一片混乱。

周义肥气急败坏，看着明月公主："公主，刚才那个人太可恶了，而且身手惊人，他到底是哪路神灵？"

明月公主道："他就是成蟜。"

周义肥震惊地说道："这怎么可能？成蟜怎么会杀君夫人，还对自己人放火？"

明月公主又道："因为他已经不是成蟜。"

周义肥瞪大双眼："公主呀，你都把小人弄糊涂了。刚刚说他是成蟜，现在又说他不是成蟜。是就是，不是就不是，怎么可能又是又不是呢？"

明月公主道："周义肥，你知道什么叫成蟜吗？"

周义肥脑中一片茫然："成蟜就是……就是秦国的太子呗，如果秦国还有人认他的话。"

明月公主缓缓道来："成蟜这个人，并不意味着一个名字。他是一个由特定的成长环境、记忆、经历所构成的存在。你们称他为秦国太子，他自己也这样认为，那是因为在他的记忆中，秦国、太子，这些事情占到了近乎全部。当他想到自己，想到的就是有关秦国太子的记忆与经历，所以他对自己的身份，确信不疑。

"可是，如果有人在短短四天内，把他的记忆量扩充数百倍，情况又会怎样？

"他仍然记得自己是成蟜，是秦国太子。只是关于这些记忆的细节，在他的全部记忆总量之中，已经占不到百分之一。而他记忆中的近乎全部，已经是我们彻底陌生的另一些经历。

"这时候，当他面对我们时，他仍然承认自己是成蟜太子，从未否认过。只是这个身份对他的影响，在他的心里已经是微乎其微，甚至可以忽略不计了。

"决定他对我们态度的，是他记忆中的大部分。而这大部分记忆，充满了对我们的敌意与厌憎，所以他的行为，也就顺由自己的心，对我们做出了他想做出的事情。"

周义肥大骇："成蟜太子不过失踪短短四天，谁能够在这么短的时间里，把他的记忆总量扩大到数百倍？"

明月公主失笑："义肥大叔，人的记忆并不是靠时间长短决定的，而是靠经历对心理的刺激决定的。十几年缺乏刺激的生活，在我们记忆中只占极小部分。占到我们记忆中大部分的，往往是一瞬间的巨大刺激。所以人生才会这么奇怪，瞬间犹如千年，千年不过瞬间。"

嫪毐突然爬了过来："公主，公主，小人听明白了，你能够找回太子，对吧？你肯定能的。求公主发发慈悲，救回成蟜太子吧。"

明月公主摇头："救回成蟜太子容易，世间还有比找回个破太子更容易的事吗？我知道他在哪里，随时都可以替你们把他找回来。可问题是，救回这么一个人，我们该怎么办呢？

"我们无法抹除他突然多出来的百数倍的记忆，因为那是他生命中刺激程度最强烈的经历，是已经发生的事实。就算我们把他救回来，可他已经不再是他，因为他的记忆结构，被永久性地改变了。要怎样做，我们才能施加更剧烈的刺激，重新调整他的记忆呢？

"难！

"难，难，难！"

公元前二四二年，秦王嬴政十八岁。

在位第五年。

他负手立于轩窗之下，眺望云雾缭绕的骊山。

胡须已经斑白的国相吕不韦跪于秦王身后，口中喋喋说着："是的主上，情况就是这么个情况，当时众人都以为君夫人死了，可是明月公主派周义肥找来了圆鸦先生，医好了君夫人。只是听说夫人的身体更弱了，更怕经风受雨。韩国好端端地，没招谁没惹谁，却摊上这么一档子事，赵国的君夫人遇刺，呃，韩王一来怕赵人兴兵，二来畏秦人问罪，经公子非再三调和，最后决定献出百里之地，以为公子成蟜之采邑，成蟜因此获封长安君。"

"长安君？"秦王回过头来，皱眉道，"吕相啊，你嘴里跟叼块热豆腐一样，含含糊糊说这许多，可是寡人愈发困惑，这些年来，究竟发生了什么？"

吕不韦脑中亦是杂乱无章："实禀主上，事发突然，老臣尚未理出个头绪。"

秦王顿了顿，问道："君夫人的身体，恢复得很慢吗？"

吕不韦额首："听说就那样吧，好不了，她自己又不注意，总是在生死边缘徘徊。"

秦王又问道："她身边那个人是谁？"

吕不韦诧异："主上怎么会知道有人在帮她？"

秦王再一次眺望远处的骊山："中庸之为德也，其至矣乎，民鲜久矣。君德为日，煊赫当空，百兽生焉，万木盛焉。若那日沉西山，再不复升起，这个世界也就进入了无边的黑暗。君夫人就是那些人的太阳啊，她突然遇刺，寡人不明白那些人为什么没有崩溃。"

吕不韦敬佩道："主上神明，听说是信陵君的女儿襄助君夫人，号明月公主。年龄不大，今年也只不过十五岁，但颇有乃父之风，智力更在君夫人之上。"

秦王失笑："居于君夫人之上的智力，却花费若许之久，才替寡人的弟弟讨到百里之封，那个明月公主，寡人就当她不曾存在吧。"

吕不韦想了想："听说成蟜之封，在韩国拖了这么久，是有原因的。"

"哦？"秦王诧异，"什么原因？"

吕不韦答道："成蟜曾经被人掳走过，染患重病。"

秦王轻笑道："寡人的弟弟，与寡人可谓同体连心。吕相为什么不把成蟜的病情，打听得更清楚些？"

吕不韦无奈扶额："老臣派了人的，可是君夫人和明月公主那边，堪称铁板一块，密不透风，根本打探不到有价值的情报。"

"如此说来，寡人有必要问一问嫪毐。吕相刚才不是说，他从新郑回来了吗？"

吕不韦劝道："不可，主上万金之躯，不可让罪人近前。"

秦王思忖着："是啊，先王罹难之时，嫪毐就应该以身殉主。可他为什么没有呢？

"为什么呢？

"这个人非要活着，他究竟想做什么？"

"吕相老矣，尚能混否？"吕不韦退下去之后，秦王自言自语道，"抑或他是在寡人面前，刻意隐瞒什么？"

然后秦王转过身来："你妹妹还好吧？"

"蒙主上过问，好，好，好着呢，给缪子生了俩胖小子。"巫马伤跪爬进来，双手举着头顶一只热气腾腾的饭钵，"这是小人妹妹刚刚为主上熬好的粟粥，请主上慢用。"

秦王坐下，开始食粥："巫马伤呀，你可知这几年，只有你妹妹给寡人熬的粟粥，才是寡人最可心的食物。"

"主上，"巫马伤泣如雨下，"让主上如此烦忧，都是小人无能之过。"

秦王放下饭钵："他们来了吗？"

巫马伤立即答道："来了，此时正在素液宫那边候着。"

秦王不再吭声，狼吞虎咽地把粥喝光："给寡人把这只钵子收好，不要让人看到。"

"臣下知道。"巫马伤把钵子收入怀中，徐步退下。

少顷，秦王起身，在宫侍的簇拥下，来到了偏角的素液宫。这里实际是上任秦王子楚的寝宫，魏人之乱时被烧为白地，此后并未修葺，就这样呈现出一片荒凉与萧条。秦王甫到门前，巫马伤迎上前来，宫侍们立即低头后退，不敢窥听。

秦王走进来，看到覆满尘灰的废阶上，跪着三个人。

秦王脸色微变，眉头却是皱了起来："不是说去了十一个吗？"

巫马伤恭谨地回答："那八人回不来了。这三人，隗状当时留在客栈，负责外围指挥，是以无事。王绾和冯去疾二人，一个是装死逃过一劫，另一个跑得快，这才把消息带回来。"

秦王"嗯"了一声，让巫马伤扶他坐在干净的石头上："寡人要听到结论。"

隗状跪前一步，道："结论就是，吕相确实知道内情，但不肯告诉大王。证据就是他派往韩国的门客，抵达新郑后并不做任何访查，只是每天恣意悠闲地品尝韩国各种小吃。显然他们知道吕相不需要他们的报告，秘密调查只是做个样子。"

秦王不作声，脸上的表情也没有任何变化。

隗状继续说道："我们十一人乔装成行商，抵达新郑之后，得知君夫人与侠颓将军的冲突已持续了好几年。侠颓将军府上，据说有几十名府丁战死。君夫人这边损失更为惨烈，周义肥被人一剑刺在后心，险些丢了命。赵樽最惨，有可能是中了埋伏，被烧得手脚残伤，面目全非。赵国的其余剑士，有五十多人被杀死。

"韩国人坚信，双方爆发冲突，是因为侠颓将军府中有位来自赵国的侍妾，被正室夫人逼迫，悬梁自尽。君夫人是为自己的国人打抱不平，因此屡次攻打侠颏将军的府邸。这个说法显然是双方再三推敲之后，觉得能够让国人相信，可以完美解释韩王何以坐视不理的行为，才获准公布的。

"所以我们商定，君夫人那边是铁板一块，根本渗透不进去。要想弄清楚赵国剑士与韩国侠颏将军发生冲突的原因，唯一的法子就是打入侠颏将军府中，或可探知一二。

"所以我们就贿赂了侠颏将军府中的一个小管家，借侠府招募护府壮丁的机会，把王绾和冯去疾等十人安排了进去。

"可是主上啊，就因一时轻率做出了这个决定，导致了我们八个兄弟埋骨韩国。我们几个腿快，才逃了出来，报之主上。"

隗状率王绾、冯去疾等十人，奉了秦王之命，潜入新郑，探听君夫人与韩国侠颏将军发生冲突的起因。

侠颏将军实是韩国的宗室，喜欢击剑，喜欢统兵。但是韩王不敢让他上战场，怕他被人打死，所以让他负责新郑的治安。几年前君夫人甫到韩国，其所率赵国剑士，就与侠颏将军起了冲突，原因为何，无人清楚，只知道双方缠纠到现在。

王绾、冯去疾等十人，借侠府招募壮丁之机，混入府中。但由于初来乍到，他们十人被分配在侠府外院，负责夜间巡视，根本接触不到有价值的人或信息。

十人无奈，只能每夜排成纵队，持短矛在院子里巡视。

出事那天夜里，月亮特别圆，颜色古怪，妖异非常，让人看在眼里，总是有种惊心不定的感觉。

当时王绾与冯去疾就是这样想的。他们一边走一边看着妖异的圆月，内心都有种大祸临头的不祥之感。

王绾老成，走在队伍的最前面。冯去疾年轻，排在队尾。走着走着，冯去疾的鞋履有些不跟脚，他蹲下来，整理鞋履。正要起身追上队伍，忽然间他眼睁睁地看着一个人影状若大鸟，无声无息地从树上飘落下来，落在巡夜队伍之后。

当时冯去疾急吼一声："有刺客！"

前面的队伍急速转身，以王绾为首，九个人呈环形排开，面对着那个想从后面偷袭的刺客。

那刺客身轻如燕，身手不凡，以一挑九，悍然不惧。就见他猛地扑上前来，一剑刺倒一名巡夜者。

奇怪的事情发生了，眼看着刺客刺倒了一个自己人，包括王绾在内，另外八个人却一动不动，仿佛中了定身法，呆呆地看着刺客。就见刺客不紧不慢，一剑刺倒一个，眨眼工夫就把九人全部刺倒。

而后刺客转身，向冯去疾走来。

冯去疾心惊胆裂，发出凄厉的惨叫声："来人呀！有刺客，有刺客！"

他一边喊，一边掉头狂逃。刺客追了几步，就听见锣声惊天，侠府中人冲出来，足有上百人，皆持剑操棍，迅速把刺客围住。

却见那刺客不慌不忙，飞手掷出只飞镖，嵌在树上，而后他轻身荡起，就要上树遁走。正在此时，侠府中冲出一名善使短刃的门客，掷出短刃，击断了刺客悬空飞荡的绳索。

刺客重重地摔在地上。

侠府门人蜂拥而上，棍棒齐下，拳打脚踢。那名刺客顿时变成一团血污，纵使他亲娘在前，恐怕一时也难以辨认出来。

也不怎么扛打呀。

何以刚才己方九人，包括王绾在内，在他面前竟毫无反抗之力？

带着巨大的困惑，冯去疾慢慢走过去，仔细一看那刺客，顿时闭上了眼睛。

秦王厉喝道："冯去疾，你确实看清楚了？"

冯去疾跪伏在地："小人看清楚了，求主上降罪。"

王绾在一边证实："小人也看清楚了，那名刺客确是公子成蟜。我九人不能逆上弑主，只能任由成蟜公子一个个把我们撂倒。"

秦王眯起眼睛，心如电转："这么说来，实际上与侠颓府上发生冲突的，并非是君夫人，而是寡人的弟弟？这就解释了寡人心里的疑惑，以君夫人的处事能力，是不会和侠颓这种人过多纠缠的，可寡人的弟弟应该也不会呀。"

隗状赶紧说道："小人也知事情有异，就追本溯源，秘密查找三年前君夫人一众初到新郑之时，知晓当时情形的人。最后找到一个断了一条腿的老兵，名叫梵狐，打听到了有关公子成蟜的一些更奇怪的事情。"

秦王挥手："说。"

梵狐虽是个老兵，但年龄也不过三十岁出头。近年来韩国极少卷入战争，他主要是跟在宗室侠颓的马后，在新郑城中跑来跑去，维持治安。

三年前那一天，他正随在侠颓将军的马后，在城南巡视，忽见新郑中心地带升起浓浓黑烟，知道城中失火，就立即赶往失火地点。

到了地方发现，失火的是新郑城中一家老客栈，落宿条件极差，价格却奇贵。客栈中三教九流，坑蒙拐骗，无所不有。只有不明情形的外地人，才会懵懂入住。

客栈周围，聚集着几百名赵国剑士，簇拥着一个年龄不大的小女孩。小女孩坐在车上，吃着冰甘蔗，车下伏跪几人，正是客栈的老板及店伙。

当时侠颓将军纵马过去，喝道："尔等何人？持矛操剑的，莫非视我新郑为蛮荒之地吗？"

对方一个怀抱宽剑的汉子转出："将军请了，在下赵国周义肥。"

"周义肥？"侠颓将军虽未上过战场，但赵国第一死士的名头还是听过的，他闻言皱眉："你不在邯郸替你的主上服孝，来我新郑何为？"

周义肥答："我是侍奉我家君夫人并秦太子来到新郑。甫到贵地，未曾谒拜，烦请将军见谅。"

当时侠颓将军大喜："赵国君夫人，秦国太子，这都是我韩国尊贵宾客，我是侠颓，宗室册上忝有小将名姓，烦请替小将引见。"

不想那周义肥却说："实告侠将军，秦太子四日前初入新郑，就被人掳走。君夫人今日刚刚抵达，就遭到了刺杀，此时夫人身负重伤，死生难料。因此小人不能为将军引见，尚请见谅。"

侠颓惊得呆了，"这，这，这怎么可能？说句难听话，韩国的实力如何，诸位心里都有数。不是小将妄自菲薄，实际情况是有你周义肥在，再加上这若许赵国剑士，攻入我韩王宫寝都绰绰有余。这新郑城中，居住的全都是无辜的善良百姓。周将军所言，本座万难置信。"

这时候，车上的小女孩说话了："侠将军，你最好还是信。"

侠颓问道："这位姑娘又是何人？"

小女孩咬着冰甘蔗，一只手伸出来，向侠颓出示了块玉牌。

这玉牌，侠颓却不认得。但老兵梵狐知道，当即向车上姑娘拜倒："这是信陵君的怀义牌，如此说来，姑娘当是信陵君的女儿，明月公主。"

侠颓不敢托大，急忙下马："信陵高义，大梁风范，本座心羡艳之。"

见过明月公主后，侠颓看了看跪在明月公主车前的几人："请问公主，秦太子被掳，君夫人遇刺，可是与这几人有关？"

明月公主让人把她扶下车来，说道："小女子斗胆，向侠将军请求一事。"

侠颓恭敬道："公主请吩咐，小将无有不遵。"

明月公主来到侠颓身边："请侠将军立即离开，不要过问此事。最好也要劝说国中人，莫要过问。"

侠颓将军笑了："小将明白公主的意思，秦公子被掳，君夫人遇刺，这都是惊天的大事。稍有不慎，就会引来赵国兴兵，秦国问罪。公主关爱之心，侠颓心领。但此新郑，乃是我家韩王的属封，君威天下，风行水上，如日悬空，恩泽四方。事情发生在我家大王的眼皮子底下，若是惧而不问，岂不是让列国嘲笑我韩国？因此公主的厚爱，小将不敢领。此外小将还有个不情之请，请公主允许小将，在此奉行军令。"

明月公主无奈摇头："侠将军呀，我是担心你因为我们惹上麻烦。"

侠颓失笑："容公主也听小将一句，天下七国，以秦为尊。东方六国，韩国最弱。韩国为什么弱？就是因为少了点儿血性，遇事缩头缩脑，才会被六国按在地上打。今日我侠颓在此奉行军令，就是要昭告天下：韩国人民站起来了，被列强按着暴打的屈辱时代，一去不复返了。"

明月公主双手掩目："侠将军，该说的我都说了，将军你随意吧。"

不顾明月公主苦劝，侠颓命老兵梵狐，捧来韩王的赐剑。

然后，他问明月公主："下跪这几人，可与事件有关？"

明月公主解释道："四日前，秦太子成蟜秘密抵达新郑，甫在客栈落脚，其随从即遭不明身份的人士纠缠，等到随从摆脱纠缠，回到太子房间，发现太子已经被掳走。可知对方事前已经候在客栈，而且目标并非是针对秦公子，而是无差别掠掳落魄入住的贵家公子或仕女。因此我断定，这家客栈里盘踞着一个极其险恶的奴隶掳贩团伙。因为出身尊贵的落魄公子，读过书，懂礼仪，奴隶市场上有市无价。客栈中人若非同党，也必然知情。这是我问罪客栈老板、店伙计的原因。"

侠颓将军听了，笑道："公主的推断，实令小将钦佩。现在请公主旁观，看小将如何三言两语问出实情。"

说罢，侠颓将军跳前一步，戟指客栈老板，沉喝道："王剑在此，犹如大王亲至。这是大王的问话：四日前入住的秦太子是被何人掳走？"

客栈老板目露惊恐："小小小小人不知也……"

侠颓将军脸色一沉："主上面前，犹自妄言，给我斩了。"

老兵梵狐踏前一步，挥起王剑，只听得剑破长空的声音，客栈老板的脑袋就飞上半空，齐齐截断的腔子里，激喷出炽热殷红的鲜血。

新郑百姓，何曾见过如此情景！

几名店伙计，当时骇得瘫软如泥。

侠颓转向一个店伙计："你只有一次机会，在客栈掳人者是谁？"

那店伙计疯了一样号叫起来："是是是是是善姑他们干的，现在她正在南郊香蚁庄调教奴隶。"

听到善姑这个名字，侠颓将军变了脸色："想不到竟然是她，难怪这女人长得慈眉善目，手中却总少不了最好的奴隶。"

然后侠颓转向明月公主，正要说话，明月公主抢道："侠将军，现在收手还来得及。请允许我率赵国剑士围捕香蚁庄，韩人自会视此事为我明月与香蚁庄的私人冲突，可好？"

侠颓将军一扭脖子："公主之言，恕难苟同。小将既已沾手，当然要一查到底。烦请公主借周义肥于我，我们韩国人生性温和，像他这样能打的人不多，可好？"

明月公主仰天长叹："罢罢罢，我已经尽力了。赵、周两位叔叔，请你们带上百名剑士，襄助侠将军。"

周义肥、赵樽二人领命去了。

侠颓自己带了三百多名老弱韩兵，再加上周义肥、赵樽所率百名赵国剑士，将那香蚁庄轻松捣毁。私掳奴隶的人贩子头目善姑，负隅顽抗，被侠颓一剑刺死。

因为此事处理得当，侠颓将军的声望在韩人心目中如日中天。

魏国信陵之女，赵国君夫人，秦国太子，这都是让韩人听到名字后，吓得连觉都不敢睡的凶戾之人。但侠颓将军堂堂正正，义正辞严，说得这三大强横势力俯首帖耳，最后问题的解决限于韩国隶司职内，是韩国多年未曾有过的外交胜利。

许多韩人坚信，侠颓将军有望成为比信陵君更具国际声望的人物，因此都对他寄予厚望。

然而好景不长，事情过去十几日，侠颓将军的祸事就来了。

刚柔兼济、雷厉风行地化解了秦、赵、魏三国来客所带来的政治危机后，侠颓将军府中之人，在新郑的地位迅速升高。此前许多只能将就的事情，现在成为必须解决的国事，府中人手突然不足，老兵梵狐也进入侠府，成为库府管事。

那天晚上，韩王又赐给侠府一批新的器甲，梵狐认真清点过后，安排人入库，造册登记，悉心保管。然后他落好闩钥，悠然回房。

走过一个月门,突然见一人倒伏于地,背上一支翎箭,犹自微微颤动。

看该人身上的服饰,应是府中一名侍者。

梵狐立刻知道来了刺客,大喊几声以示警戒后,他迅速冲向侠将军内府,去保护侠颓。

他奔至一处长廊,只见廊中横七竖八,居然倒着十几个人,个个都是后心中剑。梵狐是有经验的老兵,一看这情形就明白了。这是刺客从顶椽悄然跳下,跟在这队侍者身后,从后面一个接一个地捅,把一列人全捅翻了。

刺客的身手,以及下手时的狠辣,让梵狐大为骇异,浑不解侠颓怎么会惹上这么可怕的人,继续狂喊着示警,顺手操起根锄柄,向前疾奔。

耳畔间突然听到破空翎声,梵狐失惊之下,边跑边往地面扑倒。就听"嗖"的一声,一支翎箭堪堪擦着他的头皮飞过,钉入廊柱之上,入木竟有三寸,可知对方臂力不小。

趴在地上,梵狐急抬头,就见一人持剑向他扑来。

梵狐就地一滚,对方一剑落空,而后他疾速跳起,终于与刺客直面相对。

然后梵狐就惊呆了:"太子殿下……"

持剑而来的,正是秦太子成蟜。

饶是梵狐见多识广,也从未听闻尊贵如一国太子,堂堂储君,竟然像刺客一般持剑夜入私府。虽然成蟜满脸凶狠,持剑向他心窝刺来,可是事件所带来的冲击性过大,梵狐全然失去反应能力。

眼见那一剑就要刺入梵狐心口,忽然间秦太子身体踉跄,两眼翻白,一头栽倒在地。那刺向梵狐的一剑偏开。

梵狐小心翼翼地上前:"秦太子?成蟜太子?太子殿下?"

成蟜迷茫地坐起:"这是什么地方?我怎么到了这里?"

"这个……"梵狐问道,"太子殿下,你能记起来什么吗?"

成蟜一边回忆一边说道:"适才我正在榻上卧睡,迷迷糊糊间闻到一股异香,极似我在香蚁庄时,善姑曾让我闻过的那种香气……"

听着成蟜的叙述,老兵梵狐心下雪亮:这个自称成蟜太子的人,分明是在撒谎。但此人到底是谁?为何跟成蟜太子长得一模一样,而且对成蟜太子的遭遇尽知其详?心中困惑,梵狐假意惊道:"太子,你是被歹人下了迷药了。"

"是这样吗?"成蟜挂剑艰难地爬起,"这好似是侠颓将军府上,我怎么会闯到这里?请允许我面见侠将军,向他致歉。"

至此,梵狐更是确信不疑。此人就是在撒谎,他说自己被人下了迷药,却如何知道这是侠颓将军府上？

他口口声声要见侠颓将军，只有一个目的：完成这次刺杀任务。

真是个敬业的好杀手啊！梵狐将计就计，用一只手搀起刺客："太子莫急，让小人服侍你。"另一只手举起锄柄，重力击下。

砰！

成蟜委顿于地。

击倒成蟜，梵狐就听到一声断喝："刺客在哪里？给本座搜出来。"

这是侠颓将军的声音。

梵狐立即高声道："将军，刺客在这里，适才他自己脑袋撞到墙上，昏过去了。"

这就是老兵命长的原因了。梵狐仍担心此人真的是秦太子，如果被人知道自己一介草民打了秦太子，万一哪天韩王甩锅，为讨好秦国把自己捆送秦人杀掉——这倒霉的事，才不允许落到自己头上。

"自己撞到墙上？"侠颓诧异地走过来，身后带着数十名护卫，"咦，这个刺客容貌……"

梵狐接道："与成蟜太子相似。"

侠颓骂起来："梵狐，你个该死的！哪里是什么相似？他就是成蟜太子，秦太子怎么会来到这里？刺客又是怎么回……哎哟！"

侠颓的话还未说完，一动不动的成蟜突然坐起，一只手扼住侠颓的喉咙，另一只手长剑拔出，径刺侠颓心窝。

危急关头，老兵梵狐突叫一声："哎哟，谁撞了我……"他重重地撞在成蟜持剑的那条手臂上，成蟜一剑刺偏，剑刃穿透了侠颓一只手臂。

侠颓惊呆："秦太子，你在干什么？"

护卫蜂拥而上，将成蟜双臂架起，强行拖开。

侠颓仍在震惊之中："成蟜太子，小将好歹也曾救过你，何故刺我？"

就听成蟜牙齿发出"咯咯"的咬击声："无耻恶贼，你害了我母亲，我誓把你碎尸万段！"

"你母亲？"侠颓摇头，"明白了，此人定然不是秦太子。秦太子生母乃宓太后，赵国的公主，秦国的太后，哪轮得到本座来害？与本座严刑拷问，他究竟是何人？为何要来行刺本座？"

梵狐急忙拦下："将军，小人觉得吧，我们最好先去明月公主那边看看。"

侠颓困惑道："去明月公主那里看什么？"

梵狐分析道:"这名刺客与秦太子的相貌一般无二,而且尽知秦太子之事。事情一定不会那么简单。"

侠颓想了想,觉得他说的很有道理,便吩咐道:"那你去看看,快点儿回报。"

"是。"梵狐领命,去了赵国剑士落榻的驿馆。到了附近,他惊诧地发现驿馆火光熊熊,十余名赵国剑士伏尸于地。传说中排名第一的死士周义肥,被人以剑穿胸,奄奄一息。另一名与周义肥齐名的赵樽,被烧得手脚残破,面目全非。

霎时间梵狐就明白了。

刺客成蟜,到底是不是秦太子成蟜,这事他不清楚。但侠颓府中的刺客,确是他们从善姑的香蚁庄中救出来的那个人。

可这是为什么?

隗状讲了韩国老兵梵狐的叙述之后,说:"主上,情况就是这样,结论也呼之欲出。成蟜公子当是被贼人掳走之后,经受了难以想象的调教与摧残,被彻底摧毁了心智。他仍然知道自己是成蟜,以前所有的人,诸如嫪毐或公子洇,他都认识,言谈举止,也不见有什么异常。而且他也知道宓太后才是自己的生母,孝顺之心,未见稍减。只不过……"

秦王也瞬间了然:"只不过他更以掳了他的人贩子为母,立志为那个善姑复仇。"

"主上神明。"隗状继续说道,"此事似乎只有那个明月公主最清楚。她曾试图阻止侠颓插手,就是担心成蟜缠上侠颓。可侠颓不肯听从,结果就因为他手刃了掳走成蟜公子的善姑,从此被成蟜公子恨之入骨,不断地纠缠,口口声声说为母雪仇。明月公主和君夫人,曾有几次带成蟜公子离开韩国,可刚刚行至韩赵两国的边境,成蟜公子就已经不见了。

"他又逃回新郑,继续刺杀侠颓。为了顺利行刺,他甚至先从自己人这边杀起,诸如周义肥、赵樽,都曾中过他的招。最忠心于成蟜的嫪毐最惨,利剑穿心就不下十次,不明白这个人何以活着。总之赵国的剑士,为阻止他去侠府行刺,被成蟜公子杀了几十人。

"他们什么办法都想过了,把他关进笼子里,用铁链子把他拴起来,都试过了,但都不管用。多结实的笼子,他总有办法钻出来。多么牢固的链子,他总有办法弄断。

"起初,侠颓府中被成蟜杀得极狠,动辄死几十人。因为大家都以为他是秦太子,不敢惹秦国,是以束手被杀。但后来,终于弄清楚了他最多只是成蟜公子,不一定再是太子了,所以侠府中人也发了狠劲。每次成蟜潜入行刺,必被打到头破血流。

"但是成蟜的伤势,恢复得极快。这或是誓杀曾经救了他的侠颏,为虐待他的人贩子复仇的强大信念激发了他生命的潜能,突破了人体所能到达的极限。现在的成蟜,只要一进入刺杀侠颏的状态,便翻墙越脊如履平地,身轻如燕,往来如飞,已经成为了韩国人无法想象的噩梦。"

秦王终于理清所有事情:"因此韩王割地百里,封寡人的弟弟为长安君?"

隗状低声劝道:"主上万勿动怒,韩人此举,固然有点儿送瘟神的意思,想把成蟜公子再推回来,但……"

秦王挥挥手:"说!"

"不敢相瞒主上,韩人甚至想到了赐死侠颏,将其首级送给成蟜的办法。只要成蟜消停,他们做什么都是肯的。但他们最终没有这样做,我猜他们应该想到了另一个办法。"

秦王也想到了:"索性易装为贼寇,攻杀寡人的弟弟?"

隗状颔首:"小人也是如此猜测。"

秦王站起来:"寡人明白了。"

"下跪者何人?"

"罪臣嫪毐。"

"你可知罪?"

负责司隶刑讯的,是巫马家族的二弟巫马忧。他的左右两侧,各坐有一名官员。

嫪毐身系重枷,跪于阶下:"小人知罪。"

巫马忧追问:"你犯了什么罪?"

嫪毐振声道:"嫪毐其罪有五。深宫逆贼,护卫不力,其罪一也;主上罹难,未曾施援,其罪二也;主母遇逆,不能保护,其罪三也;少主被掳,失之未察,其罪四也;国中有难,未曾尽责,其罪五也。"

巫马忧大笑道:"嘿,你倒是把自个儿的罪名,说得比我们还清楚。"

嫪毐拜倒:"有罪之身,已是难容,倘再伪饰狡辩,更是不忠。嫪毐不为也。"

巫马忧朗声道:"挺光明磊落的人啊,不过嫪毐大人,你可不可以满足我一个小小的心愿?"

第十六章 人性大师

"大人请问。"

巫马忧问道："你身在韩国，跟在成蟜公子身边，活得好好的。昔时成蟜落难之际，你不离不弃，而今人人都知成蟜获封长安君，你却突然回来，自投罗网。你这等脱离了正常逻辑的行为，是否能给我一个合理的解释呢？"

嫪毐高声道："大人啊，这还需要解释吗？我是臣子呀，我要尽忠呀。昔时太子落难，身边只有我一个人照拂，我若离去，是为不忠不义。如今太子身有所安，我当然要回来清算自己的旧日积欠，若非如此，忠者何存？义者何在？"

巫马忧面有钦服之色："嫪毐大人，请受小人一拜，此之为天下公义。"说罢便躬身执礼。

嫪毐再次拜倒："待罪之身，岂敢受大人之礼。"

巫马忧直起身子，吩咐道："把嫪毐大人带下去，把他单独关押。不可虐待，不可让其肤体受损。"

卒吏应喝一声，上前架起嫪毐，铁链子拖拽出当啷啷的声响，消寂于黑暗的囚牢之中。

嫪毐被关在牢中五日。

有吃有喝，茶饭精美，只是稍有些寂寞。

别的牢房人满为患，甚至几十个人挤在一起。只有他这边，独享一间囚室。

到了第六日夜间，狱卒又带进来三个人犯。看看其他囚室，都已经挤到没有地方，就打开嫪毐这间，把三个人推了进来。

嫪毐心中明白，该来的总归要来，他早就做好了准备。

他侧卧于草堆之上，看也不看那三个人，只管发出香甜的鼾声。

三个人犯各置一角，抱膝而坐，听着嫪毐肆无忌惮的打鼾声。突然之间，好像有人发出个无声的号令，三名人犯同一时间猛地跃起，疾扑向嫪毐。

一人按住嫪毐的腿，一人抓住嫪毐的双手，第三人举起手中的镣铐，重重击向嫪毐的头部。

事发突然，猝不及防。

理论上来说，嫪毐的头部合该被打爆，但并没有。

按住嫪毐双手那人，震惊地看到嫪毐突然睁眼，那双眼睛亮到吓人。与此同时，明明被他按住的双手，却从另一个地方伸出来，顺势捏住他的喉咙，把他的头向上一挑。

哐！嗷！

举镣砸下者，倒是没失手——精准地把自己人的脑袋砸裂。

那人一呆，只听哗啦啦一片响，脖子上已被嫪毐用锁链缠上，用力一扭，就听嘎嘣一声，第二人的颈子被折断。

然后嫪毐坐起来，平静地看着按住他双腿的人。

那人呆呆地看着他，浑然无法理解眼前发生的事。只见嫪毐探头过来，温和地问道："你一定很奇怪，三个人一起动手，胜券在握，缘何还会失手吧？"

"对呀，这是为什么呢？"仅余的杀手机械地点头。

"因为呀，"嫪毐充满怜惜地伸出手，抓住对方的头发拖过来，"因为我这几年来，日日夜夜，过的都是被人袭击的日子。利剑穿心是常事，被绑在木板上纵火焚烧，也不是一次两次了。"

"那你怎么还活着？"对方问出这句话，头部已被嫪毐夹在腋下，轻轻一扭，脖颈被扭断。

虽然他已经听不到嫪毐的话，但嫪毐还是对着他的尸体说道："君上犹在危难之中，为臣者岂可擅死？对吧？"

说完，他把手在第二个死者的血液中搓了搓，增加手腕的润滑力，几次努力，成功地把脱下来的镣铐套在手上，然后躺在三个死者之中，沉沉入睡。

这次，他是真的睡了。

而且做了个好梦，于梦中绽开甜美的笑容。

巫马忧急匆匆地走进来，看了看被重镣吊起来的嫪毐，又看了看旁边的三具尸体："怎么回事，本官不是吩咐过，单独关押嫪毐的吗？是谁放三名杀手进来的？"

无人回答。

巫马忧怒极，走到一名狱吏面前："不想说是吧？都给我拿下！"巫马忧一挥手，"私纵杀手入狱行凶，你视我大秦律令为无物吗？"

忽然间外边有个人接话："巫马大人何必欺人太甚。早年你巫家兄弟都是狱中管理死囚的，类似的事做得还少吗？这时候装起正经来了，要不要咱们仔细查查旧账，到主上面前理论理论？"

"谁人大胆？"听人揭开自己的短，巫马忧怒了。

这世上，胆子大的人多了去了。一名黄衣宫侍慢慢踱了进来："怎么着，巫马大人？谁又不是奉了王令而来呢？何必颐指气使，得理不饶人？"

巫马忧变了脸，后退几步，下令道："把嫪毐给我带走，即便他合该千刀万刚，但在王令颁下之前，我必护他周全。"

"那咱们不妨试试。"黄衣宫侍笑吟吟地看着嫪毒，"嫪毒大人呀，咱这身黄衣红绦，大人应该很熟吧？那就是大人昔年的官服啊，哈哈哈。这身官服既然已经穿在了咱的身上，大人不是合该退场了吗？哈哈哈。"

巫马忧一言不发，掉头走开。他手下的士兵上前，拖着嫪毒，伴随着当啷啷的镣铐声远去。

黄衣人看着他们的背影，冷哼一声，目光转向地面上的三具尸体："不是说，这是要价最高的三个杀手吗，怎么有点儿名不副实，一着面就全被人家干翻了？把这几具尸体处理一下。"吩咐过后，黄衣宫侍也带人走了。

人都走得差不多时，一个年轻的小狱卒问身边的老狱卒："不是吧？带走嫪毒的不是巫马大人吗？听说巫马兄弟在主上蒙难时，是最忠心的追随者，如今全家俱得主上宠幸。可适才他居然被人当面威胁，而且还不敢吭声，这未免……"

"嘘！"老狱卒竖起一根手指，"高层政治斗争，高层政治斗争的残酷性。嘴巴越牢，就越安全。"

率了十几名士兵，把嫪毒从天牢中带出来，巫马忧的心情苦闷至极。

他骑在马上，让士兵拖着嫪毒，须臾也不离开他的视线，心里想着解决的办法。经过一座气派的府邸大门，见十几辆车停在门前，府丁们正兴高采烈地卸车，车上的箱笼全都饰着红彩花绸。

巫马忧叫了声："盤弗将军。"

"小人在。"被巫马忧称为将军的，实际不过是统率二十个士兵的小佐领。他很机灵地跑到巫马忧的马前，单膝跪下，"大人有何吩咐？"

"没什么吩咐。"巫马忧道，"我好像记得，这是姣公主的府邸吧？"

佐领盤弗领首："大人所言不错。听说再有半个月，就是姣公主的大婚之日，此时门前的那些箱笼，应该是李信将军送给公主的订情礼物。"

"是这样。"巫马忧嘀咕了一句，道，"盤弗，你带着士兵，将嫪毒带到那条胡同里，别杵在大街上扎眼。我去姣公主的府上一趟，稍刻回来，安置了嫪毒，今天的烦心事就解决了。"

"小人遵令。"

巫马忧单骑过去，在姣公主府门前下马。佐领盤弗带着手下士兵，拖着一身镣铐的嫪毒，走到个胡同的僻静之地。

看巫马忧已经进了姣公主的府中，佐领盤弗皱起眉头："就一个死囚，浑身上下都是当啷啷的重铐。就算是放开让他跑,谅他也跑不出十步之遥,你们这么多士兵凑这么近干什么?没听刚才巫马大人吩咐吗?不要太碍眼,都离远点儿。"

佐领也是领,军令重如山。士兵们只好远远地走开,只留下盤弗,他牵着套在嫪毐颈子上的锁链,站在一个门洞前。

这时候盤弗拔出剑,说道:"嫪毐大人,你我素无仇怨,而且小人对大人的忠心义行,甚为景仰,然君命难违,请恕小人无礼了。"

剑锋如电,疾刺嫪毐后心。

公主姚迎上来,巫马忧连连长揖:"恭喜公主,贺喜公主,公主智慧绝伦,李信将军又是智勇双全,这般天作之合,实乃人间佳话,羡煞世上男女。"

公主姚落落大方:"男婚女嫁,人间常理。我今年已经二十岁,再不自己想办法骗个夫婿,这辈子只怕要独守空房了。巫马大人是主上身边的重臣,日夜替主上分忧,说日理万机,也不为过。今日突然来到我的府上,莫非是主上有吩咐?"

"没有,没有。"巫马忧连连摆手,"实际上,这是小人自己的一点麻烦,公主又是喜庆当头,并不敢相烦公主……"

公主姚轻笑道:"巫马大人但说无妨。"

巫马忧突然犹豫起来:"要不就算了吧?"

公主姚扑哧笑出声来:"巫马大人没听说过吗?世间最讨厌的,就是话只说一半的人。大人,你来都来了,纵然现在回去,也算是登门求过我了,何不干脆说出来。"

巫马忧低叹一声:"那小人就说了。公主啊,是这么回事,小人现在手中有个人犯,名叫嫪毐。此前城里宫中,也是极有权势的。但向者①魏人之乱,嫪毐失踪不见,原来他是跑到韩国去了。此番他回来,护主不力的罪名自然跑不掉,那就要下狱待斩。这桩事也是主上极重视的,过问过几次。可谁料想嫪毐这个人呢,结下的仇家有点儿多,这不,昨夜竟然有三名杀手,混入到天牢之中,险些杀了嫪毐。公主呀,你说这事有多麻烦?现在的情形是,天牢嫪毐是不能再待了,再待两天,一个大活人肯定会变成具尸体。可他不待在牢里,又能待在哪里呢?所以小人左寻思右琢磨,忽然想到举凡公子公主的府邸,都是设有私牢的,

---

① 向者,指从前。

比如……"

正说着，忽然有个侍女疾奔过来："公主，不得了了，李信将军的母亲刚才跌倒了。"

公主娭大惊，急忙站起来："巫马大人，我虽然贵为公主，但嫁为人妻，就要学会孝顺公婆，我婆婆她……"

巫马忧忙不迭地站起来："那公主快点儿过去，我这事……就算可有可无吧。"

公主娭再三告罪，又吩咐小侍女给巫马大人上溧茶，这才匆匆去了。

她出了花厅，匆匆步入后府，就见韩国的冷儿公主，白衣飘飘，自一株老树后转出："公主，巫马忧不告而来，所为何事？"

公主娭急道："全让姐姐说着了，那嫪毐自打你们韩国回来，就被下狱问斩。但杀手随即追入天牢，却不知为何，竟未能杀了嫪毐。巫马忧那蠢货，不敢再把嫪毐放在天牢，也不知谁把这个怪主意塞进他的脑袋里，他竟然想把嫪毐那个烫手山芋，放在我府上的私牢里。"

冷儿公主笑道："巫马家人，原本就是没脑子的。若稍有点儿智力，他们也不会在嬴政最没有希望的时候舍身追随。他们的忠诚，一半是愚蠢，一半是固执。愚蠢而又固执的人死得快，但如果侥幸没死，那就是此刻的巫马兄弟，突然间位登极品，却仍然蠢萌如故。"

公主娭无奈一笑："婚者，女昏也。女人发了昏，才会有婚姻。可是有了婚姻，女人发昏，智力就不再靠谱了。自打我喜欢上李信这个男人，智力下降得厉害，什么事都浑浑噩噩，完全不知如何拿主意。"

"公主说笑了，易得无价宝，难得有情人。女人要那么多智慧何用？总之，我们现在在说嫪毐的事情，这个人不能碰，太危险，连他的名字最好都不要提到。否则，轻者灭门，重者夷族。其人受到朝中两大顶级政治对冲势力的加持，将要掀起的滔天巨浪，势必血洗这座咸阳古城。虽然公主出身尊贵，但在这场政治屠杀中，不占丝毫分量。"

公主娭吐吐舌头："居然这么严重？那么我该如何拒绝巫马忧？"

冷儿公主轻哼道："为什么要拒绝他？拒绝，对对方来说意味着伤害。智慧，是一种不伤害别人，却达到目的的优美手段。让他带嫪毐去府中的私牢就是。"

当盤弗一剑刺向嫪毐的后心时，嫪毐的身体突然一扭。

"好奇怪，"佐领盤弗心中大为惶惑，"嫪毐身上的重枷，比一个人的身体还重，能让一头蛮牛动弹不得，可是被套在重枷里的嫪毐，竟然还能扭动身子，这未免太离谱了吧？"

　　这个想法掠过，盤弗睁睁地看着刺过去的长剑穿过重枷上的铜环，铜环厚重，利剑薄脆，被嫪毐身体一扭，长剑已经扭碎。

　　还没等盤弗醒过神来，套在重枷里的嫪毐突然猛地跳起，向后重重一跌。

　　就听轰隆隆哗啦啦一阵响，"哎哟！"盤弗整个人已经被嫪毐压在底下。重枷砸下时力道沉重，盤弗感觉自己全身的骨头都碎了，忍不住惨叫起来。

　　士兵们被惨叫声惊动，忙不迭地跑过来："佐领大人，怎么回事？这是怎么回事？"

　　"一会儿再问不行吗？"盤弗疼得涕泪交加，"先把本座拉起来再说！"

　　上来七八个士兵，费了好大力气，才把嫪毐从盤弗身上拉起来。嫪毐站稳后，笑道："请大人见谅，适才小人立足未稳，不慎跌倒，让大人受惊了。"

　　"哼！"盤弗痛得龇牙咧嘴，他凑到嫪毐耳边，低声说了句，"相信我，你不会见到明天的太阳的，也不会再见到任何一天的太阳的。"

　　嫪毐意味深长地看向盤弗："上次对我说这话的人，他坟头上的青草已经两尺高了。"

　　"你！……"盤弗怒极，还待要说，这时候有个士兵奔过来："佐领大人，巫马大人派了个姢公主府中的人过来，让我们带嫪毐进府。"

　　"走吧，你。"盤弗一行拖着嫪毐，向姢公主的府中走去。

　　入府之后，兴致勃勃的姢公主亲自为大家带路。

　　"巫马大人，你看那个。"她指着一盆开得极美的碗大花朵，"那就是李信将军送给我的牡丹。此花乃洛阳不传之宝，只有世间最美的女子才配享有。李信将军是拿了他自己封地上的五座城池，才换得这盆花的。"

　　巫马忧吐吐舌头："要我说李信将军真有眼光。此花与姢公主在一起，那叫什么？那叫相得益彰呀！五座城池算得了什么？如果是我，纵然是拿个国家来换，只为看到公主那展颜一笑，也是值得的。"

　　公主姢吓了一跳："巫马大人，千万不要这样说，如果被主上听到，我可吃罪不起。"

　　"没什么，"巫马忧一摆手，"公主有所不知，主上待我巫马家人恩厚，说什么都不会动怒。须知自从主上登位，这几年来的每顿饭都是我妹妹替主上熬的粟粥。主上说他不喜欢宫里的食物。"

　　当巫马忧说到这里时，冷儿公主假作侍女，恰从一边低头趋步而过。她的眼神和姁公主相遇,传递过来的意思是:"听到了吧?连秦王嬴政,此时都活得战战兢兢,如鱼在砧板。他连宫里的食物都不敢吃,生恐被人毒杀。由此你会知道行将到来的大风暴,将是何等的惨烈。"

姁公主不再说话,只是带着巫马忧一行,匆匆拐过一个花榭,指着前方道:"那座假山,绕过去就是一片树林,我府中的私牢设在树林边缘,但从未启用过。已经吩咐下人过去打开,这是我姁公主府中第一次使用私牢。"

正说着,前面忽然慌里慌张地跑过来两个人,满身都是泥水:"公主,不得了了,不得了了。"

姁公主怒道:"有点儿规矩没有?贵客之前,尔等这般模样,想让人笑话我公主姁治家无方吗?"

"不是,"那两人急道,"公主呀,我们两个是奉了主管大人之命,去开启府中私牢。可是那私牢好多年没有打开过了,适才一打开,那脏水咕嘟一声就喷出来了……"

姁公主呆了一呆,怒道:"又来胡说八道,好端端的牢房,怎么会冒出水来?"

"小人也不清楚,请公主自己看啊……"

顺着那两人的手指,姁公主与众人举目望去,顿时大吃一惊。

前方竟然是一片湖泊,水势犹在上涨,只听咕嘟咕嘟之声不绝,大水淹没了一座座花池树苑。几个小侍女正在堪堪没足的水中奔跑,尖叫着喊救命。

"这是怎么回事?"姁公主茫然。

"这个小人知道,"巫马忧兴奋起来,"这是那私牢挖得太深,挖到了地下的泉眼。赶上公主府中从未启用过私牢,泉水咕嘟咕嘟一日日地冒。现在公主府中的私牢,已经成水牢了。没法用了。"

姁公主府中的私牢变成水牢,巫马忧一行拖着嫪毒,失望地离开。

到底把嫪毒放在哪里呢?

巫马忧愁得直哭。

他就这样带着嫪毒在街上转来转去,眼看就要天黑,士兵们虽然不敢抱怨,但人人都有倦色。

终于,巫马忧一咬牙:"既然实在没地方去,干脆把嫪毒带到我的府中去吧。"

他让士兵们把嫪毒押入到自己的府邸,找了间空屋子关进去,唤来几个可靠的府丁看守,就打发士兵们回去了。

整整忙了一天,效率却低下到可怕。巫马忧感觉好累,肚子也饿,坐下来命厨房给自己开饭,狼吞虎咽地吃到一半,忽然想起嫪毒也是一天没吃饭了。

虽说嫪毐只是个死囚，吃多少都是浪费，但他现在并没有判斩，如果饿急了，万一嫪毐一头撞死在自己的府中，那可就说不清了。

他盛了两碗粟饭，端来两盒肉，叫了个亲随捧着，自己亲自给嫪毐送过去。

到了关押嫪毐的房前，巫马忧惊讶地发现，适才安排在这里值守的几个府丁，全都不见了。

"好奇怪。"巫马忧嘀咕着，推开门，顿时大吃一惊。

房间里，有一个年纪老到路都走不动的老翁，手中持着一根长矛，正用力地想要刺死嫪毐。

嫪毐席地而坐，用手上的镣铐有一搭没一搭地架住老头刺过来的矛尖。见巫马忧进来，嫪毐扭头说道："巫马大人，这是你亲爹吧？是你自己掐死他，还是我来？"

"你敢！"巫马忧疾冲过去，夺下老头手中的长矛："爹，你在干什么？"

"干什么？当然是救你的性命。"老头回答道。

那以矛尖狂刺嫪毐者，正是巫马兄弟的老父亲。

以前巫马兄弟混得极惨，自感如朝生夕灭之蜉蝣，也没人理会巫马老父亲叫什么。近几年巫马四兄妹混出头面，位极人臣，是以重修族谱，才知道老父亲叫巫马不忿。

此时见二儿子抢过自己手中长矛，巫马不忿眼睛一瞪："跪下！"

巫马忧茫然地看着自己的父亲："做什么？"

巫马不忿背过手去，问："为君者何？"

巫马忧急忙跪下："君者，德也。"

巫马不忿踱步到巫马忧身前："何者为德？"

巫马忧老老实实地回答："普照万物，天何言哉。"

巫马不忿拔高自己的声音："为臣者何？"

巫马忧低头："臣者，忠也。"

巫马不忿吼道："何者为忠？"

巫马忧的肩膀也跟着耷拉下去："竭诚效命，肝脑涂地。"

巫马不忿怒极："放屁！"

巫马忧诧异地抬头："父亲大人，这是你每日给我们兄弟的家训呀。"

巫马不忿冷声道："家训也是放屁。"

"父亲大人，原来你是把放屁当家训，每日里忽悠儿女，这样好玩吗？"